저의 데뷔 글들을
읽어봐주신 대친님들께
깊이 감사드립니다.
좋은 정치로 보답하겠습니다.

2021년 9월

박승민 드림.

강하다
유승민

강하다
유승민

유승민의 페이스북

도서출판 나루

시대의 문제를 해결하는
유능한 대통령이 되겠습니다.

희망
22

* 본 책은 2020년 1월 7일부터 2021년 9월 8일까지 유승민 페이스북에 실린 글을 발췌하여 글의 내용에 따라 엮은이 임의로 다섯 범주로 나눠 수록하였습니다.

목차

1부
문제는 경제다

2부
자기 돈이면 저렇게 쓸까

3부
정부는 왜 존재하는가

4부
대통령이라는 자리

5부
나라를 지킨다는 것

유승민
페이스북

1

문제는 경제다

저성장, 저출산, 양극화라는 삼중의 문제를 극복하는 것은 우리 시대의 과제입니다. 그 해결의 출발점은 바로 경제성장입니다. 다음 5년의 대통령은 새로운 경제 성장 전략으로 경제를 살리는 대통령이 되어야 합니다.

무식도 죄다

　문재인 대통령이 "강력한 부동산 대책을 끝없이 내놓겠다. 가격은 원상회복돼야 한다"고 말하니까 청와대 정무수석은 "부동산 매매허가제 도입 주장에 정부가 귀 기울여야 한다"고 했다. 시장에서 집과 땅을 사고파는 데 관청이 일일이 거래를 허가하겠다는 발상은 요즘은 북한을 제외하면 공산주의나 사회주의 국가에서도 찾아보기 힘들다. 북한도 장마당에서는 거래의 자유가 있다. 말도 안 되는 이런 위헌적 발상이 청와대발로 나오는 걸 보고, 문득 '저 사람들은 정말 왜 저럴까?'라는 의문이 생겼다. 이념의 과잉 때문일까?

　이념 과잉이 일부 원인이긴 하겠지만 더 근본적인 원인은 대통령과 대통령을 둘러싼 자들의 무식이다. 무식하니까 용감한 거다. 시장경제가 뭔지, 세금과 규제에 대한 시장의 반응은 뭔지, 시장은 어떤 식으로 역습하는지, 그러니까 경제정책은 어떻게 되어야 하는지, 이런 중요한 질문에 대해 평생 공부도, 고민도 해본 적이 없는 사람이 대통령이 되었고 수석비서가 되었으니 저런 망발을 하는 것이다. 부동산정책이 실패했으면 실패한 정책을 버리거나 고칠 생각을 해야지, 이 정권은 갈수록 더 황당하고 더 큰 실패를 야기할 게 뻔한 정책을 내놓는다. 경제가 뭔지, 시장이 뭔지 모르니 저러는 것이다. 대통령이 무식하면 그 피해는 고스란히 국민들 몫이고 우리 경제만 망가질 뿐이다. [2020년 1월 16일]

1997년 IMF 위기를 겪은 후,
저는 경제학자의 길을 접고 정치를 시작했습니다

먹고 사는 문제를 해결하는 일, 더 나은 세상을 만드는 일... 이 중요한 일을 경제학자보다 정치가로서 해보겠다는 결심이었습니다.

"아무리 욕을 먹어도 결국 세상을 바꾸는 힘은 정치다" "문제는 경제, 해법은 정치다"... 저의 일관된 정치관입니다.

2000년 2월 14일 한나라당 여의도연구소장으로 첫 출근을 했습니다. 지난 20년 3개월 15일 동안 출퇴근했던 여의도의 시간들을 마감하면서, 저는 과거에 대한 감상보다 이 나라의 미래를 걱정합니다. 대한민국호는 어디로 가고 있는가?

우리는 과연 더 나은 세상, 더 밝은 미래를 만들어가고 있는가?

우리는 과연 아이를 낳아 기르고 싶은 세상을 만들어가고 있는가?

인간의 존엄과 가치, 행복할 권리는 충분히 존중받고 있는가?

정의와 공정, 자유와 평등 같은 민주공화국의 공공선, 핵심가치들은 지켜지고 있는가?

'포스트 코로나' 시대의 경제위기를 어떻게 극복해서 도약의 길을 열어갈 것인가?

그 해법은 '대한민국 혁신' 뿐입니다. 경제 뿐만 아니라 정치 사회 복지 노동 교육 등 전 분야에서 대한민국 혁신이 시작되어야 합니다. 보수야당이 가야 할 길도 분명합니다. 대한민국 혁신 경쟁으로 민주당/문재인 정권에게 용감하게 도전해야 합니다. 더 나은 세상을 만드는 혁신에서 우리 당이 민주당보다 앞서간다면 수도권, 중도층, 젊은층은 우리를 지지할 것입니다. 저는 오래 전부터 보수의 변화와 혁신을 외롭게, 그러나 치열하게 외쳐왔습니다. 이명박 정부 때에는 2011년 전당대회에서 용감한 개혁을 외쳤고, 박근혜 정부 때에는 2015년 원내대표로서 개혁보수의 새로운 지평을 열고자 했습니다. 보수의 혁신을 외쳐온 저는 시대정신과 민심을 읽지 못하는 권력의 핍박과 탄압에 힘든 시간을 보내야 했습니다. 그러나 보수가 밑바닥까지 추락한 지금, 제가 오래동안 외쳐온 개혁보수만이 우리가 살길이라는 게 분명해졌습니다. 중요한 것은 보수의 권력의지입니다. 2022년 대선에서 정말 이기고 싶은가?

이기고 싶다면, 정말 그런 권력의지가 있다면, 보수는 변화와 혁신을 두려워하지 말아야 합니다. 부패무능한 진보좌파 세력보다 우리

가 더 혁신적이어야 이길 수 있습니다. 그래서 여의도의 시간들을 마치면서, 저는 이제 대한민국 혁신 경쟁을 시작합니다. 따뜻한 공동체, 정의로운 세상을 꿈꾸는 공화주의자로서, 포스트 코로나 시대의 경제위기를 극복하는 실력있는 혁신가로서 국민의 마음을 얻겠습니다.

2022 대선은 개혁보수가 수구진보를 이기는 선거가 될 것입니다. [2020년 5월 28일]

대통령은 경제 위기의 심각성을 알기는 아는가?

오늘 문재인 대통령은 "지금이 경제 반등의 골든타임", "소비와 내수가 살아나고 있다"고 했다.

그러면서 소비쿠폰을 지급하겠다고 했다. 문 대통령 취임 후 지난 3년 반 동안 대통령이 우리 경제에 대해 갖고 있는 인식을 보면 '경제는 포기한 대통령'임이 분명하다.

취임 전 이명박, 박근혜 정부에 대해 입만 열면 '경제를 망쳤다'고 비난했던 문 대통령이다. 그러나 정작 본인이 대통령이 된 후 2017년부터 2019년까지의 성적을 보면 혁신성장은 말 뿐이었고 소득주도성장이라는 미신을 신봉하느라 우리 경제는 성장동력을 잃고 역사상 최악의 고용 참사와 양극화, 그리고 정부, 기업, 가계 모두 최악의 부채에 시달리고 있다.

거기에다 부동산 대책은 집값, 전월세, 세금만 올려놓아 중산층 서민들의 고통은 이루 말할 수가 없는 상태다.

올해 들어서 코로나 사태가 발생하니 대통령은 경제정책의 모든 실패를 코로나로 덮으려 한다. 마치 자신들은 아무 잘못도 없었는데 오로지 코로나 때문에 경제가 나빠졌다고 국민을 속이려 하고 있다.

9월 고용통계를 보면 취업자 수가 39만2천 명 감소했고, 청년층 확장실업률은 25.4%, 실업자는 전 연령층에서 늘어나고, 비경제활동 인구가 사상 최대로 늘어나는 등, 일자리 사정은 IMF 위기 이후 가장 심각하며 고용이 전반적으로 무너지고 있다.

이런 상황에서 문재인 대통령은 20대~30대 젊은 층의 일자리 문제를 해결할 근본 대책은 없이 오로지 세금을 퍼부어 일자리통계를 분식하는 공공일자리밖에 모른다.

이 정부 들어서 우리 경제의 성장동력을 만들기 위한 규제개혁, 노동개혁, 교육개혁은 시도조차 해보지 않았다. 공공일자리, 전 국민 재난지원금, 소비쿠폰 등 젊은이들에게 빚만 잔뜩 떠안기는 악성 포퓰리즘 정책 뿐이다.

이런 재정중독 정책으로는 코로나 이후 우리 경제의 도약을 제대로 준비할 수 없다. 국가부채와 가계부채의 시한폭탄 때문에 코로나 이전보다 더 위험한 상황을 만들 뿐이다.

우리 경제의 참담한 현실에 대해 아무 관심도 없고 아는 것도 없고 가끔 국민들 속만 뒤집어놓는 문재인 대통령…

오죽하면 내가 오래 전부터 경제는 포기한 달나라 대통령이라 했겠는가.

우리 경제는 성장, 투자, 소비, 수출, 일자리, 부동산, 국가재정, 가계부채 ... 모두 한번도 겪어보지 못한 수렁으로 빠져들고 있다.

코로나 이후를 대비하려면 대통령과 정부가 지금이라도 코로나 이후를 대비하는 완전히 새로운 경제정책으로 가야 한다.

제발 이런 목소리에도 귀를 기울여주길 바란다.

경제를 살리는데 여와 야, 보수와 진보가 따로 있는 게 아니다. 진영을 넘어 경제 위기 극복의 지혜를 널리 구하길 진심으로 바란다.

[2020년 10월 19일]

일자리 위기를 직시하라 :
이재명 지사의 비판에 대한 답변

※ 이 글을 쓰던 중 이건희 삼성그룹 회장님의 별세 소식을 들었습니다. 고인께서는 30년 가까운 세월 동안 반도체, 휴대폰, 가전으로 삼성을 세계 일등기업으로 일으켰고, 수많은 일자리를 만들고 경제성장을 견인하면서 우리 경제의 발전에 큰 기여를 하신 분입니다. 한국경제 역사의 한 페이지를 쓰신 기업가의 죽음을 애도하며, 삼가 고인의 명복을 빕니다.

지난 19일 제가 쓴 〈대통령은 경제 위기의 심각성을 알기는 아는가?〉라는 페북 글에 대해 이재명 경기도지사님이 비판의 글을 쓰셨더군요. 우선 저를 경제전문가로 인정해주신 점은 감사합니다. 대안을 가지고 건설적이고 생산적인 토론을 하자는 말씀도 저의 평소 생각과 같습니다. 이 지사님은 2016년과 2019년을 비교하면서, 이 기간 중 전체 고용률이 60.6%에서 60.9%로 올랐고, 청년층(15~29세) 고용률은 41.7%에서 43.5%로 올랐으며, 청년층 실업률은 9.8%에서 8.9%로 내렸다는 통계를 인용하면서 "(문재인 정부 들어서) 고용의 양이 개선되었다"고 주장했습니다. 그런데 정말 고용이 개선되었는지 우리는 숫자들 속의 내용을 봐야 합니다. 코로나 이전에도 문재인 정부가 세금으로 만든 단시간 일자리는 엄청났습니다. 예컨대 2018년 9월과 2019년 9월을 비교하면 전체 취업자 수는 35만 명 늘었는데, 주 36시간 미만 일한 단시간 근로자는 무려 74만 명이나 증가했고, 주 17시간 미만 일한 초단시간 근로자는 37만 명 증가했습니다. 주 36시간 이상 일한 근로자는 거꾸로 무려 45만 명이나 감소했구요. 이런 문제는 전체 취업자 수나 취업률만 봐서는 알 수 없는 심각한 문제입니다. 단시간 근로자가 많이 늘어나면, 단순히 고용률이 겨우 0.3%p 늘어난 것으로 고용의 양이 개선되었다고 말할 수 없습니다. OECD가 고용보조지표로 쓰는 '전일제 환산 취업자 수'(FTE: full time equivalent)라는 지표가 있습니다. 주 40시간 일하는 근로자를 취업자 1명으로 하고, 주 20시간 일하면 0.5명, 주 10시간 일하면 0.25명 등으로 계산해서 취업자 수의 변화를 보는 겁니다. 이 지표는 주 2-3 시간만 일하는 초단시간 근로자도 1명의 취업자로 계산되는 기존 통계의 거품을 빼고 고용의 양과 질을 정확히 보자는 겁니다. 이 방식대로 보면 2020년 9월 FTE취업자는 지난해 9월보다 무려 135만 명 감소했습니다. 이 지사님이 살펴본 2016년과 2019년을 비교해도 112만 명이나 FTE취업자가 감소했습니다. 이게 무슨 뜻이냐?

고용의 양도, 질도 크게 나빠졌다는 증거입니다. 여기에다 2019년 비정규직이 역대 최고 수치인 87만 명 증가했으니 비정규직 문제를 해결하겠다던 이 정부에서 고용의 질이 얼마나 나빠지고 있습니까. 이 밖에도 문재인 정부가 국민 세금으로 단기 일자리를 엄청나게 늘려서 취업자 수 통계를 부풀렸다는 증거는 차고 넘칩니다. 정부 발표 그대로 봐도 2017년부터 2020년까지 4년간 일자리 예산 80조7천억 원을 퍼부어서 늘렸다는 세금 일자리(재정지원일자리 중 직접일자리)가 실적 기준으로 2018년 73만 개(그 중 노인 일자리는 54만 개), 2019년 89만 개(노인 일자리는 68만 개), 2020년 95만 개(노인 일자리는 74만 개; 계획치)입니다. 내년에는 무려 30조6천억 원을 퍼부어 세금 일자리 103만 개(노인 일자리 80만 개)를 만들 거라고 합니다.

지사님. 문재인 대통령은 후보 시절 공무원 17만4천 명 포함, 공공부문 일자리 81만 개를 만들겠다고 공약했습니다. 임기 5년 동안 21조 원이면 공약을 지킬 수 있다고 말했지만, 실제로 그보다 엄청나게 더 많은 혈세를 투입하면서 단기세금 일자리를 마구 만들어냈습니다. 이 세금 일자리들을 제외하면 우리 경제의 고용 사정은 얼마나 참담했을까요?

"일자리는 기업이 만든다"고 대통령이 말했을 때는 대체 무슨 생각으로 그런 말씀을 하셨을까요?

2020년은 코로나 때문에 경제 전체가 몸살을 앓고 있으니 특수한 상황을 십분 이해합니다. 그래서 아마 지사님도 2016년과 2019년을 비교한 거 같습니다. 그러나 보고 싶은 숫자 달랑 몇 개만 보고 고용

상황을 오판한 건지, 아니면 보고 싶은 숫자 몇 개만 골라 고용상황을 일부러 왜곡하는 건지, 어느 쪽인지 알 수는 없지만, 이런 단견이라면 지사님도 제가 비판한 문 대통령과 조금도 다를 바가 없습니다. 2016년과 2019년 사이에 청년실업률이 9.8%에서 8.9%로 감소했다구요?

청년층 확장실업률은 22.1%에서 22.9%로 증가했습니다. 그리고 청년층을 제외하면 모든 연령층에서 실업률이 증가한 팩트는 왜 쏙 빼고 말씀을 안 하는 건가요?

그렇게도 고용률 숫자만 중요하게 생각하면 경기도를 볼까요. 경기도 고용률은 지사님 취임 전인 2017년 62.1%에서 취임 후 2019년 61.9%로 내려갔으니 지사님 식으로 보면 이거 큰일 아닙니까.

저에게 대안을 제시하라구요?

저는 우리 경제를 살리고 저출산, 양극화를 해결하려면 1990년대 이후 5년마다 1%p씩 성장률이 내려앉는 이 무서운 추락을 끝내기 위해 고통스러운 개혁을 단행해서 '다시 성장의 길로 나아가야 한다'고 확신합니다. 혁신성장? 참 맞는 말 아닙니까. 2016년 9월 서울대 경제학부 특강에서 제가 혁신성장을 처음 주창했었고, 그 후 문재인 정부가 저의 혁신성장을 그대로 가져다 쓰는 걸 저는 기쁜 마음으로 지켜봤습니다. 그러나 지난 3년 반 동안 혁신성장은 그냥 해보는 말 뿐이었고 소득주도성장이란 미신을 신봉하느라 세월 다 보내지 않았습니까. 똑똑한 우리 젊은이들을 공무원 시험으로 내몰 게 아니라, 혁신인재 100만 명을 키우는 교육 혁명을 해야 합니다. 노동시장은 유연 안정성을 원칙으로 더 유연하게, 실업자에게는 안전망을 확실하게 보장하는 노동개혁을 행동으로 옮겨야 합니다. 박근혜 정부는 노동개혁을 시도라도 했는데 문재인 정부는 노조 눈치 보느라 시도조차 안 하고 있지 않습니까. 그리고 자유롭고 공정한 시장경제를 만드는 규제개혁을 해야죠. 기득권과 관료들의 저항 때문에 진정한 규제개혁이 얼마나 어렵습니까. 대통령이란 자리는 나라 살림을 축낼 게 아니라 시대가 원하는 이런 개혁을 해야죠. 지속가능한 복지, 국가가 책임지는 복지를 하려면 복지제도도 개혁해야지요. 정의당의 새 대표처럼 금기와 성역을 깨고 국민연금과 공무원연금을 통합하는 그런 개혁을 해야지요. 나라와 국민의 밝은 미래를 위해, 더 나은 세상을 만들기 위해, 우리 정치인들이 진영을 넘어 함께 국민을 설득하고 함께 개혁해야 할 일들이 얼마나 많습니까. 이런 게 바로 저의 대안입니다. 대통령과 지사님은 이런 대안을 받아들일 준비나 각오는 되어 있는지요?

마지막으로 한 말씀 드릴까요. 여당의 유력한 후보이시니 대선까지 몸조심은 하셔야겠지만, 살아있는 권력의 잘못에 대해 당당하게 할 말을 하는 결기를 보여줄 수는 없습니까. 박근혜 정부 시절 가계부채가 가파르게 증가한 것, 사실입니다. 그래서 2015년 4월 저는 여당 원내대표 시절에 국회 대표연설에서 대놓고 시한폭탄 같은 가계부채에 대해 엄중하게 경고했습니다.

문재인 정부 들어서는 잘 아시는대로 국가채무가 빛의 속도로 늘어나고 있습니다. 2017년부터 2020년까지 186조7천억 원 늘어났고 2022년까지는 417조6천억 원 늘어난다고 정부는 얘기하는데, 제가 보기에는 더 늘어날 것 같습니다. 국가채무는 이명박 정부 때 180

조8천억 원, 박근혜 정부 때 170조4천억 원, 합쳐서 351조2천억 원 늘어났으니, 문재인 정부가 미래세대에게 얼마나 엄청난 빚을 떠넘기고 있습니까. 공공기관 부채나 연금 충당 부채를 합치면 나중에 이 천문학적 빚을 무슨 수로 갚습니까. 이럴 때 지사님께서 "재난지원금을 50번, 100번 줘도 국가재정은 괜찮다", "전 국민 기본소득을 도입하자"는 참으로 황당한 말씀을 할 게 아니라, 문 대통령에게 이대로 가면 나라빚이 큰일 난다고 경고라도 하면 좋지 않겠습니까?

그리고 제가 말한 악성 포퓰리즘이란 총선전 전국민에게 지급한 재난지원금 같은 겁니다. 그 돈이면 코로나 때문에 먹고 살기가 정말 어려운 분들을 두 번, 세 번 도와드릴 수 있는데도 전 국민에게 지급해버린 것은 지사님이 입만 열면 얘기해온 공정과 정의의 가치에도 맞지 않고, 선거용 매표행위 아니었습니까?

지사님이 오래 전부터 주장해오던 기본소득에 대해서도 참 할 말이 많은데 오늘은 줄이고 다음에 하죠. 이제 정말 마지막입니다.

제가 대통령을 비판한 것을 두고 지사님은 "국힘당 내 본인 입지 다지기 위한 정치꼼수"라고 했습니다. 이 말을 듣고 헛웃음이 나왔습니다. 저는 정치하면서 단 한 번도 권력을 두려워하거나 누구의 눈치를 본 적이 없습니다.

이명박, 박근혜 정부 9년 동안 여당 의원으로서 누구보다도 오직 나라와 국민만 생각하고 바른말을 했고, 탄압도 제일 심하게 받았습니다. 지금도 당내 입지 같은 거 생각하면서 정치 꼼수나 부릴 위인이 못됩니다. 저는 저를 향한 지사님의 비난이 문 대통령과 친문들에게 잘 보이기 위한 코스프레라고 비난하지 않겠습니다. 그런 상호비

난은 지사님이 말한 건설적이고 생산적인 토론과는 거리가 먼 것이
니까요.

우리는 이 나라와 국민의 미래를 두고 치열하게 토론하고 지혜를
모아야 합니다. 해법은 다르더라도 최소한 무엇이 문제인지 인식은
공유해야 합니다. 오늘 얘기한 일자리 문제도 그렇습니다. 일자리에
심각한 문제가 있다는 것을 모르거나 알고도 인정하지 않는다면 토
론이 안 되는 겁니다. 지사님의 당당하고 솔직한 모습을 기대해 봅니
다. 긴 글 읽어주셔서 고맙습니다. [2020년 10월 25일]

고용 참사에도 헛말 하는 정권

오늘 10월 고용동향이 발표됐다. 취업자 수 42.1만 명 감소, 고용
률 1.4%p 하락, 실업률 0.7%p 상승, 실업자 102.8만 명을 기록했다.
15-64세 취업자는 65.9만 명이나 감소했는데, 65세 이상 취업자는
23.8만 명 증가했다. 생산인구는 일자리를 잃어가는데, 노인 인구는
단시간 세금 일자리로 이런 통계가 나오는 것이다. 실제로 주당 취업
시간이 36시간 미만인 취업자가 61.4만 명이나 증가했고, 36시간 이
상은 122.4만 명이나 감소했다. 제대로 된 일자리는 엄청나게 줄었
는데, 단시간 일자리만 늘어난 것이다. 세금으로 만든 단기알바가 작
용한 숫자다. 우리가 눈여겨볼 것은 실업자로 카운트되지 않는 비경
제활동인구가 50.8만 명이나 늘고, 일시 휴직이 19만 명 늘고, 구직

단념자가 11.2만 명 늘어난 것이다. 이 사람들은 사실상 실업자라고 봐야 한다. 10월 일자리 사정은 이렇게 참혹했다.

그런데 문재인 대통령 눈에는 이 고용 참사가, 일자리를 잃은 젊은 이들과 중년들의 고통이 보이지 않고 허깨비가 보이는 모양이다. 그렇지 않고선 "경제가 기적 같은 선방", "확연한 성장세"라는 헛말을 할 리가 없다. 일자리와 주택과 국가부채, 이 문제에 대해서는 아무리 비판해도 문 대통령은 마이동풍이다.

8.15 집회 때문에 GDP가 0.5%p 감소했다는 어이없는 주장을 하는 게 이 정권의 수준이다. 경제를 살리려면 정권을 교체하는 길밖에 없다. [2020년 11월 11일]

이걸 전세대란 대책이라고
내놓았나?

설마 했는데, 기어코 호텔방을 전세방으로 만들겠다고 한다. 정부가 오늘 발표한 전월세 대책은 11만4천 가구의 공공전세였다. 2018년 기준 임대주택은 총 830만 호. 이 중 공공임대 150만 호, 등록임대 150만 호를 빼면, 530만 호의 전월세가 주택임대차보호법의 대상이 되는 민간 전월세 시장이다. 문재인 정권은 지난 7월 이 임대차법을 고쳐서 530만 호의 거대한 민간임대시장을 망가뜨려 놓았다. 그런데도 이 시장을 복구할 생각은 조금도 하지 않고, 국민세금으로 호텔방을 포함해서 공공전세 11만4천 호를 무슨 대책이라고 내놓은 것이다. 시장은 수요·공급의 원리에 따라 작동한다. 자본주의 시장경제에서 시장 대신 국가가 개입해서 주택을 공급한다?

공산주의 국가가 아니라면 저소득층 주거복지 이외에는 시장에 맡겨야 한다. 어리석은 국가가 효율적인 시장을 어떻게 망가뜨리는지, 또 정부실패는 어떻게 일어나는지를 극명하게 보여준 사례다. 국민 세금 한 푼도 안들이고 멀쩡하게 돌아가던 530만 호 전월세 시장은 대란에 빠졌는데, 원래 공급하려던 공공임대를 살짝 늘려서 11만4천 호를 대책이라고 내놓다니, 정말 어이가 없고 분노가 치민다. 이래놓고 "불편해도 참고 견뎌라" "시간을 갖고 기다려달라"고?

언제까지 기다리란 말인가? 정권 바뀔 때까지?

문재인 대통령은 아직도 국민들이 절실하게 원하는 내 집 마련의 사다리를 조금도 이해하지 못하고 있다. 호텔방 공공전세?

이게 국민의 꿈이고 희망인가?

지금이라도 국민이 왜 절망하고 국민이 무엇을 희망하는지 직시하라. 이 모든 주택대란을 자초한 임대차법부터 원상복구하라. 그리고 주택의 생태계와 사다리를 복원하는 정책을 다시 만들라.

[2020년 11월 19일]

무능한 대통령?
비겁한 대통령!

집값, 전월세가 자고 나면 신기록을 경신한다. 덩달아 내 집 마련의 꿈은 산산조각이 난다. 가슴 아프게 꿈을 접는 사람들에게 이 정권은 염장을 지르는 말만 쏟아낸다. "모두가 강남에 살 필요는 없다", "월세 사는 세상이 나쁜 건 아니다", "불편해도 참고 기다려라", "호텔방을 전세로 주겠다", "아파트에 대한 환상을 버려라" ......

온 나라가 뒤집혀도 문재인 대통령은 꼭꼭 숨었다. 1년 전 이맘때 대통령은 국민과의 대화에서 이렇게 말했다:

"부동산 문제는 우리 정부에서는 자신 있다고 장담한다. 부동산 가격을 잡아왔다. 부동산 가격이 하락했을 정도로 안정화되고 있다. 특히 서민들의 전월세는 과거 정부하에서는 미친 전월세라고 얘기했는데 우리 정부에서 전월세 가격은 안정되어 있다."

석 달 전인 지난 8월, "부동산 대책의 효과가 나타나면서 집값 상승세가 진정되고 있다." — 이게 문재인 대통령이 숨어버리기 전 마지막으로 남겼던 어록이다.

대통령은 참 무능했다.

24회의 부동산대책은 이 정권이 얼마나 바보 같은지를 보여줬다. 그런데 이제, 비겁하기까지 하다. 온 나라가 난리가 나도 국정의 최고책임자는 머리카락 하나 보이지 않고 꼭꼭 숨었다.

설마 지금도 실패를 모르진 않을 것이다. 잘못을 인정하기 싫은 거고 책임지기 싫은 거다. 광 파는 일에만 얼굴을 내밀고, 책임져야 할 순간에는 도망쳐 버린다.

참 비겁한 대통령이다.

잘못을 인정할 줄 모르니, 반성하고 사과할 줄 모른다. 반성할 줄 모르니 정책을 수정할 리가 없다. 문재인 대통령은 "국민의 서러운 눈물을 닦아드리겠다."고 했다. 그런데 국민이 눈물을 흘리자 대통령은 외면한다. 이제 기대는 접자. 문재인 대통령과 민주당에게는 희망을 버리자. 내 집 마련의 꿈을 되살리고 내 집 마련의 사다리를 복원하려면, 주택정책을 원점에서 다시 만드는 길밖에 없다.

주택시장에 공급을 늘리고 민간임대시장을 되살려서 문재인 정권이 올려놓은 집값과 전월세, 세금을 다시 내리는 일을 누가 해내겠는가. 정권교체만이 답이다.

정권이 바뀌지 않는 한, 부동산 악몽은 계속될 것이다.

[2020년 11월 22일]

예타 면제는
청년들의 빚이다

문재인 정권과 민주당이 가덕도 신공항까지 예타(예비타당성조사)에서 면제하는 특별법을 처리하겠다고 한다. 예타가 무엇인가? 예타는 왜 하는가?

예타는 국민들의 소중한 세금을 아껴 쓰기 위해서, 그리고 꼭 필요한 곳에 쓰기 위해서, 사전에 국책사업의 타당성을 과학적으로 따져보는 제도다. 나는 1998년 예타가 우리나라에 처음 도입되었을 때 KDI에서 직접 예타 조사를 했었다.

국내 최초로 예타를 해본 사람으로서 이 제도가 지난 22년 동안 국가재정의 건전성을 지키는 데 큰 기여를 했다고 믿는다. 이명박 정권 때 여당 의원이었지만, 나는 4대강 사업의 예타 면제를 두고 예결위에서 강력히 비판했었다.

당시 문재인 대통령과 민주당 의원들도 예타면제를 얼마나 혹독하게 비판했는지 똑똑히 기억한다. 그런데 집권 후 문재인 정권은 그들이 야당 시절 그렇게 비판하던 예타 면제를 식은 죽 먹듯이 하고 있다. 우리 경제를 위해서가 아니다. 모두 선거용 선심쓰기다. 문재인 정권의 예타 면제는 벌써 88.1조 원으로서 이명박, 박근혜 정권의 예타 면제를 모두 합친 83.9조 원을 훌쩍 뛰어넘었다.

가덕도 신공항 등 앞으로 예상되는 예타 면제까지 합치면 100조 원보다 훨씬 큰 액수가 될 전망이다. 경제적 타당성이 없는 대형국책사업을 예타도 없이 밀어붙이면, 그 결과는 모두 미래세대의 빚이다. 그렇지 않아도 국가채무, 국민연금, 건강보험, 고용보험 등이 모두 미래세대에 엄청난 부담을 줄텐데, 예타 면제로 청년의 빚은 늘어만 가는 것이다.

20대, 30대, 40대 세대는 문재인 정권 때문에 자신들의 호주머니가 털리고 미래가 저당 잡힌 현실을 똑똑히 알아야 한다. 진실을 알면 도저히 이 정권을 지지할 수 없다. [2020년 11월 29일]

아파트가 아니라
아파트 정책을 만들어라

오늘 국토부 장관이 "아파트가 빵이라면 밤을 새워서라도 만들겠다"고 했다. 누가 정부더러 아파트를 직접 만들라고 했나.

정부는 건설업자가 아니다. 정부는 아파트를 만드는 곳이 아니라 아파트 정책을 만드는 곳이다. 공산주의 국가가 아니라면, 아파트는 시장에서 공급자가 만드는 거다. 시장경제에서 정부가 아파트 만드는 데 직접 나서는 경우는 전월세 살 돈도 없는 저소득층의 주거복지를 해결하는 경우뿐이다.

문재인 정부도 아파트 정책을 만들긴 했다. 그것도 3년 반 동안 무려 24회나 만들었다. 그런데 이 정책들이 실패해서 미친 집값, 미친 전월세 대란을 초래하고 내 집 마련의 사다리를 끊어놓은 것이다. 철저하게 무능한 이 정부가 아파트 정책에 실패해놓고 이제 와서 정책 실패는 인정하지 않고 죄 없는 아파트를 빵이 아니라고 탓하니 국민들 속을 또 뒤집어놓는다.

3년 반 동안 아파트 공급정책은 하나도 안 해놓고 지금 와서 이런 소리를 하는가. 아파트가 하루 만에 지을 수 없다는 걸 이제 알았단 말인가. 이 정부의 아파트 정책은 입만 열면 '공공(公共)'이다. 이 정부 사람들의 뇌 속에는 아파트는 공공이, 즉 정부가 만드는 거라고 입력이 되어있는 것이다. 그러니까 마리 '빵'투아네트 같은 소리가 나오는 거다. [2020년 11월 30일]

"니가 가라 공공임대"

　어제 문재인 대통령은 동탄에서 "굳이 자기 집을 소유하지 않더라도 (공공)임대로 주거사다리를 만들라"고 했다. 13평 아파트에 가서는 "4인 가족과 반려견이 살아도 되겠다"고 했다.

　보통 사람들은 내 집 마련의 꿈을 갖고 있는데, 대통령은 그런 '바보 같은 꿈'은 버리라고 한다. 보통 사람들에게 주택의 사다리란, 월세·전세에서 시작해서 변두리 집으로 갔다가 더 살기 좋은 동네의 더 큰 평수로 이사가는 내 집 마련의 사다리다. 그런데 '대통령의 사다리'는 13평의 공공임대에 4인 가족과 반려견이 살다가 18평, 25평의 공공임대로 이사가는 것이다.

　대통령이 무슨 권리로 내 집 마련의 꿈을 버리라고 하는가. 왜 집을 소유하면 안 된다는 것인가. 집이 뭐길래 개인은 소유하면 안 되고, 국가나 LH가 소유해야 하는가.

　24회의 부동산대책으로 '미친' 집값, '미친' 전월세를 만든 장본인이 문재인 대통령이다. 내 집 마련의 꿈과 주택사다리를 걷어찬 장본인이 문재인 대통령이다. 530만 호의 민간임대시장을 마비시킨 장본인이 바로 문재인 대통령이다. 시장과 국가의 균형을 잃어 부동산 대참사를 만들어놓고 조금도 반성할 줄 모른다.

　자신의 무능과 비뚤어진 오기 때문에 고통받는 국민들의 신음소리가 들리지도 않는가 보다. 오히려 눈 한번 깜빡하지 않고 '왜 굳이 소유하려 하는가, 공공임대에 살면 되는데...'라며 국민들에게 타박을 준다. 그리고는 소득 6-7분위, 소득 7-8분위의 중산층을 위해 중형 공공임대주택 건설에 과감하게 세금을 투입하겠다고 한다. 그 돈이 있다면 집 때문에 더 절박한 소득 3-4분위 이하의 주거복지부터 해결하는 게 우선이라는 건 상식 아닌가.

문재인 대통령은 퇴임 후 양산 사저로 간다고 한다. 경호동 짓는 데만 62억 원의 세금이 들어간다. 이 정권 사람들 중에 공공임대에 살겠다는 사람은 한 명도 못 봤다. 자기들은 공공임대에 살기 싫으면서 국민들은 공공임대에 살라고 한다. 그래서 이런 말들이 나오는 거다. "평생 공공임대나 살라고?" "니가 가라 공공임대"

[2020년 12월 12일]

거시경제의 좋은 흐름?
대통령의 정신승리

오늘 문재인 대통령은 "거시경제가 좋은 흐름을 보이고 있어 다행이다, 한국경제의 미래에 희망을 주고 있다"고 했다. 대통령은 그 근거로 수출과 주가를 들었다. 수출실적이 좋고, 주가가 사상 최고라는 것이다. 경제에 대한 대통령의 말씀을 들을 때마다, 누가 저 원고를 써주는지 궁금하고 심히 걱정된다. 거시경제는 소비, 투자, 정부재정지출, 수출입을 다 합친 GDP의 움직임을 말한다. 지금 GDP를 지탱하는 것은 수출과 재정지출이다. 그런데 조금만 들여다보면, 수출은

반도체가 주도하며, '반도체 착시'를 제거하면 결코 좋은 흐름이라고
할 수 없음을 알 수 있다. (사진 참조)

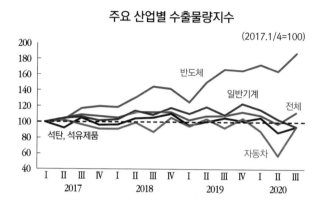

주요 산업별 수출물량지수

그리고 천문학적인 재정적자와 국가채무를 늘려가며 인위적으로
경기를 부양한 점은 다 아는 사실이다. 사상 최고를 기록한 주가가
대통령 말씀대로 우리 경제의 밝은 미래에 대한 기대를 반영한 거라
면 얼마나 좋겠나? 그러나 지금의 주가 상승은 '시중에 풀린 돈이 몰
려서 올라간 머니게임'의 측면이 크다. 그래서 전문가들은 자산시장
의 거품 붕괴를 경고하고 있는 거다. 지금 거시경제의 흐름은 좋은
게 아니라, 언제 무슨 일이 터질지 모를 위험한 상황이다. 단기적으
로 수출과 주가 숫자만 보고 거시경제가 좋다고 하고 자화자찬할 상
황이 아니다. 오히려 우리 경제는 세 가지 큰 위험을 안고 있다.

첫째는 '코로나 양극화'가 너무 심각해서, 코로나가 끝나더라도 K
자형 양극화가 펼쳐질 가능성이 높다는 거다. 코로나 양극화로 일자
리를 잃고 가게와 공장 문을 닫고 절망하는 수많은 국민들은 거시경

제 흐름이 좋다는 대통령 말에 공감할까? '13평 임대주택에 4인 가족' 만큼이나 공감 능력이 부족한 말이다.

둘째, 코로나 백신 도입에 실패하여 접종이 늦어지면 '코로나 디바이드(divide)'의 패배자가 된다는 것이다. 이 위험을 피하려면 백신을 최대한 빨리 확보하는 수밖에 없다.

셋째, 긴급지원으로 겨우 버티고 있는 부실기업, 부실 금융기관의 구조조정 문제가 우리 앞에 놓여 있다. 지난 3년 7개월 동안 대통령은 소득주도성장부터 실패한 이래 지금까지 '하늘에서 돈 뿌리기(helicopter money)' 이외에는 변변한 경제정책이 없었다. 거시경제 흐름이 좋다는 식으로 '정신승리' 할 때가 아니다. 우리 경제의 앞길에 놓인 시한폭탄을 치우는 데 총력을 다해야 할 때다.

[2020년 12월 14일]

심각한 고용 한파에
대비할 때

11월 고용동향에 대해 경제 장관들이 "국제 비교 시 우리 고용상황은 상대적으로 양호한 수준"이라고 했다. 현장에서 체감하는 고용 한파와 거리가 먼 한가한 얘기다. 문재인 정권은 노동자들의 취업 시간이 빠르게 줄어드는 문제를 심각하게 받아들여야 한다.

11월 고용동향을 보면 주당 취업 시간이 36시간 이상인 취업자는

116만 명이나 감소했고, 36시간 미만인 취업자는 일시 휴직을 포함해서 88만 명이나 증가했다. 단시간 노동자는 크게 늘고, 온전한 취업이라 할 수 있는 36시간 이상 노동자는 크게 줄어든 것이다. 이건 주 52시간 근무제 같은 제도의 변화 때문만은 아니다. 어느 정도 노동소득을 보장하는, 일자리 같은 일자리가 더 빨리 줄어드는 것은 심각한 문제. 지금 고용시장의 현실은 단순히 취업자 수, 고용률, 실업률 숫자가 보여주는 것보다 훨씬 더 심각하다.

IMF 위기 이후 최장기간의 일자리 감소, 60대 이하 전 연령대 일자리 감소, 특히 청년 일자리 24만 명 감소, 비경제활동인구 43만 명 증가 등 고용시장의 참담한 현실을 보여주는 증거들이 수두룩하다. 현실이 이렇게 참담하고 코로나 확산으로 올겨울 고용절벽이 눈앞에 뻔히 보이는데, "고용상황이 '상대적으로' 양호하다" 같은 안이한 얘기나 할 때인가?

문재인 정권은 일자리의 암담한 현실을 직시하고, 단시간 세금 일자리가 아닌 생산적인 일자리를 만들 근본적인 대책을 내놓기를 간절히 바란다. [2020년 12월 17일]

민간일자리를 지켜야 한다

2020년 연간 고용동향이 발표되었다. 한 해 내내 코로나 경제 위기였으니 각오했던 대로 일자리 상황은 심각하다. 취업자, 고용률,

경제활동인구, 경제활동 참가율은 모두 감소했다. 실업률, 청년실업률, 비경제활동인구는 모두 늘었다. 특히 세금 일자리가 많은 60대 이상을 제외하고는, 전 연령대에서 취업자는 감소했다. 또 주 36시간 미만 단시간 취업자는 55만 명 늘어났으나, 36시간 이상 취업자는 120만 명이나 줄었다. 일자리 통계수치만 봐서는 코로나로 인한 극심한 위기 상황에서도 다른 나라들에 비해 선방한 것으로 볼 수도 있다. 그러나 고용 위기는 지난해에 비해서 올해가 더 심각할 것으로 예상된다. 가장 우려되는 부분은 부실기업의 도산으로 인한 대량 실업이다. 지난해부터 대출 원리금 상환연장을 해온 조치가 3월이면 끝난다. 지난해에는 한국은행과 산업은행이 부실기업의 채권도 사들였었다. 긴급한 상황에서 정부가 우량기업이든 부실기업이든 가리지 않고 부도 방지책을 써왔던 것이다. 그러나 이러한 응급조치가 무한정 계속될 수는 없을 것이다. 경제가 정상화되는 과정에서 옥석을 구분하는 구조조정은 불가피하다. 계속 부실을 미루고 키우는 것은 경제 전체의 리스크를 증가시키기 때문이다. 부실기업의 생명 연장 조치가 종료되면 가장 우려스러운 것이 민간의 일자리다. 꼭 필요한 구조조정을 하되, 민간의 일자리를 최대한 지키는 구조조정을 해야 한다. 이것은 국민 세금으로 일자리 숫자만 늘리는 것보다 훨씬 더 어려운 과제이며, 기획재정부 등 경제부처들의 실력이 요구된다. 문재인 대통령은 앞으로 닥치게 될 구조조정 속에서 민간 일자리를 지키기 위해 최선을 다해 대책을 준비해야 한다. 고용안정지원금은 물론이고 법정관리나 M&A 과정에서 고용이 최대한 유지되도록 정부가 적극적인 역할을 수행해야 한다. [2021년 1월 13일]

주택공급을 확대하겠다는
거짓말

　오늘 대통령 회견 후 정부가 부동산정책 설명회를 열었다. 이게 25번째 부동산대책인지, 아니면 단순히 기존정책을 재탕한 설명회에 불과한지조차 분명치 않은 것은 오늘 대책에 아무런 새로운 내용이 없기 때문이다. 24번의 부동산대책의 결과가 바로 지금의 '미친 집값', '미친 전월세'이다. 그런데 잘못된 정책을 시정하려는 최소한의 노력도 없이, 3기 신도시, 공공재개발 같은 기존 대책만 앵무새처럼 되풀이하고 있다. 이렇게 해서야 집값과 전월세를 잡을 수 없다. 당장 공급 효과가 가장 큰 정책은 재건축 재개발 규제를 풀고, 층고 제한 완화 등 용적률을 올리고, 매매와 임대 시장에 민간업체가 적극 참여하도록 규제를 풀고 인센티브를 주는 거다. 임대차 3법도 당연히 고쳐야 한다. 그런데 오늘 발표에는 이런 알맹이들이 다 빠져 있는 것이다. 자신들이 실패했던 부동산정책을 손댈 생각이 조금도 없으니 오늘 같은 일이 발생하는 것이다. 문재인 대통령은 신년사에서 부동산 안정화에 실패한 데 대해 국민에게 송구하다고 하고 획기적인 공급대책을 내놓겠다고 했다. 오늘 기자회견에서도 대통령은 "시장이 예상하는 수준을 훨씬 뛰어넘어 공급을 특별하게 늘려 공급이 부족하다는 것에 대한 국민의 불안을 일거에 해소하겠다"고 했다. 그러나 오늘 대책은 획기적으로 공급을 확대하거나 국민 불안을 일거에 해소하기는커녕, 오히려 거꾸로 '문재인 대통령 임기 내에 공급

확대는 어렵다'는 시그널만 시장에 줄 것이다. 한번도 경험하지 못한 집값과 전월세에 대한 국민들의 고통스러운 신음소리가 들리지 않는가. 국민의 원성을 듣고 있다면 문재인 대통령은 하나 마나 한 대책을 재탕, 삼 탕 하면서 국민을 속이려 들 게 아니라, 당장 공급 효과가 큰 대안들을 제발 받아들이기 바란다. [2021년 1월 18일]

손실보상은 기재부에게 맡겨라

헌법 제23조 1항은 "모든 국민의 재산권은 보장된다.", 3항은 "공공필요에 의한 재산권의 수용, 사용 또는 제한 및 그에 대한 보상은 법률로써 하되, 정당한 보상을 지급하여야 한다"고 했다. 사유재산권은 보장되며, 국가가 개인의 재산권에 제약을 가하여 손실이 발생하면 정당한 보상을 지급하라는 거다. 코로나 위기 이후 K양극화로 고통받는 저소득층, 실업자, 자영업자, 소상공인 등을 정부가 지원하고 사회안전망으로 보호하는 것은 정부의 당연한 책무다. 그런데 이러한 지원 내지 보호와는 별개로, 정부가 방역이라는 '공공필요'에 따라 영업제한이나 영업금지 조치를 취했을 경우 발생한 손실에 대해서 보상하라는 것이 헌법 제23조이다. 따라서 손실보상은 정당하며, 헌법정신에 따라 정부는 손실보상을 해야 한다. 이미 헌법이 규정한 만큼, 손실보상의 법률적 근거를 만드는 것은 어렵지 않을 것이다. 감염병예방법의 관련조항을 개정해도 된다. 어려운 문제는 입법이 아니라, 손실보상의 원칙과 기준, 범위와 방법, 손실보상액의 산정 등을 구체적으로 정하는 일이다.

  * 매출 - 비용 = 이윤

위의 산식에 따라 정부의 영업 제한 내지 금지 조치가 매출, 비용, 이윤에 얼마나 영향을 미쳐서 손실(=이윤의 감소)이 얼마나 발생했는지를 산정하는 일은 결코 쉬운 일이 아니다. 어제 문재인 대통령은 "재정이 감당할 수 있는 일정 범위에서 손실보상을 제도화할 수 있는 방안을 중소벤처기업부 등 관련부처와 함께 당정이 검토하라"고 했다. 대통령의 손실보상 검토 지시는 타당하지만, 중소벤처기업부와 당정이 검토하도록 한 것은 문제가 있다. 손실보장의 주무부처는 당연히 국가재정을 담당한 기재부가 되어야 한다. 최근 대선출마 의사가 있다는 정치인 총리와 경기도지사가 "이 나라가 기재부 나라냐"고 경제부총리를 겁박하고, 민주당은 월 24조원이 필요한 손실보상법을 제출했다. 그러나 국가재정은 모두 국민의 세금이고 미래세대가 갚아야 할 빚이므로, 헌법이 정한 손실보상을 얼마나 할 것이냐는 재정의 책임부처인 기재부가 하는 게 옳다. 자영업자와 중소기업의 주무부처인 중소벤처기업부는 실태 파악을 하되 손실보상액을 정하는 것은 기재부가 맡는 게 적절하다. 기재부가 국세청, 중소벤처기업부와 협의해서 정하도록, 대통령은 외풍을 막아줘야 한다. 기재부 공무원들은 우수하지만, 때로는 오만하고 예산과 조세 권한을 갖고 타 부처에게 갑질한다는 이미지도 있었다. 그러나 문재인 정부 들어서는 청와대와 여당에 치이고, 이제는 경기도지사로부터까지 겁박 당하는 처량한 신세가 되었다. 경제부총리에게 당부한다. "관료는 영혼이 없다"는 유명한 말을 남긴 윤증현 전 장관은 사실은 영혼이 있는 관료였다. 부총리와 기재부 공무원들은 영혼을 되찾으시라. 그리고 대통령은 외풍을 막아주고 이들의 영혼을 보호하라. 기재부에서조차 '죽을래 과장'과 '신내린 사무관'이 나와선 안되지 않겠는가. 헌법이 정한 손실보상을 기재부가 책임지고, 정치권의 악성 포퓰리즘 압력에 굴하지 말고 수행하길 바란다. [2021년 1월 26일]

이재명 지사의 경제정책은 '돈풀기' 뿐인가?

　이재명 지사가 '집단자살사회'를 언급하며 확장재정을 주장했다. '집단자살사회(collective suicide society)'라는 섬뜩한 용어는 2017년 서울을 방문한 라가르드 IMF 총재가 우리나라의 충격적인 합계출산율을 가리켜 한 말이다. 이 지사는 저출산 문제의 해법으로 재정 확대를 말한 것이다. 그런데 이미 정부는 2006~2020년 동안 1~3차 저출산 대책에 268조 원을 썼고, 올해부터 5년간 4차 저출산 고령화 기본계획에 196조 원을 투입할 예정이다. 이렇게 20년간 무려 464조 원을 쓰는데 지난해 3분기에 0.84까지 떨어진 합계출산율이 급락을 멈추고 반등할지 아무도 자신할 수 없는 상황이다. 이 지사의 평소 주장을 보면 모든 정책이 '돈풀기'다. 경기도든 전국이든 "모든 도민, 국민에게 똑같이 다 주자"며 돈풀기를 주장한다. 이 지사의 기본소득, 기본주택, 기본대출도 모든 국민에게 돈을 주고, 국가가 주택을 지어주고, 국가가 저금리 대출까지 해주는 돈풀기 정책이다. 여기에 얼마나 재정이 필요한지는 들어본 적이 없다. 이 지사의 정책은 민주당보다는 정의당이나 국가혁명당에 가깝다. 다만 정의당은 증세를 분명히 말하기라도 하는데, 이 지사는 국토보유세 신설을 제외하고는 소득세, 법인세, 부가세 등 주요 세금을 얼마나 올리는 증세를 하겠다는 건지 설명이 없으니 국가혁명당에 더 가깝다. 그렇다면 도대체 이 지사가 풀겠다는 그 천문학적 규모의 '돈'은 하늘에서 떨어지는가, 땅에서 솟아나는가. '헬리콥터 머니(helicopter money)'라는 말이 있다. '하늘에서 돈 뿌리기' 정도로 번역하면 맞을 거다. 역대 정부는 경제가 나빠질 때마다 단기부양책으로 경제지표를 어떻게 해보려는 유혹에 빠졌지만, 이런 돈풀기로 경제의 펀더멘털이 나아지지는 않았다. 문재인 정부의 소득주도성장과 한국형 뉴딜도 이런 돈풀기 정책에 불과하다. 저출산의 근본 원인은 내일에 대한 희망이 없기 때문이다. 일자리, 자고 나면 신기록을 세우는 집값과 전월세, 사교육비, 독박육아와 육아휴직시 경력단절과 차별, 노후 걱정… 이런 걱정들 때문에 결혼과 출산을 포기하는 거다. 저출산 문제가 이렇게 복잡한데 단순히 돈풀기로 해결될 거라고 나이브하게 생각하는가. 희망이 있는 내일을 만들기 위해 국가는 꼭 필요한 지출은 해야 하지만, 이보다 더 중요한 것은 성장과 복지가 선순환하는 경제를 만들기 위한 개혁을 단행하고, 집값과 전월세를 안정시켜서 내 집 마련의 사다리를 놓는 정책을 펴는 것이다. 국민의 혈세를 흥청망청 쓰기만 하는 정책은 누구나 할 수 있는 손쉬운 정책이다. 돈을 풀고 쓰기만 할 게 아니라, 어떻게 하면 우리 경제가 돈을 벌 수 있는지 해법을 제시하는 것이 더 어렵고 중요한 정책임을 이 지사는 알아야 한다. 이 지사가 돈풀기를 위해 경제부총리를 겁박하는 태도는 비겁하다. 이 정부의 경제정책이 잘못되었다고 말하고 싶으면, '심약한' 경제부총리를 겁박할 게 아니라, 경제부총리를 임명한 행정부의 책임자인 문재인 대통령에게 당당하게 말하고 따지시라. [2021년 1월 24일]

공공(公共)만으로는
주택문제 해결 못 한다

오늘 정부가 '공공주도 83만 호 주택공급 확대방안'을 발표했다. 임기 4년이 지나고 25번째 대책에서야 공급확대를 말하다니 만시지탄(晩時之歎)이다. 오늘 발표한 83만 호 계획과 이전의 127만 호 계획을 합치면 계획만 210만 호다. 그러나 계획상 숫자만 부풀린다고 주택이 실제로 공급되는 건 아니다.

이 정부 남은 임기 1년 안에 부지를 확보하고 주택건설에 착수할 물량은 극히 일부에 불과하다. 결국 공급확대로 집값과 전월세를 안정시키는 것은 문재인 정부에서는 어렵고, 다음 정부의 과제로 넘어가게 되었다. 오늘 대책에 대한 핵심 의문은 "왜 공공(公共) 뿐인가?"이다. 재개발, 재건축도 공공이 직접 하고, 역세권·준공업지·저층 주거지 개발도 공공이 주도하여 공공주택을 공급한다고 한다. 민간의 재개발·재건축 사업에 대한 규제를 풀어주기만 해도 빠른 시일 내에 신규주택공급이 가능한데, 왜 민간의 시장은 외면하고 공공 주도만 고집하는지 이해할 수 없다. 정부가 정말 신속한 공급을 원한다면 민간 재개발·재건축 규제부터 풀고, 민간과 공공이 공정하게 경쟁을 해보라. 또 민간이 보유한 토지를 동원할 때 주민동의율을 3/4에서 2/3로 완화해서 토지수용을 더 강제적으로 하는 것은 문제가 있다. 해당 지역 토지소유주와 임차인의 동의를 충분히 구하고 수익을 보장해서 사업을 진행해야 한다. 문재인 정부는 임대든 분양이든 민간의 시장기능을 너무 무시하고 공공 타령만 한다. 국가는 국공유지를 중심으로 공공주택을 공급하고 저소득층의 주거복지를 위해 공공임대를 공급하는 공공 본연의 역할을 다하는 게 옳다. 민간의 개발이익이 있다면 조세로 환수해서 공공주택과 도시 인프라를 위한 투자에 사용하면 될 일이다. [2021년 2월 4일]

IMF 이후 최악의 경제 위기를
극복하기 위하여

예상한 대로 올해 1월 고용상황은 매우 심각하다. 코로나 경제 위기가 얼마나 심각하지는 몇 가지 고용지표가 단적으로 보여준다. 취업자 수는 98만 명이나 줄었다. IMF 위기 발생 1년 후인 1998년 12월의

128만 명 감소 이후 23년 만의 최대폭 감소다. 1월의 실업자는 157만 명, 실업률은 5.7%로서, 1999년 통계작성 이후 최악이다. 비경제활동인구가 87만 명 증가하고 구직단념자가 78만 명 증가한 것도, 일자리 상황이 급속히 나빠지고 있음을 보여준다. IMF 위기 때는 대량실업에도 불구하고 요즘같이 세금으로 고령층을 고용하는 단시간 일자리가 별로 없었다. 그러나 지금은 단시간 세금 일자리가 취업자 수에 포함되어 있음을 감안하면, 고용상황은 IMF 위기 때보다 더 심각하다고 봐야 한다. 주 36시간 이상 일하는 취업자가 159만 명이나 감소한 것이 그것을 말해준다. IMF 위기보다 더 심각한 경제 위기, 일자리위기가 닥쳐오고 있다. 이럴 때 국가는, 정부는 무엇을 해야 할까?

문재인 대통령은 세금으로 만든 단기 알바 일자리라도 만든 덕분에 그나마 이 정도라고 말하고 싶을 것이다. 그러나 세금 일자리는 근본 해법이 아니라는 게 입증되고 있다. 문재인 대통령에게 제안한다.

첫째, 이 정부 들어서 한번도 제대로 해본 적 없는 규제개혁과 노동개혁을 시작하라. 민간의 투자와 일자리 창출을 가로막는 규제를 없애고 노동시장의 유연안정성(flexicurity)를 높이는 노동개혁을 단행하라. 그래야 민간 일자리가 만들어지기 시작할 거다.

둘째, 부실기업의 연착륙 계획을 미리 세워야 한다. 3년 이상 이자보상비율이 1.0 이하인 부실기업들의 주가가 치솟는 지금의 상황은 정상이 아니다. 이 거품이 꺼지기 전에 정부는 부실기업 구조조정이 경(硬)착륙이 아니라 연(軟)착륙이 되도록 즉시 대비책을 수립해야 한다. 그렇게 해야 부실기업에서 쏟아져 나올 대량실업을 막을 수 있다.

셋째, 내가 계속 강조하지만 K양극화에 대응하는 K복지를 짜야 한다. 특히 급증한 비경제활동인구와 실업자 중 버티기 어려운 분들을 지원해야 한다. 그런데 이미 고용보험의 적자가 심각하다. 이런 상황인데 전 국민 재난지원금이니 보편적 기본소득(UBI)이니, 이런 한가하고 사치스러운 논쟁을 할 때가 아니다. 나랏돈을 어디에 먼저 써야 할지도 모르는 정치인은 지도자의 자격이 없다. [2021년 2월 10일]

가계부채,
해법은 부동산 안정이다

2020년 말 가계 신용이 1,726조 원, 가계부채(가계대출)는 1,630조 원으로, 둘 다 1년 전에 비해 무려 126조 원씩 늘어났다. GDP 대비 가계부채의 비율은 102.8%, 주요국 중 1위라는 사실은 가계부채가 우리 경제의 시한폭탄임을 말해준다. 가계부채가 급증한 원인은 무엇인가?

소위 '영끌과 빚투' 때문이다. 미친 집값, 전월세를 대느라 대출을 받아야 하고, 주식에 투자하느라 대출까지 받기 때문이다. 가계부채 중 주택담보대출이 911조로 56%를 차지하고, 신용대출 중에도 주택 관련 대출이 있다. 그만큼 가계부채에서 주택관련 대출이 큰 비중을 차지하고 있다. DTI, LTV 같은 규제를 강화해도 주택관련 대출이 급증한 것은 집값, 전월세가 오르는 이상 대출수요를 억제하기 어려움을 보여준다. 가계부채의 연착륙을 유도하는 해법은 결국 집값과 전월세의 폭등을 막고 주택시장을 안정시키는 거다. 주택가격이 갑자기 폭락할 경우에도 가계부채의 부실화와 금융 불안이 문제가 될 수 있다. 따라서 주택시장을 서서히 안정시키는 것이 최선이다. 이재명 지사는 우리나라의 가계부채가 높은 원인을 국가부채비율이 낮고 복지지출이 낮기 때문이라고 주장한다.

부동산 정책의 실패 때문에 영끌과 빚투를 한 결과 가계부채가 급증했는데, 부동산 문제를 해결할 생각은 안 하고 엉뚱한 얘기를 하고 있다. 잘못된 진단으로 엉뚱한 처방을 내린다면 그 뒷감당은 누가 하는가?

부동산정책의 실패가 집값, 전월세 뿐만 아니라 가계부채 급증까지 초래했음을 인정하고 정확한 처방을 내려야 한다. [2021년 2월 24일]

경제성장이 코로나 이후의
시대정신이다

선거가 가까워지자 문재인 대통령과 민주당 대선후보들의 악성 포퓰리즘이 기승을 부리고 있다.

이들의 공통점은 돈 쓰는 데는 귀신이라는 거다. 대통령과 민주당은 예비타당성조사와 입지의 적정성 조사도 생략한 채 28조 원이 든다는 가덕도신공항특별법을 통과시켰다. 앞으로 대구와 광주 등에서 도심의 기존 공항은 김해공항처럼 그대로 남겨두고 외곽에 새 공항을 전액 국비로 건설해달라고 요구하면 정부가 할 말이 없을 것이다.

선거에 정신이 팔려 국책사업의 원칙을 무너뜨린 대가를 톡톡히 치르게 될 거다. 이재명 지사의 기본시리즈는 돈 먹는 공룡이다. 현재의 복지제도만으로도 앞으로 엄청난 돈이 필요한데, 기존의 복지를 그대로 하면서 기본소득을 얹어주려면 그 돈은 하늘에서 떨어지는가. 지금 저소득층에게 인간답게 살 공공임대를 공급하는 것도 돈이 부족한데, 중산층까지 30년간 저렴한 임대료로 살 기본주택을 공급한다니 그 엄청난 손실을 무슨 돈으로 감당하겠는가.

자신들도 재정적자와 국가부채가 심하다고 생각했는지 말로는 증세를 얘기하지만, 선거를 앞두고 그들이 증세를 할 가능성은 제로다. 또 증세에는 반드시 국민적 합의가 먼저 이루어져야 하고, 더구나 지금처럼 경제가 위기상황일 때는 증세가 옳은 선택이 아니다.

보통 가정에서도 가장(家長)이 돈 벌 생각은 안 하고 돈 쓸 궁리만 한다면 집안이 거덜 나는 건 불 보듯 뻔한 거 아닌가. 국가 경제도 마찬가지다. 나라 살림을 책임진 정부가 나라야 망하든 말든 돈 쓰는 데는 귀신이고 돈 버는 데는 무능하다면, 그 나라의 앞날은 파탄뿐이다. 이런 상황에서 나는 최근 한 가닥 희망을 발견했다.

지난 2월 15-17일 실시된 여론조사에서 "경제성장이 중요하다"는 응답이 62%, "소득분배가 중요하다"는 응답이 32%였다. 코로나로 1년 이상 극심한 경제 위기를 겪고 있고, 전 국민 재난지원금이니 기본소득이니 악성 포퓰리즘의 넘실대는 유혹 속에서도, 우리 국민들은 지금 가장 절실한 것은 경제성장이라고 응답한 것이다. 이 건전한 상식, 올바른 생각이 놀랍고 반갑다. 국민은 성장의 가치를 알고 있는 것이다.

Q. 선생님께서는 현시점에서 경제성장과 소득분배 중 무엇이 더
중요하다고 생각하십니까?

(n=1,000, %)

경제성장
62

소득분배
32

모름/무응답
6

성장 對 분배(%)		사례수	경제성장	소득분배	모름/무응답
전체		(1000)	62	32	6
연령별	18-29세	(178)	58	35	7
	30-39세	(155)	58	36	6
	40-49세	(188)	57	40	3
	50-59세	(194)	65	31	4
	60-69세	(157)	67	30	4
	70세 이상	(128)	70	13	18
지역별	서울	(190)	67	26	7
	인천/경기	(310)	62	33	5
	대전/세종/충청	(109)	56	37	7
	광주/전라	(98)	59	37	4
	대구/경북	(97)	69	24	7
	부산/울산/경남	(153)	62	32	5
	강원/제주	(43)	49	40	12
이념 성향별	진보	(289)	51	47	1
	중도	(303)	62	36	2
	보수	(268)	78	18	4
	모름/무응답	(140)	53	17	30
지지 정당별	더불어민주당	(335)	55	42	3
	국민의힘	(233)	85	12	3
	지정정당 없음	(282)	58	29	12

저성장, 저출산, 양극화라는 삼중의 문제를 극복하는 것은 우리 시
대의 과제다. 코로나 이후 이 3대 문제는 더 심각해지고 있다. 그 해
결의 출발점은 바로 경제성장이다. 경제성장부터 일으켜서 일자리와
소득을 만든 다음에 저출산과 양극화를 해소하는 게 올바른 순서다.
이 중요한 일을 다음 대통령과 정부가 해내야만 한다. 다음 정부의 5
년에 나라의 명운이 달려 있다. 앞으로 5년을 또 허송세월한다면 우

리는 마지막 기회를 놓치고 말 것이다. 국민의 건전한 상식이 살아있기 때문에 새로운 보수정치는 국민만 믿고 경제성장을 위한 개혁의 길로 용감하게 나아가야 한다. 우리가 그 정답을 알고 있지만 역대 어느 정부도 제대로 하지 못한 노동개혁, 규제개혁, 교육개혁을 단행할 리더십이 필요하다. 이것만이 민주당과 엉터리 진보 세력의 악성 포퓰리즘에 대항하는 정공법임을 분명히 인식하자. [2021년 3월 2일]

저출산 해결의 돌파구는
경제성장이다

　지난해 합계출산율이 0.84명으로 사상 최저를 기록했다. 그런데 행정안전부의 주민등록인구통계에 따르면, 올해 1, 2월의 출생아 수가 43,289명으로 1년 전보다 9.3%나 감소했다. '저성장-저출산-양극화'는 코로나 위기 이전에도 우리나라의 가장 심각한 문제였다. 그런데 코로나 위기가 이 시대의 삼중고(三重苦)를 더 악화시키고 있다. 코로나 위기 속에서 성장도, 출산도 추락하고, 양극화는 K자로 불평등 격차가 더 벌어지고 있다. 이 삼중의 위기를 해결하는 근본적인 대책은 경제성장이다. 안정된 일자리를 구해야 결혼도 하고 아이를 낳을 것이다. 제대로 된 일자리를 만드는 해법은 오직 경제성장뿐이다. 흔히 '고용 없는 성장'을 말하고 4차 산업혁명 시대에 기존의 일자리 상당수가 사라진다고 한다. 그러나 코로나와 기술혁신이 겹친

이 변혁의 시대에도 세계 경제에는 승자와 패자가 있기 마련이고, 이 변화가 주는 기회를 잡아 성장하는 경제는 분명 좋은 일자리를 만들 수 있다. 우리나라는 이 새로운 글로벌 경쟁에서 반드시 승자가 되어야 한다. 다음 5년의 대통령은 새로운 경제성장 전략으로 경제를 살리는 대통령이 되어야 한다. 경제가 성장하면 저출산, 양극화 문제를 해결하기가 훨씬 더 수월해진다는 평범한 원리를 이제 우리 국민들도 알고 있다. [2021년 3월 3일]

LH의 땅 투기와 오거돈 일가의 땅 투기, 이 두 사건을 엄정하게 조사하고 법대로 처벌하라

LH(한국토지주택공사) 일부 직원들이 3기 신도시 예정지역인 광명 시흥 지구에 100억 원대 땅 투기를 했다는 의혹이 제기되었다. 택지개발을 하는 LH의 직원이나 가족이 미공개정보를 이용해서 땅 투기를 한 것이라면, 고양이에게 생선가게를 맡긴 거 아닌가? 이는 용서할 수 없는 중대 범죄로서 엄정히 조사하고 법대로 처벌해야 한다. 문재인 대통령은 총리실 등에 전수조사와 엄정 대응을 지시했다고 한다. 이재명 지사도 발본색원과 처벌을 주장했다. 그런데 부산에서도 비슷한 일이 발생했다. 오거돈 전 부산시장 일가가 가덕도 인근의 땅 수만 평을 보유한 것이 투기라는 의혹이 제기된 것이다. 가덕도 신공항은 오거돈 전 시장의 대표 공약이었던 만큼, 오거돈 일가의 토지매입은 투기 의혹을 피할 수 없다. 특히 267억 원이나 드는 보궐선거의 원인 제공자가 오거돈 전 시장인데, 그 일가가 선거용으로 급조된 가덕도 신공항 개발의 혜택을 입는다는 것을 국민이 납득할 수 있겠나?

문재인 대통령과 이재명 지사는 오거돈 일가의 가덕도 땅 투기에 대해서는 왜 입을 다물고 있는가?

대통령과 이 지사는 LH의 땅 투기에 대해 했던 말 그대로 오거돈 일가의 땅 투기에 대해서도 엄정한 조사와 법대로 처벌할 것을 말해야 한다. 또한 경기도의 경우에는 LH 이외에도 경기도청, GH(경기주택도시공사)는 땅 투기와 관련이 없는지도 조사해야 할 것이다. 문 대통령이 총리실에 전수조사를 지시한 것도 문제가 있다. 이 조사는 총리실이나 국토부가 아니라 감사원이나 검찰이 해야 한다. 시민단체들이 이미 감사원에 공익감사를 청구했으니 감사원이 나서야 한다. 감사원의 조사에 대해 청와대가 "조사 착수 시기가 늦어진다"고 하는데 이는 감사원을 '패싱' 하기 위한 핑계에 불과하다. 대통령은 이 문제를 대충 넘어가려 해서는 안 된다. 총리실은 조사에서 손을 떼고 감사원과 검찰이 나서서 감사하고 수사할 것을 요구한다. 문재인 정부의 주택문제 해법은 '공공 주도 주택건설'이었다. 공공 주도의 핵심은 LH, SH, GH 같은 공기업들이다. 그런데 이 공기업의 직원들이 땅 투기에 나섰으니 공공주도 주택건설을 어떻게 신뢰할 수 있겠나. [2021년 3월 3일]

공공임대는 공기업에게,
나머지는 민간주도개발로 전환하라

LH 직원들의 신도시 땅투기 사건에 대한 국민의 분노가 들끓고 있다. 국민의 분노는 불공정과 부패 때문이다. 누구는 '영끌'을 해도 내집 마련을 못하고 전세 구하기도 힘든데, LH 직원들은 신도시 발표 전에 땅을 샀다. 조국 사태 때의 부정입학과 똑같은 특권과 반칙이다.

입만 열면 공정과 정의를 부르짖던 문재인 정권에서 특권과 반칙이 판을 치니 실망이 더 크다. 문재인 정권은 부동산 투기를 잡겠다고 4년간 24번이나 규제와 세금 폭탄을 투하했다. 그 결과는 미친 집값과 전월세였고, 그 피해는 고스란히 서민 중산층의 몫이었다. 그런데 정작 권력을 가진 자들은 그들만이 알 수 있는 정보로 그들만이 할 수 있는 은밀한 투기를 해왔던 것이다. 세상에 이런 위선적인 정권이 무슨 자격으로 공정과 정의를 입에 올리나.

대통령은 LH 전수조사를 총리실과 국토부 등에게 지시했다. 국토부와 총리실은 이 조사를 할 자격과 능력이 안된다. 그리고 LH 뿐만 아니라 서울시와 경기도, SH와 GH도 미공개정보를 이용한 불법투기가 과연 없다고 자신할 수 있겠는가. 감사원과 검찰이 나서서 의혹의 대상이 되는 국토부, 서울시, 경기도, LH, SH, GH 전반에 대해 전수조사를 해야만 한다. 문재인 대통령이 '변창흠표 정책'이라고 발표한 2.4대책은 '공공이 주도하는 공급대책'이다.

그 공공이 바로 LH, SH, GH같은 공기업들이다. LH 직원들이 땅투기를 하는 마당에 누가 공공주도개발을 신뢰할 수 있겠나. 주택시장에서 민간개발, 민간임대의 역할과 기능을 죽여놓고 공공이 주도하겠다는 발상부터 잘못된 것이다.

문재인 대통령은 공공주도개발을 민간주도개발로 전환하고, 민간의 공급을 방해하는 규제를 합리적으로 조정할 필요가 있다. 다만 소득 1,2분위 (소득 하위 40%)의 저소득층과 청년, 노인, 신혼 무주택자가 살 수 있는 공공임대주택을 공급하는 주거복지사업은 세금 지원이 필요하기 때문에 국가가 책임지는 것이 옳다. [2021년 3월 7일]

1년 후 대선,
경제가 희망입니다

20대 대통령선거가 1년 앞으로 다가왔습니다. 내년 대선은 대한민국의 운명을 가르는 선거입니다. 지난 세기 대한민국은 경제발전과 민주주의를 이룩했습니다. 그러나 21세기의 대한민국은 발전이냐, 추락이냐의 기로에 섰습니다. 경제, 안보, 인구, 복지, 교육 등 국정 전반에 걸쳐 대한민국의 실력에 심각한 문제가 발생한 것입니다. 우리는 저성장, 양극화, 저출산의 삼중고(三重苦)를 겪은 지 오래입니다. 코로나 위기는 이 삼중고를 빠르게 악화시키고 있습니다. 성장은 지체되고 격차는 벌어지고 인구는 감소하고 있습니다. 핵무기와 미사일로 무장한 북한은 우리가 겪어보지 못한 위협입니다. 핵무장한 북을 상대로 국민의 생명을 지키고 진정한 평화를 지키려면 북을 압도하는 힘을 가져야 합니다. 미·중이 세계패권을 다투는 동북아에서 우리의 외교안보 노선의 선택은 나라의 존망과 직결됩니다. 지금 대한민국에 무엇이 가장 필요합니까?

우리가 해결해야 할 시대의 과제는 무엇입니까?

많은 분들이 내일에 대한 희망이 없다고 합니다. 내 자식이 나보다 더 잘살 거라는 희망, 더 나은 세상이 올 거라는 희망이 없다고 합니다. 2022년 대선은 대한민국의 새 희망을 만드는 선거가 되어야 합니다. 어떤 어려움도 극복해내는 강한 대한민국을 만들어야 합니다. 그 출발점은 경제입니다!

다시 성장하는 경제를 만들어야 양극화, 저출산을 해결할 길이 열립니다. 다음 대통령은 코로나 위기와 4차 산업혁명이 중첩된 이 변혁의 시대에 경제를 살려내고 일자리를 만들어야 합니다. "이제 성장은 불가능하다, 성장해도 일자리를 못만든다"... 이런 체념적이고 소극적인 자세로는 결코 경제를 살릴 수 없습니다. 선진국의 역사와 경험을 봐도 위기를 극복한 나라는 흥했고 위기에 항복한 나라는 주저앉았습니다. 경제성장에는 왕도(王道)가 없습니다. 달콤한 돈뿌리기로 경제를 살리는 쉬운 길이 있다면 누군들 못하겠습니까. 고통스러운 개혁을 단행해야 다시 성장의 길로 나아갈 수 있습니다. 저는 경제를 살리기 위해 노동, 규제, 교육, 복지에서 고통스럽지만 꼭 필요한 개혁을 국민과 함께 할 것입니다.

생산인구가 고갈되기 전에 혁신인재를 길러 이들이 기업과 산업의 경쟁력을 끌어올리도록 민간의 창의와 활력이 살아 숨쉬는 시장경제를 만들 때, 우리는 다시 성장의 길로 나아갈 것입니다. 이 성장의 열매로 튼튼하고 든든한 복지국가를 만들 때, 양극화와 저출산 문제도 비로소 해결될 것이고, 나누면서 커가는 따뜻한 공동체를 만들 수 있습니다.

문재인 정부, 4년이 지났고 1년이 남았습니다. 한번도 겪어보지 못한 무능과 독선, 위선과 거짓으로 경제와 안보를 망치고 민주공화국의 헌법가치를 유린한 4년이었습니다. 무모한 소득주도성장과 부동산대책의 실패로 민생은 망가졌고, 악성 포퓰리즘에 국가재정에 빨간등이 켜졌습니다. 저 무능하고 무책임하고 부패한 세력에게 이 나라를 5년 더 맡긴다면 대한민국은 희망이 없습니다. 그러나 국민은 아직도 제1야당을 미덥지 않게 생각합니다.

1년 후 대선에서 대한민국의 새 희망을 만들기 위해 보수정치는 더 유능하게, 더 정직하게, 더 깨끗하게 변해야 합니다. 저는 낡은 보수를 버리고 개혁보수로 나아갈 것을 오래동안 일관되게 주창해왔습니다. 나라의 기둥인 경제와 안보를 튼튼하게 만들고, 민주공화국의 헌법가치를 정직하게 지키는 것이 개혁보수의 길입니다.

우리 국민의힘이 새로운 노선과 철학과 정책으로 국민에게 다가간다면 1년 후 우리는 새로운 희망의 역사를 쓰기 시작할 겁니다.

[2021년 3월 9일]

공공주도개발이
'공공부패'를 낳는다

문재인 대통령은 어제 LH 땅투기 사건에 대해 "투기는 투기대로 조사하되 정부의 주택공급대책에 대한 신뢰가 흔들려서는 안된다"고 했다. '주택공급에 대한 신뢰'라니? 어처구니가 없다.

신뢰를 하고 싶어도 못하게 만든 게 바로 문재인 정권 아닌가.

4년간 24번의 부동산대책으로 미친 집값, 미친 전월세를 만들어놓고 무슨 신뢰란 말인가. 그것도 모자라 이제는 LH 직원들과 오거돈 일가의 땅투기라는 부패까지 드러난 것 아닌가.

그런데도 당시 LH 사장이었던 국토부 장관은 해임하지 않고, 조사를 한다면서 검찰과 감사원은 배제해놓고 무슨 신뢰를 하라는 말인가. 이 정권이 신뢰 못하게 만들어 놓고 '신뢰가 흔들려서는 안된다'니, 이거야말로 유체이탈에다 사돈 남 말 하는 증세가 너무 심하지 않나. 문재인 대통령에게 2.4대책의 공공주도개발 방식부터 원점에서 재검토할 것을 거듭 제안한다.

공공부패는 "사적 이득을 위해 공적 지위를 남용(the abuse of public office for private gain)"하는 것이다. 이는 국제투명성기구(TI), OECD, IMF 등이 공통적으로 쓰는 정의다.

LH 직원들이 신도시 발표 전에 정보를 알고 땅투기를 한 것이 바로 '공적 지위를 남용해서 사적 이득을 취한 공공부패'다.

문재인 대통령은 지난 4일 "일부 직원의 개인 일탈이었는지 뿌리

깊은 부패구조에 기인한 것이었는지 규명해 발본색원하라"고 했다. 대통령의 이 말에 경제부총리, 국토부장관까지 "개인 일탈"이라는 표현을 쓴다. 그러나 천만의 말씀이다. 이 사건은 결코 개인 일탈이 아니라 공공부패가 발생할 수밖에 없는 구조 때문이다. 공공주도개발이 바로 그 주범이다.

공공주도개발은 국토부가 기획을 하고 LH가 실행을 하는 것이다. 기획주체인 국토부와 실행주체인 LH는 처음부터 모든 정보를 독점한다. 이들은 민간이 소유한 토지에 대해 비공개 강제수용을 하면서 민간의 재산권까지 침해한다.

국토부와 LH가 정말 깨끗한 사람들만 있는 곳이 아니라면, 사적 이득을 위해 독점한 정보를 슬쩍하고 싶은 유혹은 널려 있다.

"공공부패 = 독점 + 재량 책임"

이는 공공부패에 관한 공식(公式)이다. 국토부와 LH가 사업권과 정보를 독점하고 자기들 마음대로 개발계획을 주무르는 재량권을 가지고 책임은 지지 않을 때, 부패의 곰팡이가 자라는 것이다.

공공주도개발은 공공부패를 조장한다. 개인 일탈이 아니라 구조적으로 부패 가능성이 존재하는 것이다. 해결책은 시장의 경쟁에 맡기는 것이다. 문재인 정권 사람들이 생각하는 것보다 시장은 훨씬 더 투명하고 효율적이다. 시장의 경쟁이라는 햇볕을 쐬면 부패의 곰팡이는 사라진다. 그 대신 국토부와 LH는 무주택 저소득층의 주거복지에 전념하라.

LH를 주거복지공사로 개편해서 개발업무에서 손을 떼고 주거복지를 책임지도록 해야 한다. [2021년 3월 10일]

대통령은 왜 사과를 못할까?

문재인 대통령은 LH 직원들의 투기 의혹에 대해 "국민들의 분노가 매우 크다... 우리 사회의 공정과 신뢰를 바닥으로 무너뜨리는 용납할 수 없는 일"이라고 했다. 옳은 말씀이다. 그런데 이 용납할 수 없는 일은 대통령이 사장을 임명한 공기업 LH에서 일어났다. 분명 대통령의 책임이 있다고 보는 게 상식이다. 그런데도 대통령은 한마디 사과도 없이 진노(震怒)만 하신다. 화가 난 대통령 대신 지난 며칠간 국토부장관, 경제부총리, 국무총리가 연달아 "국민 여러분께 고개 숙여 사과드린다"고 했다. 이 정권 사람들은 공(功)은 대통령에게 돌리고 과(過)는 각료들이 떠안는 '아름다운 미덕'을 자기들끼리 갖고 있는지 모르겠으나, 분노한 국민의 눈으로 보면 어처구니가 없는 '대리사과'다. 사실 그동안 대통령이 국민 앞에서 반성하고 사과해야 할 일들이 참 많았는데, 진심으로 사과하는 것을 본 기억이 별로 없다. 조국 일가의 반칙과 특권이 공정과 신뢰를 무너뜨려도 조국에 대한 '마음의 빚'만 말하고 국민에게는 사과 한마디 없이 공정을 태연하게 강조하는 대통령의 모습에 정말 어이가 없었다. 소득주도성장이라는 허황된 실험이 실패로 끝나 경제가 망가져도 사과 한마디 없이 언제부턴가 소주성이란 단어만 사라졌다. 김정은과 만나 북한 비핵화가 금방이라도 될 것처럼 쇼를 했으나 비핵화는 커녕 김정은이 핵무기와 미사일로 우리 생명을 위협하는데도 한마디 사과도 없었다. 24번의 부동산대책은 4년의 실패로 더 이상 변명의 여지가 없어지니까 마지못해 "송구한 마음"이라고 한마디 한 게 전부였다. 실패를 인

정하고 사과한다고 대통령의 위신이나 체면이 깎이는 게 아니다. 오히려 국정의 책임자가 진솔하게 잘못을 인정하고 사과할 때 국민과 함께 더 나은 세상을 만드는 동력이 생길 것이다. 대통령이란 구름 위에 있는 하느님 같은 존재가 아니다. 땅에 발을 딛고 국민 속에서 소통하면서 애환을 같이 하고 책임지는 대통령을 국민은 원한다. [2021년 3월 11일]

집값 폭등이 국민 모두를
불행하게 만들었다

아파트 등 공동주택의 공시가가 폭등했다.

공시가 폭등은 집값 폭등 때문이다. 집값 폭등은 문재인 정권 4년 동안 부동산정책이 처참한 실패로 끝났기 때문이다. 미친 집값이 공시가를 올리니 세금과 건강보험료가 폭등한다. 세금이 전가(轉嫁)된다는 것은 경제 상식이다. 집값, 세금 폭등이 이미 전월세로 전가되고 있다. 세금이 전가되면 그 피해는 제3자가 고스란히 입게 된다. 영끌해서 겨우 내집을 마련한 사람들은 세금 폭탄을 맞게 됐다. 그 세금이 전세 월세도 구하기 어렵게 만들어 서민들에게 피해를 주고 있다. 대출이 막혀 영끌막차를 못탄 젊은이들은 내 집 마련을 포기하고 결혼과 출산까지 못하고 있다. 결국 문재인 정권 부동산 정책의 실패는 국민 모두를 불행하게 만든 것이다. 부동산정책의 실패가 그걸로 끝나지 않고 대한민국의 미래까지 암울하게 만들고 있는 것이다. 이 와중에 미공개정보를 이용해 땅투기를 한 LH 직원들과 계속 투기의혹이 터져나오는 공직자들, 이들에게는 "무슨 나라가 이렇게 썩어 빠졌나"는 국민의 절망과 분노가 들리는가.

해결책은 두 개 뿐이다. 부동산 부패와 비리에 대한 철저한 수사와 엄벌, 그리고 실패한 부동산정책을 백지에서 새로 만드는 것 뿐이다. 그러나 문재인 정권이 지금 하는 일들을 보면 둘 다 틀렸다. 정권을 교체해야만 문재인 정권의 부패와 비리를 뿌리뽑고 새로운 부동산정책을 세울 수 있다. [2021년 3월 16일]

IMF의 경고...
2030에게 빚만 물려주려고 하는가?

IMF가 우리나라의 부채폭발 위험을 경고했다. 올해 53.2%인 GDP 대비 일반정부 부채비율이 2026년엔 70%로 치솟는다는 것이다. IMF의 경고는 새삼스러운 게 아니다. 국가채무의 급증과 이미 시작된 재정위기에 대해서는 그동안 수많은 경고음이 울렸으나, 문재인 정부는 "우리의 국가재정은 건전하다"는 말만 되풀이해왔다. 국가부채비율이 OECD 평균보다 낮으니 더 빚을 내고 펑펑 써도 된다고 했다. 이재명 지사와 민주당 의원들도 똑같은 말을 해왔다. 기축통화 국가가 아닌 우리나라는 국가재정이 위험에 빠지면 '최후의 보루'를 잃고 마는 것이다. 24년전 우리나라가 지급불능 상태에 빠져 IMF로부터 구제금융을 받고 기업과 은행은 도산하고 수많은 실업자가 발생하고 민생과 경제가 도탄에 빠진 쓰라린 경험을 잊어선 안된다. 재정개혁과 복지개혁을 단행해서 꼭 필요한 곳에만 정부가 돈을 써야 한다. IMF도 권고했지만 노동개혁과 규제개혁으로 경제가 활력을 되찾도록 해야지, 돈만 푸는 단기부양책이나 선심성 정책으로는 경제를 살릴 수 없다. 문재인 정권은 "국가재정을 최악의 상태로 악화시킨 정권"으로 역사에 기록될 것이다. 민주당 정권이 5년 더 집권하면 2026년 부채비율은 70%보다 훨씬 더 높아질 것이 분명하다. 집값이 천정부지로 올라 '영끌'해도 내 집 마련을 꿈꿀 수 없는 2030 세대들에게 그들이 짊어질 빚더미만 물려주게 되는 셈이다. 뻔히 보이는 미래의 위험에 대비하지 않고, 미래 세대의 빚이 얼마나 늘어나든 상관하지 않고 돈을 풀어 표심사기에만 급급한다면, 그건 나라도 아니다.

[2021년 4월 15일]

일자리가 간절한
노동절

노동절에 일자리와 노동의 의미를 다시 생각합니다.

사람에게 노동은 생계의 수단인 동시에 삶 그 자체입니다.

우리는 노동을 통해 먹고 살지만 인생의 행복과 좌절을 겪기도 합니다. 우리 헌법이 인간의 존엄과 가치, 행복할 권리, 인간다운 생활을 할 권리, 차별의 금지를 보장한 것도 노동의 현장에 적용되어야 할 원칙이자 가치입니다. 그런 의미에서 코로나 위기 속의 노동절을 맞아 저는 실업의 고통, 그리고 대기업과 중소기업, 정규직과 비정규직 노동시장의 이중구조에 존재하는 차별에 대해 생각합니다.

문재인 정부의 소득주도성장이 초래한 일자리 부족 문제, 대기업 노동조합에 끌려다니느라 실종된 노동개혁은 차별과 양극화의 문제를 더 악화시켜 놓았습니다.

코로나 위기 속에서 어떻게 일자리를 만들어내느냐, 차별을 어떻게 줄이느냐, 이것이 대다수 국민들이 인간답게 살도록 만드는 노동정책이 되어야 합니다. 우리 경제를 다시 성장의 길로 가도록 만들어 일자리를 지키고, 노동의 차별을 해결하는 노동개혁에 나서는 것만이 새로운 희망이 될 것입니다. [2021년 5월 1일]

부동산 실패가 관료 탓?
남탓 그만두길 바란다

이재명 지사가 또 문비어천가를 부르며 대통령에게 아부했다. 이번에는 아부의 희생양이 '개혁에 저항한 관료들'이다. 이 정권은 지난 4년 내내 정책이 실패할 때마다 전 정권 탓을 해왔다. 4년이 지나 전 정권 탓을 하기도 민망했던지 이제는 관료 탓이다. 지난 4년간 줄줄이 실패한 부동산 대책을 관료들이 주도해서 만들었나?

명백히 틀린 말이다. 문재인 대통령과 청와대, 그리고 민주당 출신인 국토부장관과 민주당 의원들이 만든 것 아니었나?

전월세 대란을 불러온 임대차법은 지난해 총선 직후 민주당 단독으로 통과시킨 것 아니었나?

청와대 지시대로 세금과 규제 법들을 국회에서 통과시킨 것도 민주당 아니었나?

이 지사는 "관당이 나라를 통치한다... 부동산 정책이 대표적이다"라고 하며 부동산 정책실패를 개혁에 저항한 관료들 탓으로 돌렸다. 오히려 관료들이 청와대와 민주당의 잘못된 명령에 저항 한번 못하고 시키는대로만 했던 게 문제 아니었나?

저항하는 간 큰 관료라도 있었다면 부동산 대참사는 막았을 것이다. 실패한 부동산 대책 중에 대통령과 민주당 모르게 관료들이 만든 정책이 무엇인지, 이 지사는 한가지만이라도 증거를 대보라. 4년 내내 반성은 없이 남탓 하는 것은 대통령이나 이 지사나 똑같다.

[2021년 5월 10일]

무정부상태의 암호화폐 시장,
건전성 규제를 도입해서 투자자를 보호하라

2017년 말 비트코인 폭락 사태로 문제가 불거졌을 당시, 국회 기재위에서 나는 정부에게 대책을 세울 것을 요구했다. 당시에는 가상(암호)화폐에 대한 주무부처도 없었고, 법무부 장관이 거래소 폐쇄와 거래금지를 위해 법을 만들겠다고 공언하는 황당한 일까지 있었다. 문재인 정부가 가상화폐에 대해 아무런 대책 없이 손을 놓고 4년을 허비한 사이에 가상화폐 시장은 하루 거래량이 30조원에 이르고 2030세대 뿐만 아니라 40~60세대까지 뛰어들고 있다.

누가 어떤 자격을 갖추고 거래소를 운영하는지, 거래소에서는 과연 투명하고 공정한 거래가 이루어지는지 아무도 모르는 위험한 상황이 계속되고 있다. 가상화폐를 악용해서 사기, 횡령, 가격조작, 먹튀, 불법자금세탁, 불법해외반출 등이 이루어져도 정부는 아무런 제재를 가할 수 없고 투자자 보호는 할 수조차 없는 '무정부' 상태다. 금융시장의 건전성 규제(prudential regulations)는 투자자나 예금주를 보호하고 시장의 공정한 거래를 위해 필요한 규제다. 제대로 된 기준도 규제도 없어 더 큰 피해가 나오기 전에 투자자 보호를 위한 건전성 규제를 도입해야 한다.

어떻게 규제할 것인가에 대한 모범답안도 없는 답답한 상황이다. 그러나 가상화폐에 대한 규제를 도입한 미국, 일본 등 선진국의 앞선 경험을 길잡이로 참고삼아 건전성 규제를 도입해야 한다.

가상화폐를 어떤 금융상품으로 인정하고 어떤 법의 규제를 적용할 것인지 규정하고, 거래소에 대한 최소한의 규제와 투자자 보호를 위한 법적 장치들을 도입해야 한다.

'세금 부과'를 논하기에 앞서 투자자 보호를 위한 건전성 규제 도입이 최우선 과제다. [2021년 5월 13일]

민주당 후보들의
성장해법은 허구다

이재명 지사가 '성장과 공정'을, 정세균 전총리가 '혁신경제'를, 이낙연 전대표가 '신경제, 소득주도성장'을 말하고 있다. 민주당이 성장을 말하는 것을 환영한다.

그러나 민주당 후보들은 지난 4년 소득주도성장의 실패를 인정하고 반성부터 해야 한다. 병을 알아야 병을 고친다. 문재인 정부의 소득주도성장은 성장도, 일자리도, 양극화도 모두 악화시킨 참사로 역사에 기록될 것이다.

두 마리 토끼를 다 잡기는 커녕, 두 마리 모두 놓쳐버린 실패한 정책이었다. 소주성의 핵심은 최저임금 인상과 복지 확대이기 때문에 '말로만 성장'일 뿐 사실은 복지정책이었다. 성장정책의 족보에도 없는 것을 성장이라고 포장한 것이다.

나는 2016년 '혁신성장'을 주창했다. 문재인 대통령도 취임 후 혁신성장을 내세웠다. 사실 소주성이 아니라 혁신성장이 제대로 된 성장전략이다. 그러나 문재인 정부의 혁신성장은 말잔치에 그쳤다. 혁신성장을 하기 위해 필수인 인재양성과 노동, 규제, 교육의 개혁 노력은 턱없이 부족했다. 앞으로 우리 경제가 성장하는 길은 혁신 뿐이다. 나는 〈디지털혁신인재 100만명 양병론〉을 최선의 성장전략으로 제시해왔다. 지금 반도체 산업에 인재가 절대 부족한 문제는 혁신인재 양성이 얼마나 중요한지를 단적으로 보여준다.

교육개혁과 노동개혁은 혁신인재 100만명 양성에 포커스를 맞춰야 한다. 규제개혁으로 자유롭고 공정한 시장경제를 만드는 것도, 그것이 최선의 '혁신 생태계'이기 때문이다.

그런데 민주당 후보들은 또 '말로만 성장'에 그치고 있다. 그들에게 경제성장이란 선거용 슬로건일 뿐인가. 예컨대 이재명 지사는 "기본소득이 성장정책"이라고 주장한다. 기본소득은 불공정, 반서민 정책이라 복지정책으로도 낙제점이다. 그런 기본소득을 성장정책이라 우기는 것은 '소주성 V.2'에 불과하다.

문재인 정부의 '소주성 V.1'보다 더 심한 악성 포퓰리즘으로 실패할 게 뻔하다. 보수가 복지를 말하기 시작하고 진보가 성장을 말하기 시작한 것은 바람직한 현상이다. 그러나 정작 중요한 문제는 '성장의 해법'이다.

복지는 돈을 어떻게 쓰느냐의 문제인데, 성장은 돈을 어떻게 버느냐의 문제다. 성장의 해법은 복지의 해법보다 훨씬 더 어렵다는 진실을 잊어선 안된다.

최근 여론조사를 보면 "성장이 중요하다"라는 응답이 "분배가 중요하다"는 응답의 두 배나 된다. 코로나 이후의 과제는 경제성장이다. '나누면서 커가는 공정한 성장'으로 저성장, 양극화, 저출산의 악순환을 끊어야 한다. 민주당 후보들이 진심으로 성장을 걱정한다면 과연 무엇이 올바른 성장의 해법인지를 제시하라. 성장의 해법을 두고 언제든지 민주당과 치열한 토론을 기대한다. [2021년 5월 21일]

청년들이 공무원시험에만 몰리는 나라는
미래가 없다

문재인 정부 3년 8개월 동안 공무원이 10만명 늘어났다. 김대중-노무현-이명박-박근혜 4개 정부의 19년 동안 늘어난 공무원 수 96,571명보다 더 늘어난 것이다.

공무원은 국민세금으로 월급을 주고 법으로 정년을 보장한다. 국민연금보다 혜택이 큰 공무원연금을 지급하고, 육아휴직도 3년까지 가능해 일반 회사원들의 3배다. 이러니 공무원 시험에 청년들이 몰려드는 것은 당연한 현상이다. 수천명 채용에 수십만명이 응시한다. 그러나 민간 일자리는 줄어드는데 공무원 일자리가 늘어나는 나라에 과연 미래가 있을까? 국가지도자라면 이 불편한 진실을 직시해야 한다. 공무원은 부가가치를 생산하는 직업이 아니다. 우수한 청년들이 공무원에만 몰리는 것은 국가적 손실이다.

다음 정부는 인재양성 제도를 개혁해야만 한다. 우리 청년들이 공무원보다 더 생산적이고 혁신적인 일자리를 가질 수 있도록 확실한 동기를 부여하는 제도개혁에 나서야 한다. 나는 〈디지털혁신인재 100만명 양병론〉을 거듭 제안한다. 공무원 17만4천명, 공공부문 81만명, 단시간 세금알바 일자리를 만드는 데 예산을 쓸 게 아니라, 디지털 시대에 혁신인재 100만명을 양성하는 데 투자하자는 것이다. 기업들이 국내에 첨단기술 투자를 하도록 노동개혁과 규제개혁을 해야만 한다. 이렇게 해야 우리 경제가 추락을 멈추고 다시 성장의 길로 나아갈 수 있다. 경제가 성장해야 양극화, 저출산도 해결된다.

2020년 역사상 최초로 대한민국 인구가 감소했다. 국민연금은 2041년에 적자가 되고 2051년에 기금이 바닥난다. 생산가능인구도 급속히 줄어든다. 이렇게 절박한데 성장은 못하고 세금으로 공무원만 늘리는 나라가 과연 살아남을 수 있을까?

앞으로 10년, 20년 후에는 공무원 월급과 연금을 줄 세금을 납부할 기업도, 개인도 갈수록 줄어들 것이다.

나라가 망하지 않으려면 더 늦기 전에 개혁을 단행해야 한다. 특히 지금의 10대, 20대, 30대들이 이 개혁에 적극 동참해야 한다. 어른들이 청년의 미래를 저당잡고 있는 이 현실은 바꿔야 한다.

[2021년 5월 24일]

KDI를 점령한 소주성

문재인 정부 최악의 경제정책 실패는 소득주도성장입니다. 그런데 이 정권은 소주성의 설계자를 한국개발연구원(KDI) 원장으로 임명했습니다. KDI는 저의 첫 직장이었습니다. 홍릉 KDI에서 저는 20~30대 14년의 청춘을 바쳐 일했습니다. 1층 로비에 걸려 있던 액자, "번영을 향한 경제설계"가 말하는대로, 국민의 '먹고 사는 문제'를 해결하는 것이 KDI의 정체성이었습니다.

KDI는 '집현전'같은 곳이었습니다. 국민 세금으로 월급을 받으면서 우리 경제의 성공을 위해 밤을 새워 일했습니다. 성장과 복지, 거시와 금융, 일자리와 주택, 빈곤과 불평등, 재벌개혁, 자유롭고 공정한 시장 경제, 4차 산업혁명, 저출산 고령화, 지역균형발전, 국가재정과 예타 등 우리 경제의 중요한 이슈들은 늘 KDI의 숙제였습니다.

KDI를 떠난 지 21년이 지났지만 KDI에 대한 깊은 애정은 그대로 입니다.

번영을 향한 경제설계
한국개발연구원 개관에 즈음하여
1972년 7월 4일
대통령 박정희

지난 3월 KDI는 50세 생일을 맞았습니다. 50은 지천명(知天命), 즉 하늘의 명을 깨닫는 나이라고 합니다.

50세의 KDI에게 天命은 저성장, 저출산, 양극화라는 시대적 과제 에 대한 해법을 찾아 대한민국을 다시 번영의 길로 이끄는 것입니다. 이러한 시기에 실패한 소주성의 책임자가 원장이 되다니... KDI마저 입을 틀어 막으려는 이 정권은 염치도, 양심도 없는 사람들입니다. 그럼에도 불구하고 저는 믿어봅니다.

KDI의 젊은 인재들이 우리 경제의 밝은 미래를 위한 정론을 펼칠 것이라고 믿습니다.

[2021년 5월 28일]

치솟는 집 값은 못잡고
'국민 편가르기'하는 무능한 여당

민주당이 '2% 종부세'를 당론으로 정했습니다. 보유세를 상위 2%에게 부과하는 것은 세계 어느 나라에도 없는 세금입니다. 민주당은 종부세 면제 기준을 두고 9억원과 12억원 사이를 오락가락하다 이도저도 아닌 해괴한 세금을 만들었습니다. 세금은 소득, 자산, 가격 등 화폐로 측정할 수 있는 종목에 대해 법률로 세율을 정해야 합니다. 이것이 헌법이 정한 조세법률주의입니다. 그런데 부동산 가격이 올라가든 내려가든 상관없이 상위 2%는 무조건 세금을 내라?

이는 조세법률주의가 아니라 '조세편가르기'에 불과합니다. 문재인 정부의 부동산 대책은 처음부터 끝까지 세금과 규제에만 집착했고, 그 결과는 자고 나면 치솟아 있는 미친 집값과 미친 전월세였습니다. 대다수 중산층 서민들, 2030 세대에게는 '이생은 망했구나'라는 좌절과 고통만 안겨줬습니다. 공시가격도 주먹구구식으로 가파르게 올려 세금부담과 형평성에 대한 원성도 높습니다. 이런 무능한 정권은 이제 끝내야 합니다. 언제까지 성실하게 일한 개인이 정부의 실패로 인한 자산불평등과 소득불평등을 그저 감내하기만 해야 합니까. 정권을 바꾸면 국민들의 삶은 달라집니다. 저는 집값과 전월세를 반드시 안정시키고 부동산 세금도 합리적으로 조정하겠습니다. '내 집 좀 살 수 있게 해달라'는 청년들의 절규를 희망으로 바꾸겠습니다. 부동산 문제는 진앙지인 수도권부터 안정시켜야 풀 수 있습니다. 수도권에 민간개발방

식으로 100만호, 공공임대주택 50만호, 합계 150만호를 다음 정부 5년 임기 내에 확실하게 공급해서 부동산 시장을 안정시키겠습니다. 보유세는 중산층에 부담이 되지 않게 조정하고, 거래세는 낮추어서 거래가 활성화되도록 하겠습니다. 공급은 안하고 세금과 규제에만 매달려서는 부동산 문제를 도저히 해결할 수 없습니다. 문재인 정부의 처절한 실패가 바로 그 증거 아닙니까. [2021년 6월 19일]

1주택 장기보유
양도세는 내려야 합니다

민주당이 졸속으로 만든 부동산 세금 개편안에 따르면 1주택 장기보유자에게 양도소득세를 올리고 있습니다. 10년 이상 보유한 1주택자는 현재 양도차익의 80%가 과세에서 제외됩니다. 그런데 민주당은 이 공제 혜택을 줄이겠다고 합니다. 민주당의 세법이 통과되면 집한 채를 오래 보유한 사람들은 양도세를 더 내야 합니다. 20년, 30년살았다면 양도차익은 더 클테니 양도세도 더 내야 합니다. 투기성 단기거래를 막고 1주택 장기보유자를 보호하자는 차원에서 공제혜택을 도입한 것인데, 민주당은 이 취지와 거꾸로 가고 있습니다. 집값은 천정부지로 올려놓고 1주택 장기보유자의 양도세마저 올려서 집을 팔지도 못하게 하는 민주당은 대체 집값을 잡겠다는 의지가 있는겁니까?

1주택 장기보유 양도세는 올릴 게 아니라 내려야 합니다. 헌법의 조세법률주의를 정면으로 위배한 해괴한 '상위 2% 종부세'를 만들고 1주택 장기보유 양도세마저 올리려는 문재인 정권은 최악의 부동산 정책을 만든 정권으로 기록될 것입니다. [2021년 6월 23일]

4% 성장을 자랑?
일자리, 부동산부터 해결해야 합니다

문재인 대통령은 확대경제장관회의에서 올해 경제성장이 4% 이상이 될 거라고 했습니다. 그런데 대통령이 "빠르고 강한 경제회복", "완전한 위기극복"이라고 큰소리 칠 만큼 올해 4% 성장이 대단한 것일까요?

지난해 -1% 성장에 올해 4% 성장이면 2년간 2.96% 성장한 것입니다. 이 숫자는 연 1.72% 성장을 2년 연속 한 것입니다. 올해 4% 성장이라는 수치는 지난해 마이너스 성장의 기저효과 때문에 커보일 뿐입니다.

올해 전세계가 5.8%, G20는 6.2%, OECD는 5.3% 성장할 것으로 전망되는데 4% 성장을 자랑할 일은 아닙니다. IMF 위기 때 1998년 -5.1%, 1999년 11.5% 성장한 것이나, 금융위기 때 2009년 0.8%, 2010년 6.8% 성장한 것에 비하면 4% 성장을 대통령이 자랑하는 것은 무안한 일입니다.

올해 우리 경제가 정말 빠르고 강하게 회복된다면 4%보다 훨씬 더 높은 성장률을 달성해야 할 것입니다. 굳이 이 지적을 하는 까닭은 대통령의 착시가 늘 잘못된 경제정책을 초래하기 때문입니다. 코로나 위기 속에서 큰 고통을 받고 있는 저소득층, 자영업자, 실업자를 국가재정으로 돕는 정책은 당연히 필요합니다. 그러나 가계부채와 국가부채, 부실기업, 부동산·주식·암호화폐 같은 자산의 거품 등 우리 경제의 시한폭탄에 대해 아무런 대비책도 없이 초과세수 30조 여원을 2차 추경에 쓸 궁리만 하는 대통령과 정부가 참 답답하고 한심해 보입니다. 지금은 지나친 자신감보다는 우리 경제의 리스크 요인들을 정확하게 짚어서 선제적으로 대응하는 자세가 필요한 때입니다. 그러나 정부가 발표한 '하반기 경제정책 방향'을 보면 확장재정 기조를 유지해 돈을 풀겠다는 것입니다. 자산 거품 우려가 심각해서 한국은행은 금리인상을 예고한 마당에 정부와 중앙은행이 엇박자를 내고 시장에 혼란을 주고 있습니다. 사상 최악의 나라빚과 가계부채는 안중에도 없고 인플레 걱정도 안하고 있습니다. 서울 아파트 중위 가격이 10억원을 돌파하고 전세는 104주 연속 오르는데, 집값, 전월세를 안정시킬 대책도 안보입니다. 기업들은 돈풀기가 아니라 노동개혁과 규제개혁을 원하는데 5년째 개혁은 없고 개악만 있었습니다. 이런 개혁 없이 어떻게 일자리를 만들겠습니까. 우리 기업들이 미국에 44조원 투자를 해도 국내투자는 안하는 이유를 알아야 합니다.

문재인 정부가 5년간 망쳐놓은 일자리와 부동산 문제, 빚투성이 경제를 다음 정부 5년간 반드시 해결해서 건강하고 활기찬 경제를 만들겠습니다. [2021년 6월 29일]

유승민의 희망사다리 주택공약 : 공급은 늘리고 세금은 줄여서 내 집 마련의 희망을 드리겠습니다

'미친 집값과 전월세'는 문재인 정부 최악의 정책실패입니다. 지난 4년간 서울의 아파트 값은 두 배나 뛰었습니다. '영혼까지 끌어모아도' 집을 살 수 없는 사람들은 자고 나면 오르는 집값과 전월세에 절망합니다. 노무현 정부 때 세금과 규제로 부동산을 잡으려 했으나 실패했습니다. 문재인 정부는 세금과 규제를 더 세게 하다가 더 큰 실패를 초래했습니다. 그런데 최근 민주당 대선주자들은 앞다투어 더 센 세금과 규제를 공약하고 있습니다. '수요억제 시즌2' 공약입니다.

이재명 지사는 징벌적 세금을 매기고 국가가 주택 매매를 직접 하는 주택관리매입공사를 설치하겠다고 말하고, 이낙연 전 대표는 택지소유상한법, 개발이익환수법, 종부세법 등 토지공개념 3법을 추진하겠다고 합니다. 노무현·문재인 정부가 시장의 수요공급을 무시하고 세금과 규제로만 부동산 문제를 해결해보려다 완전히 실패로 끝났는데, 민주당 대선주자들은 한술 더 떠서 더 反시장적인 공약을 대놓고 말합니다. 문재인 정부가 아파트 값을 두 배나 올리고 전월세 급등과 세금폭탄으로 중산층 서민들에게까지 극심한 고통을 준 것, 이것 하나만으로도 정권을 교체해야 할 충분한 이유가 됩니다.

그런데 민주당 대선주자들의 反시장적 부동산 공약을 보면, 또 다시 이들에게 정권을 맡겼다가는 국민들의 부동산 고통이 더 심해질 뿐이라는 게 분명해졌습니다. 제가 대통령이 되면 정권 초반에 '공급을 크게 늘리고 부동산세금은 크게 줄여서' 집값과 전월세를 안정시키고 국민들의 부동산세금 고통을 줄여드리겠습니다. 집값안정, 세금인하 및 무주택 저소득층, 청년, 노인의 주거복지를 위해 저는 다음과 같은 '유승민의 희망사다리 주택공약'을 약속드립니다.

1. 수도권부터 민간주택 공급을 대폭 늘리겠습니다.

　　김영삼, 김대중 정부 10여년간 서울 집값이 안정되었던 것은 노태우 정부의 1기 신도시 공급 덕분입니다. 그만큼 시장보다 한 발 앞서가는 공급대책이 가장 중요합니다.

　* 수도권 민간주택 100만호를 최대한 빨리 공급

　* 신도시 건설보다는 기존 도심의 재개발, 재건축을 촉진하기 위하여 서울과 외곽도시들의 용적률 규제를 대폭 완화. 서울의 경우 용적률을 400%까지 완화

　* 도시 용도구역을 재조정하고 종(種)을 완화하여 고밀도 주택공급 촉진

　* 안전진단기준 규제완화로 재건축, 재개발 촉진

　* '그린이 없어 녹지역할을 못하는 그린벨트'는 유연하게 택지로 전환

2. 무주택 저소득층, 청년, 신혼부부, 노인 등에게는 우리 헌법이 정한 "모든 국민이 인간다운 생활을 할 권리"를 보장하기 위하여 '주거복지' 차원에서 충분한 공공임대주택을 공급하겠습니다.

　* 수도권 공공임대주택 50만호 건설

* 한국토지주택공사(LH)를 주거복지공사로 개편

* SH, GH 등 광역지자체의 주택담당 공기업을 지역의 주거복지를 담당하는 기구로 개편 유도

* 오래되어 슬럼화된 임대주택을 재건축하여 주거복지 개선

3. 20~30대도 생애최초 내 집 마련을 더 쉽게 할 수 있도록 주택금융 규제를 대폭 완화하겠습니다.

* 무주택자의 내 집 마련에 대해서는 주택담보대출비율(LTV) 규제를 80%까지 대폭 완화. 그 중 생애최초 및 신혼부부에 대해서는 LTV 완화폭을 더 확대.

* 총부채상환비율(DTI/DSR) 규제도 장래소득을 감안해서 완화.

* 생애최초 혹은 신혼부부에 대해서는 개인당 2억원 한도내 저리 대출 (부부의 경우 4억, 자녀 한 명당 5천만원 추가). 시장금리와의 금리 차이는 국가가 보전

* 수도권내 청년, 신혼부부, 생애최초구입자에 대한 특별공급분을 확대

* 30년이 넘는 장기 모기지에 대해서도 체증식 상환 (원리금 상환을 젊을 때 적게, 뒤로 갈수록 많이 하는 방식)을 허용

4. 전월세 시장은 임대차 3법을 폐지하고 민간임대시장을 복구하여 전월세를 안정시키겠습니다.

* 임대차 3법을 폐지. 시장의 혼란을 막기 위한 임대차 분쟁조정 등 과도기 조치 시행.

* 입주권과 양도세 감면의 조건인 실거주 2년 규제를 폐지

* 민간임대주택등록제를 복원하여 민간임대 활성화 (임대료 상한 에 따라 임대사업자들의 전월세는 시세보다 30~40% 낮음)

* 민간의 임대주택 건설을 장려하여 임대시장에서 공공과 민간의 경쟁 유도

* 주택임대사업자를 투기꾼으로 취급하지 않고 장려하며 정부지 원으로 저렴한 장기임대를 할 수 있게 하는 공공지원민간임대 를 강화

5. 내집을 가진 사람을 죄인 취급하지 않고 중산층의 부동산 세금 고통을 덜 어드리겠습니다. 문재인 정부가 정책을 잘못해서 집값을 잔뜩 올려놓고 공시가격과 부동산 세금을 올리는 것은 국민을 두번 괴롭히는 일입니다.

* 취득세는 가격과 상관없이 1%로 인하하고 (1주택 기준), 2주택 이상은 중과하되 합리적 수준으로 조정.

* 1주택 양도세는 최고세율을 40% 수준으로 인하하고, 장기보 유자에 대한 공제혜택 유지

* 재산세와 종부세의 기준이 되는 공시가격 인상이 국민들에게 지나친 부담이 되지 않도록 속도조절

* 부동산거래분석원 설립을 취소하고 대신 부동산공시가격검증 원을 설립하여 불합리한 공시가격을 바로잡아 공정한 세금을 확립 (공시가격을 기반으로 부동산 세금 뿐만 아니라 건강보험료, 학자 금 대출, 기초생활수급자 등 60여개 조세 및 준조세 결정)

이상과 같은 새로운 부동산 정책으로 다음 정부 초반에 반드시 집 값과 전월세를 안정시키고, 국민의 세금부담을 덜어드릴 것을 약속합니다.

※ 7월 5일 발표한 "의무복무에 헌신한 청년들을 위한 한국형 G.I.Bill (본책 p322) 중 주택지원 : 민간주택 청약에 5점의 가점 부여 (현재 자녀 한 명이 5점), 공공임대주택 분양에 가점 부여, 주택자금(구입, 전월세) 1억원 한도 무이자 융자, 기숙사, 하숙/자취, 고시원 등 주거 비용 지원"은 그대로 약속을 지킬 것입니다. [2021년 7월 14일]

징벌적 재산세 부과,
'내집가진자'가 죄인은 아닙니다

재산세 고지서가 발부되기 시작했습니다. 서울의 경우 주택분 재산세가 지난해 20.5%에 이어 올해 15.8%나 올랐습니다. 5년 연속 두자리 수 인상입니다. 가히 '징벌적 세금'입니다. 정부 여당은 "주택가격이 올랐으니 당연히 재산세가 오르는 것 아니냐?"라고 주장하겠지만, 집값은 정부가 올렸습니다. 재산세 급등은 문재인 정부가 공시가격 인상 폭을 낮추기는커녕, '공시가격 현실화 로드맵'라는 미명 아래 공시가격을 올리고 있기 때문입니다. 산정과정 자체가 엉터리인 공시가격도 문제인데 이를 바로잡지는 못할망정 공시가격을 올리는 정책은 이 정부가 주택보유자를 죄인처럼 생각하고 징벌적 세금을 매기기 때문입니다. 집을 가진 게 무슨 죄가 됩니까?

저는 어제 발표한 부동산 공약에서 다음 정권 초반부터 '공급을 크게 늘리고 부동산세금은 크게 줄여서' 집값과 전월세를 안정시키고 국민들의 부동산세금 고통을 줄이겠다고 약속드린 바 있습니다. 대국민 부동산 사찰기구인 부동산거래분석원 설립을 취소하고 '부동산 공시가격검증원'을 설립하여 불합리한 주택보유세의 한 원인인 공시가격 산정체계를 손보겠습니다. 아울러 '공시가격 인상 로드맵'을 폐기하고 공시가격 상한제 등을 담은 속도 조절 대책을 마련하겠습니다. 집값 상승의 근본적 이유는 수요가 몰리는 곳에 공급이 부족하기 때문입니다. 수도권 도심 지역에 민간주택 공급을 늘려야 합니다. 용적률 규제 완화, 종(種) 상향, 재건축·재개발 규제 완화, 그린벨트 개혁 등을 통해 도시 내 고밀도 주택공급을 추진하겠습니다. 시장의 요구보다 한발 빠른 공급대책을 약속드립니다. [2021년 7월 15일]

특혜로 변질된 '특별공급'
국정조사를 요구합니다

경실련이 지난 5일 발표한 세종시 공무원 특별 공급 특혜는 빙산의 일각에 불과합니다. 문재인 정부 들어서 특공 아파트 가격이 폭등하여 공무원들에게 막대한 불로소득을 안겨주었습니다. 지방으로 이전하여 일하고 있는 공무원들이 실거주를 하며 제도의 혜택을 받는 것은 취지상 당연합니다. 문제는 특공의 취지에 맞지 않은 각종 편법과 불법이 무분별하게 자행되고 있었다는 정황이 속속 드러나고 있다는 점입니다.

현재 야당 차원에서도 일부 조사를 하고 있지만 국회가 전면에 나서서 국정조사를 실시해야 합니다.

지난 5월 25일 야 3당은 '행복도시 이전기관 종사자 특별공급제도 악용 국정조사 요구서'를 제출한 바 있습니다. 행복도시를 비롯해 전국 혁신도시 등 이전공공기관 대상으로 조사를 전면 확대하여 국정조사를 실시해야 하며, 민주당은 국민의 명령에 즉각 응하길 강력히 촉구합니다. 불법과 편법으로 시세차익을 얻었는지, 실거주하지 않고 특공 제도의 수혜를 받고 있는지, 전 부처 및 이전 공공기관을 대상으로 전수 조사해서 문제가 드러날 경우 처벌과 함께 부당이득을 환수해야 합니다. 코로나로 인해 많은 국민들의 삶이 매우 힘겹습니다. 국민적 공분을 사는 불법적인 특혜와 불공정을 근절할 수 있도록 근본적인 제도 개선책도 함께 마련되어야 합니다. [2021년 7월 16일]

미친 집값... 문재인 정부가 잘못해놓고 이제 와서 국민의 책임이라고요?

오늘 홍남기 부총리의 '부동산시장 안정을 위해 국민께 드리는 말씀'을 읽다가 어이가 없어 한마디 합니다.

홍부총리는 "부동산시장 안정은 정부 혼자 해낼 수 있는 일이 아닙니다. 국민 모두가 함께 고민하고 함께 협력해야 가능한 일입니다"라고 했습니다. 듣는 국민은 참 어이가 없습니다. 지난 4년 동안 "주택공급은 충분하다"고 하면서, 집값과 전월세 통계마저 엉터리로 조작 발표하고, 세금과 규제로 미친 집값을 만들고, 임대차 3법으로 미친 전월세를 만든 장본인이 누굽니까?

문재인 대통령, 정부, 민주당 아닙니까?

그런데 자신들의 심각한 정책실패를 반성하고 완전히 새로운 부동산정책을 내놓을 생각은 안 하고 이제 와서 국민과 시장에게 책임을 떠넘기는 자세는 정말 아니라고 봅니다. 국민이 무슨 죄가 있습니까?

문재인 정부가 무능, 오만, 독선을 버리지 않고 잘못된 정책을 고집하니까 집값이 더 오르기 전에 사려고 한 게 죄입니까?

임대차 3법으로 전월세가 오르고 집주인이 집 비우라고 하니까 더 멀고 더 좁은 전월세 찾아 헤맨 국민들이 무슨 죄가 있습니까? 집값은 미친 듯이 오르는데 정부가 공시가격을 빠르게 올리니 내 집 가진 사람은 세금폭탄을 맞았고 그 세금이 고스란히 전월세에 전가되어 전월세는 더 올랐습니다.

IMF 위기와 금융위기 직후 집값이 떨어졌으니 곧 집값이 떨어질 거라고 겁을 주는 것도 이상합니다. '공급을 확대하고 금리가 올라가면 집값이 안정될 거다'라고 말하면 될 것이지, 갑자기 경제위기가 곧 올 것처럼 말합니다.

"우리 경제가 힘차고 빠른 회복을 하고 있다"고 대통령이 자화자찬하던 게 엊그제 아니었던가요?

홍부총리는 "공유지의 비극을 막기 위해 우리 모두가 공동체를 위해 지혜를 모아 협력해야 합니다"라고 합니다.

대한민국 정부가 이렇게 무지한지, 기가 막혀서 말이 안 나옵니다.

공유지의 비극은 공유지에만 해당되는 말입니다.

탄소중립 얘기라면 이해가 되지만, 사유재산인 주택에 무슨 공유지의 비극이 있습니까? 있다면 그건 공유지의 비극이 아니라 정부가 국민에게 믿음을 주지 못하니 '죄수의 딜레마'처럼 각자도생의 상황으로 내몰린 것뿐입니다.

'공유지의 비극'이라는 경제학의 어려운 말까지 잘못 인용하면서, '부동산 문제는 국민 여러분 책임도 있다'고 말하고 싶은 겁니다.

'모두의 책임'은 '누구의 책임'도 아니지요.

이런 무책임, 무능, 무식한 정부는 처음 봅니다. 자꾸 딴소리하지 말고 공급을 늘리고 세금은 낮추고 임대차 3법은 폐지하십시오.

그게 시장을 복원하고 집값, 전월세 안정시키는 해결책입니다.

[2021년 7월 19일]

기본주택은 기본소득보다 더 심한 허위과장 광고입니다.

이재명 지사께서 오늘도 설탕이 듬뿍 들어간 달콤한 공약을 내놓았습니다.

이지사는 "중산층을 포함한 무주택자 누구나, 건설원가 수준의 저렴한 임대료로, 평생 살 수 있는, 역세권 등 좋은 위치에 있는 고품질, 충분한 면적의 기본주택을 100만 호 공급하겠다"고 공약했습니다.

말만 들어도 유토피아가 떠오릅니다.

그런데 저 좋은 집에서 평생 살게 해주겠다는데, 도대체 무슨 돈으로 기본주택을 짓겠다는 건지에 대해서는 한마디도 없습니다. 저런 유토피아는 공산주의 국가에서도 돈이 없어서 못 해낸 일입니다. 저소득층, 청년실업자, 무주택신혼부부, 독거노인 등 어려운 분들의 주거복지를 위해 인간답게 살 수 있는 공공임대주택을 짓는 일만 해도 많은 국민세금이 투입되어야 하는데, 중산층까지 고품질의 안락한 주택에서 저렴한 임대료를 내고 살도록 하려면 도대체 그 천문학적 비용은 누가 무슨 돈으로 감당한다는 말입니까?

이 공약이 그렇게 쉽다면 왜 지난 3년간 경기도지사 하면서 경기도에는 한 채의 기본주택도 공급하지 못했습니까? 더구나 경기도의 주택공급 실적을 보면 이지사 취임 이후 계속 공급은 줄었습니다. 2018년 23만 호 공급이 2019년에는 17만 호, 2020년에는 15.7만 호, 올해 5월까지 5만 호에 불과합니다.

경기도 주택공급도 못하면서 전국의 주택공급을 늘리겠다는 말을 믿어야 할지요? 기본주택은 기본소득보다 훨씬 더 많은 예산이 필요하고 세금도 더 많이 걷어야 합니다. 이지사는 먼저 기본주택 재원이 얼마이고 그 돈을 어떻게 마련하겠다고 밝혀야 합니다. 국토보유세는 전액 기본소득으로 쓰겠다니 기본주택과는 아무 관계가 없음을 스스로 말하고 있습니다.

이재명 지사는 갈수록 허경영 국가혁명당 명예대표를 닮아갑니다.

나쁜 포퓰리즘으로 선거때 표만 얻으면 된다는 후보는 대통령이 되면 안 됩니다. 기본주택 같은 환상에 매달리지 말고 집값을 잡아서 서민들의 내 집 마련의 꿈을 도와드리고 전월세를 안정시키는 것이 다음 대통령이 해야 할 일입니다. [2021년 8월 3일]

100 + 100 일자리 공약 :
디지털혁신인재 100만 + 사회서비스 100만

경제에서 가장 중요한 것도, 사람에게 가장 중요한 것도 일자리입니다. 일자리는 최고의 복지입니다.

일자리는 우리의 인생 그 자체이며 삶의 보람과 가치입니다. 일자리는 거저 생기지 않습니다. 경제가 성장해야 일자리가 만들어집니다.

문재인 정부는 성장은 포기하고 공무원과 공공부문 일자리를 늘렸습니다. 문재인 정부 3년 8개월 동안 공무원이 10만명 증가했습니다.

김대중-노무현-이명박-박근혜 네 정부의 19년 동안 늘어난 공무원 수를 넘어섰습니다. 공무원 일자리만 늘어나는 나라에는 미래가 없습니다.

유승민이 대통령이 되면 다시 경제성장의 길로 나아가서 제대로 된 일자리를 만들겠습니다.

1. 디지털혁신인재 100만 양병

4차산업의 기술경쟁은 우리에게 선택을 강요합니다.

이 경쟁에서 뒤처지면 한국경제는 세계일등기업들의 하청기지로 전락하고 대량실업이 기다리고 있습니다.

이 경쟁에서 이기면 우리에게는 성장과 좋은 일자리의 길이 열려 있습니다. 기술경쟁의 핵심은 ABCD(AI/Big Data/Computing/Domain Knowledge) 분야의 인재입니다. 그래서 저는 디지털혁신인재 100만 양병을 약속합니다.

우리 젊은이들, 어린 학생들 누구에게나 혁신인재가 될 수 있는 길을 열어드리겠습니다. 이 인재들이 앞으로 우리나라의 먹고 사는 문제를 해결하도록 새로운 경제를 만들겠습니다.

(1) 혁신인재 양성을 위해 대학교육을 혁신하겠습니다.

　*대학내 칸막이를 없애겠습니다. AI/BD(인공지능/빅데이터)의 경우 수도권 정원, 대학내 칸막이 때문에 필요한 인재를 기를 수 없습니다. 미 스탠포드대 컴퓨터학과 정원은 2008년 141명에서 2019년 700명으로 늘어난 반면, 서울대는 15년째 55명이었다가 지난해 70명이 되었습니다. 이 칸막이를 허물어야 인재양성이 가능합니다.

　*서울대-경북대-전남대의 삼각협력모델처럼 수도권 대학과 지방대가 협력해서 첨단분야의 정원을 동시에 늘리고 교육과 연구 협력을 하도록 지원하겠습니다.

　*학사+석사 연계, 석사+박사 연계교육이 가능하도록 규제를 풀겠습니다.

*AI/BD 등 첨단기술과목을 전국의 대학 및 전문대의 교양필수로 이수하도록 하겠습니다.

　*첨단기술과 기존 분야의 융합전공을 대폭 확대하겠습니다.

　*지방대학이 인재양성에 뒤처지지 않도록 지방 거점대학에 대한 지원을 확대하겠습니다.

(2) 인재U턴 정책을 추진하겠습니다.

　혁신인재를 양성하려면 세계 최고의 인재들을 유치해야 합니다.

　*해외에서 활동 중인 한국계 인재의 U턴을 위해 모든 지원을 다하겠습니다.

　*중국의 천인(千人)계획처럼 세계 정상급 인재들을 유치하겠습니다.

　*인재 유치에 장애물이 되는 교육부의 규제, 대학내 규제 등을 폐지하고 정부지원을 아끼지 않겠습니다.

　*교수 정원을 대폭 늘리는 대신 교수의 기업, 연구소 겸직을 자유화하여 첨단기술 분야의 산학연계가 이루어지도록 하겠습니다.

(3) 투자U턴(reshoring) 정책을 추진하겠습니다.

　삼성, 현대차, LG, SK 등이 미국에 약속한 44조원의 투자를 국내에 했다면 우리 청년들에게 좋은 일자리가 얼마나 많이 생겼을까요.

　*리쇼어링(reshoring) 정책을 강력히 추진해서 해외로 나간 국내기업들이 다시 돌아오도록 하겠습니다.

　*이를 위해 노동개혁, 규제개혁, 조세지원, 산업용지지원 등을 추진하겠습니다.

*투자U턴 정책으로 외국인투자도 적극 유치하겠습니다.

(4) 초·중·고교부터 혁신인재 양성을 위해 교육컨텐츠와 입시제도를 개선하겠습니다.

　*수능 탐구영역에 '컴퓨터 탐구'를 신설하고 2024년에 개정되는 2028년도 대입부터 수시전형에 '디지털 인재 전형'을 신설하겠습니다.

　*SW마이스터고를 AI/BD 전문고로 육성하겠습니다.

　*교대, 교원대, 사범대에 AI/BD 컴퓨터 교육 전공을 설치하여 교사를 양성하고, 민간 전문가들이 교육에 참여할 기회를 확대하겠습니다.

　*국가AI/BD교육연구원을 설립하여 교사요원을 양성하겠습니다.

(5) 군의 병과 부사관, 초급장교를 대상으로 디지털 교육을 실시하겠습니다.

　*디지털 관련 군특기병(IT특기병, 정보보호병, SW개발병 등)을 확대하겠습니다.

　*원하는 모든 병사들에게 디지털 교육의 기회를 부여하겠습니다.

(6) AI/BD인재, 개발자를 길러내는 사회 시스템을 구축하겠습니다.

　*핀란드처럼 전 국민이 AI/BD에 대한 기초교육을 온라인으로 쉽고 재미있게 배울 수 있도록 하겠습니다.

　*디지털 트레이닝 교육시장을 조성하겠습니다. 전문가들이 '교육과정 표준'을 만들고 NCS(국가직무능력표준)에 반영하여 교육

스타트업들이 다양한 실습형 수업을 공급하도록 하겠습니다.

*전 세계 개발자들이 공유하는 온라인 공간인 '개발자 오픈소스 커뮤니티' 활동을 정부가 지원하겠습니다.

*정부의 공공 데이터 공개를 확대하고, 정부출연기관의 연구성과를 오픈소스로 공개하며, 개발자들의 비용을 지원하겠습니다.

*삼성의 SSAFY(삼성 청년 소프트웨어 아카데미)처럼 일반인을 대상으로 한 기업의 AI/SW 인재양성 프로그램을 지원하겠습니다.

⑺ 이상의 정책들을 강력히 추진하기 위해 '디지털혁신부'를 만들어 디지털 혁신인재 100만 양병의 컨트롤타워로 만들겠습니다.

2. '반도체 전쟁'에서 세계 제패

지금 세계는 반도체 전쟁을 치르고 있습니다. 반도체 산업은 특정기업의 문제가 아니라, 우리 경제의 사활이 걸린 문제입니다. 한국은 메모리 반도체에서는 앞서 가지만 비메모리 분야는 뒤처져 있습니다. 유승민은 반도체 전쟁에서 승리하여 세계를 제패하는 대한민국을 만들겠습니다.

⑴ 민관협동 반도체기금 '코마테크펀드'(가칭; Korea Semiconductor Manufacturing Technology Fund)를 만들겠습니다.

*정부가 50조원을 선출자하고 반도체 기업들이 공동출자로 참여하는 펀드를 만들겠습니다.

※ 미국의 세마테크(Semiconductor Manufacturing Technology), 영국의 CPI(Center for Process Innovation)을 벤치마킹.

(2) 이 펀드로 시스템 반도체 등 비메모리 분야의 팹리스(설계회사)와 파운드리(제조회사)를 집중 육성하여 미국, 대만 등 비메모리 선도국을 따라잡고 중국의 추격(시진핑의 반도체 굴기)을 뿌리치겠습니다. 정부는 반도체 기업들의 공동 R&D를 지원하되 경영은 철저히 민간이 주도하도록 자율성을 부여하겠습니다.

(3) 이 프로젝트는 국가균형발전을 위해 영호남을 아우르는 남부경제권에 반도체 미래도시를 건설하겠습니다.

(4) 지방 거점대학에 반도체 학과를 신설하여 장학금을 지급하고 교수요원을 확보하겠습니다. 여기에서 인재를 길러 반도체 산업에서 부족한 기술인력을 충분히 공급하겠습니다.

(5) 이 사업이 성공적으로 본 궤도에 오르면 정부지분을 매각하여 자금을 회수하고 민영화하겠습니다.

3. 반듯한 사회서비스 일자리 100만개

반듯한 사회서비스 일자리 100만개를 만들어 성장과 복지가 함께 가는 나라를 만들겠습니다. 기술혁명의 시대에도 사람만이 할 수 있는, 사람의 노동력이 반드시 필요한 일자리들이 있습니다.

돌봄, 간병, 보육, 고용 등의 사회서비스 일자리들입니다. 보육교사, 방과후 돌봄, 산후도우미, 방문간호, 사회복지사, 요양보호사, 간병인, 취업컨설턴트 등은 우리 삶 속에 깊이 자리잡고 있는 일자리들입니다. 그러나 대부분의 사회서비스 일자리는 아직 턱없이 부족하고 월 평균 200만원 이하의 저임금 일자리입니다.

유승민은 복지와 고용을 동시에 증가시키기 위해 반듯한 사회서비스 일자리 100만개를 만들겠습니다. 문재인 정부의 단기세금알바나 이재명 지사의 월 8만원 현금살포가 아니라, 복지와 고용을 동시에 개선하는 사회서비스 일자리를 확충하겠습니다.

⑴ 사회서비스 일자리를 OECD 평균 수준으로 끌어올리기 위해 5년 임기내 100만개 일자리를 만들겠습니다.

*2019년 인구 1천명당 보건 및 사회서비스 취업자는 OECD 평균이 70.4명, 우리나라는 42.7명으로 27.7명의 격차가 있습니다. 이 차이를 일자리 수로 환산하면 140만명(현재 230만명)입니다. 그 2/3에 해당하는 100만개 일자리(자연증가분 50만 + 신규창출 50만)를 만들겠습니다.

⑵ 정치중립, 민간 주도의 진정한 사회적경제 공동체를 확립하겠습니다.

*사회서비스 일자리는 민간, 사회적경제, 공단 등 다양한 주체가 참여하도록 하되, 최대한 민간의 자율을 존중하겠습니다.

*문재인 정부와 박원순 전시장이 정치적으로 오염시킨 사회적경제에서 정치를 철저히 배제하고 사회서비스 종사자들의 처우를 개선하겠습니다.

*사회서비스 인력의 교육과 직업훈련을 강화하고 자격제도를 정비하여 사회서비스 인력의 규모와 질을 높이겠습니다.

복지가 발달한 중북부 유럽국가들의 경우 소득과 복지의 증가에 따라 사회서비스 일자리가 함께 증가했습니다. 정부의 지원과 제대로 된 사회적경제가 발전하면 사회서비스 일자리는 저임금 비정규직 일자리가 아니라 반듯한 일자리로 충분히 자리매김할 수 있습니다. 사회서비스 100만 일자리는 저출산-고령화 시대에 필수적인 일자리 정책이 될 것입니다.

[2021년 8월 15일]

서민 두 번 죽이는
대출금지 정책 중단하라

문재인 정부가 시중은행의 대출을 막고 있습니다.

주택담보대출, 전세자금대출, 신용대출까지 막히면서 당장 전월세를 올려주고, 이사를 가야 하는 국민들은 불안에 빠져 있습니다.

집값과 전월세를 사상 최고로 올려놓고는 대출까지 막는 것은 서민들을 두 번 죽이는 처사입니다.

그런데도 청와대 정책실장은 "우리나라만 이런 것이 아니라"며 성난 민심에 기름을 붓습니다. 부동산 정책실패로 대국민 사과까지 해놓고는 금세 딴소리를 늘어놓고 있습니다.

'k방역'은 자화자찬, 'k부동산'은 물타기 전략입니까?

일말의 부끄러움이 있다면 이렇게 국민을 우롱할 수는 없습니다.

부동산 문제로 국민들 그만 좀 괴롭히십시오.

집 때문에 대출이 필요한 국민들에게는 대출이 되어야 합니다.

[2021년 8월 24일]

삼성의 투자가 반도체 세계 제패의
기폭제가 되기를 기대합니다

삼성이 2023년까지 반도체, 바이오, 차세대 통신, AI 등 신성장 IT 분야에 240조 원을 투자하며 그 중 180조원을 국내에 투자한다는 계획을 발표했습니다.

코로나 이후 우리 경제가 도약하기 위해서는 4차 산업혁명의 기술 전쟁에서 치고 나가야 합니다. 그런 차원에서 삼성의 투자계획을 환영합니다. 특히 반도체는 개별 기업을 떠나 우리 경제의 사활이 걸린 산업입니다. 메모리 분야의 초격차를 유지하면서 비메모리 분야에서 세계 일등을 향해 나아가 세계를 제패해야 우리 경제의 밝은 미래가 열립니다. 저는 반도체 세계 제패를 위해 영호남을 아우르는 남부경제권에 정부가 50조 원을 선투자해서 시스템반도체 등 비메모리 분야를 집중 육성하는 반도체미래도시 건설을 약속했습니다.

이 사업은 갈수록 어려워지는 영호남 지역경제와 지방대학을 살리는 효과도 거둘 것입니다.

삼성의 180조 원 국내투자에 대해 정부는 경쟁국에 비해 유리한 지원을 아끼지 않아야 합니다. [2021년 8월 25일]

문재인 정부가
나라살림을 거덜냈습니다.

 문정부 들어 국가채무는 2017년 660.2조원에서 2022년 1,068.3조원으로 무려 408.1조원이나 늘어나게 됩니다. GDP 대비 국가채무 비율은 36.0%에서 50.2%로 늘어나게 됩니다. 임기 5년만에 나라살림을 완전 거덜낸 겁니다. 역대 어느 정부도 이렇게 빚내서 쓰지 않았습니다. 다음 정부는 출발부터 빚더미에 올라앉게 됩니다.

 그런데 문재인 정부는 세금보다는 미래세대의 빚으로 모든 걸 해결했습니다. 2022년 예산은 8.3%나 늘어난 604조원으로서 통합재정수지가 무려 -55.6조원 적자입니다. 내년 경상성장률이 4%대인데 조세수입증가율을 20%라는 말도 안되는 엉터리 전망까지 동원했습니다.

 "증세 없는 복지는 허구"임을 문재인 정부가 확실하게 증명했습니다. 문재인 정부가 흥청망청 쓴 예산은 전부 젊은 세대가 나중에 갚아야 할 빚입니다.

 젊은이들은 이런 정부를 다시는 찍어주면 안됩니다.

 기본소득, 기본주택을 하겠다는 민주당 이재명 후보는 한술 더 떠서 문재인 정부 뺨칠 정도로 나라빚을 늘려놓을 게 뻔합니다.

 나라의 미래를 저당 잡혀서 자기 임기내 빚잔치만 하는 사람은 대통령 자격이 없습니다. 젊은이들이 이런 정치인, 정당을 퇴출시켜야 합니다. [2021년 9월 2일]

원가아파트라는 사기, 文정부의 실패한 부동산 정책, 이재명 후보의 기본주택 사기공약과 뭐가 다릅니까?

f

"원가아파트는 사기"라는 저의 비판을 두고 윤석열 후보가 '가짜뉴스'라고 했습니다.

사탕발림 부동산 공약은 그만하십시오.

그 결과는 문정부 부동산 재앙의 2탄이 될 것입니다.

가짜뉴스인지 진짜뉴스인지 밝히는 일은 어려울 게 없습니다.

알아듣기 쉽게 설명해 드리죠.

청년 A가 시세 10억원 아파트를 원가 3억원에 분양 받는다고 합시다. 이걸 팔 때 정부는 시세차익 7억원의 70%를 보장해야 하니까 7억9천만원을 지급합니다. 이 청년은 로또 당첨된 겁니다.

이 아파트를 청년 B가 샀다가 팔 때 정부는 9억3,700만원을 지급합니다. 이런 식으로 시세차익은 아파트를 분양받은 소수 청년들이 가져가고 정부는 계속 시세차익을 부담합니다.

이 폭탄돌리기를 계속 하다가 언젠가 그 집을 살 사람이 없으면 정부가 10억원 모두를 떠안게 됩니다. 그 사이에 집값이 오르면 정부부담은 더 커집니다. 집값이 내려도 정부가 손실을 부담해야 합니다.

그런데 윤석열 후보는 국가 재정부담이 한 푼도 들지 않는다고 주장합니다. 이게 사기가 아니면 뭐가 사기입니까?

이 정책에서 특혜를 입는 청년들은 오직 소수뿐입니다.

그것도 처음 분양받는 사람이 로또 당첨되는 구조입니다.

윤석열 후보는 이 로또 당첨이 공정하다고 믿습니까?

이건 공정하지도 않고, 집값도 못 잡습니다.

포퓰리즘식 부동산 대책이 어떤 결과를 가져오는지 우리는 지난 4년간 충분히 지켜봤습니다. 정상적인 부동산대책은 결코 특정 소수에게 로또 특혜를 안기는 게 아닙니다. 국민들은 집값, 전월세를 안정시켜 달라고 했지, 언제 소수에게 로또를 달라고 했습니까?

황금알을 낳는 거위는 없습니다.

공짜점심은 없습니다.

밀튼 프리드먼도 그렇게 얘기할 겁니다.

원가아파트를 청년들에게만 주겠다고 하는 건 로또로 매표행위를 하는 겁니다. 전 국민에게 기회를 드리거나 생애최초구입자에게 기회를 드리는 게 공정한 겁니다. 집없어 고생하는 청년들에게는 로또를 줄 게 아니라 공공임대주택이나 사회주택에서 살 수 있게 해주는 게 정답입니다. "청년들의 꿈을 짓밟고 있는" 당사자는 바로 윤석열 후보입니다.

민간주도 공급 확대, 부동산 세금 인하, 부동산 대출 완화 등 정상적인 정책으로 집값을 잡아야 땀흘려 일하는 사람들이 집을 살 수 있습니다. 사탕발림 부동산 공약은 상황을 더 악화시킬 뿐입니다.

정치하려면 처음부터 제대로 배워야 합니다.

대국민 사기극을 벌이고 있는 분들은 이미 차고 넘칩니다.

기본주택이나 원가아파트나 반값아파트나 전부 사기입니다.

[2021년 9월 2일]

유승민
페이스북

2

자기 돈이면 저렇게 쓸까

보수가 지킨다는 것은, 바깥의 적으로부터 국가의 안전을 지키는 것 뿐만 아니라, 양극화 때문에 공동체가 내부로부터 무너지지 않도록 지키는 것입니다.

악성 포퓰리즘의
공범이 될 수는 없다

　당초 기획재정부는 소득 하위 50%에 대해 100만원(4인 가구 기준)의 재난지원금을 지급하기로 방침을 세웠다.

　문재인 대통령과 민주당은 한 술 더 떠서 지난 3월 30일 소득 하위 50%를 70%로 확대했다. 그러자 이번에는 문재인 정권의 포퓰리즘을 비난해왔던 우리 당의 대표가 4월 5일 "전 국민에게 50만원씩 주자"고 나왔다. 소득과 재산을 따지지도 않고 모든 가구에게 4인 기준 200만원씩 주자는 것이다. 70%를 지급대상으로 할 때 누구는 받고 누구는 못받는 문제로 골머리를 앓던 민주당은 이때다 하고 자기들도 전 국민에게 지급하겠다고 나섰다. 민생당, 정의당 등 나머지 정당들도 선거를 코앞에 두고 거의 똑같은 목소리를 내고 있다. 대부분의 정당들이 국가혁명배당금당을 닮아가고 있는 것이다. 이건 악성 포퓰리즘이다.

　코로나 사태로 저소득층일수록 당장 경제적 고통이 극심하고, 영세자영업자와 소상공인들은 벼랑 끝으로 내몰리고 있다.

　일자리의 대부분을 차지하는 중소기업들, 그리고 일부 대기업들도 상당수가 도산의 위기에 직면하고 이는 대량실업으로 이어질 조짐이다. 우리가 겪어보지 못한 대공황의 전조가 시작된 지금, 이 태풍 속에서 살아남기 위해 우리는 무엇을 해야 하는가?

　국가가 쓸 수 있는 돈은 세금과 국채발행으로 마련한 부채 뿐이다.

이 돈은 문재인 대통령이나 민주당의 돈이 아니라 국민의 돈이다. 코로나 사태와 코로나 경제공황이 얼마나 오래 갈 지 알 수 없는 상황에서 우리는 아무리 급해도 원칙을 세워서 한정된 재원을 사용해야 한다. 그 원칙은 상식적인 것이다.

첫째, 가난한 국민들이 돈 때문에 삶을 포기하지 않도록, 국가가 국민의 돈으로 이 분들에게 개인안전망을 지속적으로 제공하는 것이다.

둘째, 일자리의 보루인 기업들이 이 태풍 속에서 쓰러지지 않도록, 최대한 많은 기업들을 도산의 위험으로부터 보호하는 기업안전망을 지속적으로 제공하는 것이다. 영세자영업자와 소상공인들, 그리고 금융기관들도 당연히 이 기업안전망의 보호 대상에 포함된다. 개인안전망은 주로 무상의 국가지원금이 될 것이다. 기업안전망은 주로 유상의 저리융자로 이루어질 것이나 일부 무상지원도 필요할 것이다.

이 두가지 원칙은 결국 코로나 태풍 속에서 홀로 버티기 어려운 시민들과 기업들을 국가가 국민의 돈으로 돕겠다는 지극히 당연한 상식이다. 이 원칙에 비추어 볼 때 전 국민에게 50만원을 지급하는 정책이든 전 가구에게 100만원을 지급하는 정책이든 모두 선거를 앞두고 국민의 돈으로 국민의 표를 매수하는 악성 포퓰리즘이다. 이런 정책을 가장 앞장서서 막아야 할 정당은 건전보수 정당이다. 그런데 건전보수 정당을 자임하는 미래통합당이 악성 포퓰리즘에 부화뇌동하다니 참으로 안타까운 일이다.

긴급재난지원금의 경우, 기획재정부의 원안으로 여야 모두 돌아가기를 나는 제안한다. 선거 직후 2차 추경으로 소득 하위 50%에게 지원금을 하루 속히 지급하자는 것이다. 이 정도의 대책으로 저소득층의 경제적 고통을 덜어주기에 부족하다고 판단되면 3차 추경에서 지원금과 범위를 확대할 수도 있다. 다만 기재부의 원안도 수정되어야 할 부분이 있다. 하위 50%에게 100만원을 일률적으로 지급하면 소위 문턱효과 문제가 발생한다.

즉 49.9 percentile의 가구는 100만원을 받는데 50.1 percentile의 가구는 한 푼도 못받기 때문에 형평의 문제가 발생하는 것이다. 이 문제는 50%든, 60%든, 70%든, 100%가 되지 않는 이상 늘 발생하는 문제다.

이 문제를 바로 잡는 방법은 계단식(sliding 방식)으로 지급하는 것이다. 예컨대, 하위 0~20%는 150만원, 하위 20~40%는 100만원, 40~50%는 50만원을 지급하는 방식이다. 계단식 지원은 일률적 지원보다 형평과 공정에 더 부합하는 하후상박(下厚上薄)의 방식이고, 지원금을 못받는 국민들의 상대적 박탈감을 덜어드리고, 전 국민에게 "코로나 사태로 제일 어려운 분들에게 국가가 따뜻한 도움을 드리자"는 호소를 드릴 수 있는 방식이다.

악성 포퓰리즘은 어차피 오래 갈 수가 없다. 코로나 경제공황으로 재난지원금과 기업금융지원금을 앞으로 얼마나 더 써야 할 지 모르는 상황이다. 우리 모두 합리와 이성을 되찾아 코로나 경제공황에 대비해야 할 때다. 돈을 쓰지 말자는 것이 아니라 효과적으로 잘 쓰자는 것이다.

달러화나 엔화, 유로화 같은 강한 화폐 발행국가가 아닌 우리나라는 재정건전성을 생각하면서 꼭 필요한 곳에 돈을 써야 한다.

[2020년 4월 7일]

인간의 존엄을 보장하는
노동을 향하여

"근로기준법을 준수하라. 우리는 기계가 아니다. 내 죽음을 헛되이 하지 마라"

50년 전 청년 전태일이 자신을 불사르며 남긴 말씀입니다. 우리 헌법이 뒤늦게 '인간의 존엄성을 보장하는 근로조건, 적정임금의 보장, 최저임금제 시행'을 규정한 것은 전태일을 비롯한 노동운동가들의 희생 덕분입니다. 그러나 이 순간에도 산업현장에는 생명과 안전을 위협받고, 장시간 근로와 저임금에 시달리며, 인간의 존엄과는 거리가 먼 노동이 많이 남아 있습니다. 수많은 노동자들이 근로기준법의 보호도, 노동조합의 보호도 못받은 채 과로와 위험과 저임금에 혹사 당하고 있습니다. 구의역 김군 사고, 건설현장의 수많은 사고, 그리고 택배노동자 같은 플랫폼노동자 등 소위 특고(특수형태업무종사자) 분들의 노동현장이 그러합니다. 그리고 수많은 실업자, 특히 청년 실업자들은 노동을 하고 싶어도 노동에서 배제되어 있습니다. 이 분들이 오늘의 전태일입니다. 이 분들이 인간의 존엄을 지킬 수 있도록 고용안전망과 사회안전망의 사각지대를 없애주는 일이 우리 정치의 사명이고, 전태일의 유지를 받드는 것입니다. 헌법의 노동정신을 지키는 데 보수와 진보가 따로 있을 수 없습니다. 고 전태일, 그리고 아들과의 약속을 끝까지 지키셨던 고 이소선 여사의 명복을 빌며, 유가족 분들께 따뜻한 위로를 전합니다. [2020년 11월 12일]

공무원만 육아휴직 3년?
확대해야 저출산 해결된다

어제 시민단체 '정치하는 엄마들'은 공무원과 교사는 육아휴직이 3년인데 일반 노동자는 육아휴직을 1년으로 한 것은 헌법의 평등권(11조)과 양육권(36조) 침해이기 때문에 위헌이라는 헌법소원을 제기했다. 나는 이 분들의 주장에 적극 동의하며, '남녀고용평등법'을 개정하여 공무원, 교사가 아닌 노동자들도 3년의 육아휴직을 갖도록 해야 한다고 생각한다.

지난 대통령 선거에서 나의 1호 공약은 "아이 키우고 싶은 나라를 만들기 위하여, 자녀가 18세(고등학교 3학년)가 될 때까지 3년 이내의 육아휴직을 3회로 나누어 쓰게 하겠다"는 것이었다. 공무원, 교사나 일반 노동자들이나 똑같은 대한민국 국민인데, 아이 키우는 문제에서 차별을 받을 하등의 이유가 없다. 더구나 저출산 해결이 시대적 과제임을 생각하면 더더욱 이 차별을 없애야 한다. 2019년 합계출산율은 0.918명, 세계 최저였다. 오죽하면 라가르드 전 IMF총재가 우리나라를 "집단자살사회"라고 했겠나.

그런데 2019년 세종시의 출산율은 1.47명으로 OECD 평균 1.63명과 큰 차이가 없었다. 2015년 기혼여성의 육아휴직 사용률도 일반 회사원은 34.5%, 공무원과 교사는 75.0%로 2배 이상이었다. 출산으로 경력단절을 경험한 비율은 공무원, 교사는 11.2%에 불과했는데 일반회사원은 49.8%였다. 이러한 차별을 그대로 두고 어떻게 저출산 문제를 극복할 수 있겠나. 2006~2019년 사이에 무려 185조원을 쓰고도 출산율은 급속히 추락하는 심각한 문제를 직시해야 한다.

육아휴직을 3년으로 확대할 때 기업들, 특히 중소기업들이 갖게 될 부담이 문제다. 대체인력을 지원하고 육아휴직 급여를 지원하는 데 정부가 적극 나서야 한다. 아이 키우고 싶은 나라를 만들어 우수한 여성인력들의 경력단절을 막고 경제활동 참여를 높이는 것은 기업들에게도, 우리 경제에도 큰 도움이 될 것이다. [2020년 11월 17일]

3차 재난지원금은 소득하위 50% 전 가구에 계단식으로 지원하자

3차 재난지원금을 내년도 본예산에 넣는 문제를 두고 우리 당이 "코로나 사태로 경제위기를 맞은 택시, 실내체육관, 학원, PC방 등 피해업종 지원과 위기가구 긴급생계지원 등을 위해 재난지원금 3조6천억원을 지원하자"고 하자 민주당이 이에 동조하고 나섰다. 코로나 사태로 극심한 어려움을 겪는 국민들을 도와드리기 위해 국가재정을 써야 한다는 점에 나는 적극 동의한다. 다만 그 방법을 어떻게 할 것이냐, 재원을 어떻게 마련할 것이냐가 중요하다. 국회 예산심의가 끝나기 전에 나는 다음과 같이 긴급 제안한다.

소득하위 50% 전 가구에게 지급하되, 계단식(sliding 방식)으로 하위 20% 가구에게 150만원, 하위 20~40% 가구에게 100만원, 하위

40~50% 가구에게 50만원을 지급하자 (이상 4인 가족 기준). 이는 소득 하위 50%인 1천만여 가구에게 소득에 따라 차등을 두고 지원하자는 것이다. 계단식으로 하자는 이유는 더 어려운 국민들을 더 도와드리자는 것이다. 이것이 사회복지의 철학과 원칙을 지키고, 공정과 정의의 가치를 지키는 길이다. 먹고 살기 힘든 분들이 특정 업종에만 몰려있는 것은 아니다. 3조6천억원을 특정 업종에만 지원하게 되면 지원의 사각지대가 너무 클 것이다.

내가 제안한 방식은 약 7조원의 예산이 소요되므로 3조6천억원의 두 배나 되지만 어려운 분들을 실질적으로, 빠짐없이 도와드리는 효과는 훨씬 클 것이다. 이 예산은 555조원의 정부 예산안에서 순증할 것이 아니라, 한국형 뉴딜 등 전시성 예산을 과감하게 삭감하여 재원을 마련해야만 재정건전성을 더 이상 해치지 않을 것이다. 나의 이 제안을 국회가 진지하게 검토해줄 것을 기대한다. [2020년 11월 27일]

정말 어려운 분들에게
두 배, 세 배 드리자

서울, 부산 시장 재보궐선거가 다가오자 또 악성 포퓰리즘이 고개를 내밀고 있다. 민주당 대표, 경기도 지사, 그리고 국무총리까지 나서서 전국민에게 재난지원금을 주자고 주장하고 있다. 나는 지난해 4월 총선 이전부터 재난지원금을 전국민에게 똑같이 지급하는 것은,

첫째, 공정하지도 정의롭지도 않고,

둘째, 경제정책으로서도 소비진작효과가 낮은 열등한 정책이며,

셋째, 이는 결국 국민의 세금으로 매표행위를 하는 악성 포퓰리즘일 뿐이라는 점을 여러 차례 일관되게 지적해왔다.

전국민 재난지원금이 왜 공정하지도, 정의롭지도 않은가?

전국민에게 똑같은 돈을 지급하니까 얼핏 평등하고 공정할 것 같은 착각을 일으킨다. 그러나 한달 소득이 0인 실업자, 소득이 사실상 마이너스인 자영업자와 한달 소득이 1,000만원인 고소득층에게 똑같이 100만원씩 재난지원금을 지급하면 어떻게 될까?

끼니를 걱정해야 할 실업자, 수개월째 임대료가 밀린 자영업자 가족에게 100만원은 너무나도 절실한 돈이지만, 고소득층 가족에게 그 돈은 없어도 그만인 돈이지만 나라에서 준다니까 공돈이 생긴 정도 아닌가. 같은 100만원이 너무나 소중한 분들과 그 100만원 없어도 사는 데 지장 없는 분들과... 이들 사이에서 과연 공정과 정의란 무엇인가?

단순히 1/n의 산술적 평등은 결코 공정과 정의가 아님을 알 수 있다. 고소득층에게 줄 100만원을 저소득층 가족에게 보태줘서 100만원을 두 번 줄 수 있다면 그게 더 공정하고 정의로운 것이다. 부자는 세금을 더 내고 가난한 사람은 덜 내는 것, 국가의 도움이 꼭 필요한 사람을 국민 세금으로 돕는 것, 이것이 사회복지의 철학이고 원리다. 민주공화국이라는 공동체는 그런 철학과 원리 위에 세워져야 한다. 전국민 재난지원금은 경제정책으로만 봐도 열등한 정책수단이다. 소비성향이 높을 수밖에 없는 저소득층은 100만원을 받아 대부

분 소비에 쓸 것이나, 고소득층에게 100만원은 저축으로 갈 가능성이 높다. 소멸성 지역화폐로 지급해도 그 효과는 마찬가지다. 고소득층은 기존에 현금소비하던 것을 지역화폐로 돌려서 쓸 뿐이며, 지역화폐는 현금보다 비효율적인 수단임이 조세연구원의 연구 결과 입증되었다. 전국민 재난지원금의 소비증대효과가 미미하다는 점도 지난 12월 KDI 연구결과에서 증명된 바 있다. 지난해 5월 14조원의 돈을 지급했으나 30% 정도의 소비증대효과만 있었고, 그것도 대기업, 제조업이 이득을 보고 정작 어려운 자영업자, 소상공인, 서비스업은 도움을 받지 못한 것이다. KDI는 코로나로 가장 큰 피해를 입은 어려운 국민들, 어려운 업종에 지원하는 게 더 효과적인 경제정책임을 밝혔다. 결국 공정하지도 정의롭지도 못하고, 경제정책으로서 효과도 낙제점인 전국민 재난지원금이 또 다시 거론되는 이유는 무엇인가?

이는 선거를 앞두고 국민세금으로 매표행위를 하려는 정치꾼들의 악성 포퓰리즘 때문이다. 민주당이 전국민에게 1억원씩 뿌리겠다는 국가혁명배당금당을 닮아가는 것이다. 누가 이 악성 포퓰리즘을 막을 수 있는가?

민주공화국의 깨어있는 시민들, 비르투(virtu: 시민의 덕성)를 갖춘 시민들이 막아야 한다. 국민의 돈으로 국민의 표를 사는 조삼모사(朝三暮四)에 깨어있는 시민들은 더 이상 속지 않을 것이다. "공짜 점심은 없다(No free lunch)."

이 말은 경제의 원리이자 세상의 원리다. 문재인 정부의 달콤하기만 했던 정책들... 소득주도성장, 24회의 부동산정책, 공무원 늘리기, 세금일자리 정책 등이 모두 어떻게 되고 있나. 소득주도성장으로 경제성장은 후퇴하고 빈곤층만 늘어났다. 부동산정책은 내 집 마련의 꿈을 짓밟고 집값과 전월세만 천정부지로 올려 서민들만 고통받고 있다. 공무원 늘리고 세금일자리 만든 것은 모두 국민들이 갚아야 할 빚이다. 전국민 재난지원금으로 문재인 정부의 나쁜 경제정책이 또 하나 늘어났다.

나는 재난지원금 지급에 적극 찬성한다. 그러나 전국민이 아니라, 국가의 도움이 절실하게 필요한 분들에게 두 배, 세 배를 드려서 절망에 빠진 자영업자, 소상공인, 실업자들이 희망을 갖도록 해드리자는 거다. 현명한 국민들께서 문재인 정권의 정치 사기행위를 물리칠 것이다. 그래야 이 나라에 희망이 있다. [2021년 1월 6일]

재난지원금,
반드시 시시비비를 가리자

"전국민에게 재난지원금을 지역화폐로 지급하자"는 이재명 지사의 주장에 대해 정세균 국무총리가 비판했다. 그동안 일체의 비판과 이견을 허용하지 않던 집권세력 내부에서 처음으로 토론다운 토론이 시작된 거다. 코로나가 시작된 이후 우리는 지금까지 겪어보지 못한 양극화의 수렁에 빠지고 있다. IMF 위기 이후에도 양극화는 심했지만, 코로나로 인한 양극화는 그 차원이 다르다. 코로나로 인한 K양극화는 K자의 위 아래로 벌어진 글자모양 그대로 업종간, 직업간, 개인간 소득과 자산의 불평등이 심각한 수준으로 심해질 것이다. K양극화를 초기부터 치유하지 못하면 중산층이 붕괴되고 빈곤층이 급증해서 공동체의 통합과 건전한 시장경제와 민주주의를 위협하는 체제의 붕괴위험에 이를 수도 있다. 따라서 K양극화를 해소하는 것은 앞으로 경제사회정책의 중요한 목표 중 하나가 되어야 한다. 재난지원금을 전국민에게 똑같이 1/n을 지급할 것인가, 아니면 어려움을 겪는 국민들에게 1/n보다 더 많이 지급할 것인가?

이 문제는 K양극화 해소와 직결된 질문이며, 총리와 지사간 토론의 핵심주제다. 나는 지난 총선 전부터 K양극화를 치유하려면 "국민세금으로 국가의 도움이 절실한 어려운 국민들을 도와드린다는 원칙을 지켜야 한다"고 일관되게 주장해왔다. 바로 이틀 전에도 "정말 어려운 분들에게 두 배, 세 배 드리자"는 글에서, 이 지사가 주장하는 전국민 재난지원금은 공정과 정의의 헌법가치에 반하고, 소비진작효과가 낮은 열등한 경제정책이며, 국민의 돈으로 선거에서 매표행위를 하는 악성 포퓰리즘이라고 말했다.

나의 이런 생각은 "급하니까 막 풀자는 것은 지혜롭지도 공정하지도 않다... 고통에 비례해서 지원한다는 분명한 원칙"이라는 총리의 생각과 그 취지가 같다. "코로나가 주는 고통의 무게는 결코 평등하지 않다"는 대통령의 언급도 전국민 재난지원금이 아니라 고통받는 국민들을 돕자는 취지일 것이다.

대통령과 총리는 결국 지난 총선때 전국민에게 4인 가구당 100만원을 지급한 것이 잘못이었음을 뒤늦게 인정한 셈이다. 대통령과 총리는 재난지원금을 코로나로 고통받는 국민들께 지급하자고 하고,

경기도지사와 민주당 일각에서는 전국민에게 지급하자고 한다. 이 중요한 문제에 대해 우리는 반드시 시시비비를 가려서 올바른 결론을 내려야 한다. 경제부총리도 지난 총선때의 전국민 재난지원금 지급을 다시는 하지 않겠다고 했다.

https://youtu.be/_d_RaITVOOw

이재명 지사에게 한가지 지적한다. 이 지사는 "총리가 (균형재정을 주장하는) 관료들에 포획되어 있다"고 하면서, 이 문제가 마치 재정확대에 대한 찬반의 문제인 것처럼 몰아가려 하고 있다. 이는 전형적인 '논점 흐리기' 수법이다. K양극화로 고통받는 국민들을 위해 국가재정을 더 쓰자는 데 반대할 사람은 없다. 지금 논의의 핵심은 "똑같은 예산을 쓰는데, 전국민에게 1/n씩 지급할 거냐, 아니면 고통받는 국민들에게 두 배, 세 배를 지급할 거냐"의 문제다. 이 문제에 대해 과연 무엇이 공동체의 정의와 공정에 부합하는지, 무엇이 더 효과적인 경제정책인지 옳고 그름을 가리자는 거다. 이 지사는 논점을 흐리려

할 게 아니라, 핵심질문에 대한 본인의 생각이 무엇인지 분명히 말하기 바란다. 평소 입버릇처럼 공정을 외치고 서민을 위한다는 이 지사가 공정하지도, 정의롭지도, 서민에게 도움이 되지도 않고, 우리 경제의 소비진작에도 별 효과가 없는 주장을 자꾸만 하니까 하는 얘기다. [2021년 1월 8일]

소득하위 50% 지원이 옳다

어제 이재명 지사는 대통령의 신년사에 대해 "K방역이 세계적 찬사를 받고 있다, 대통령님의 평생주택 철학..."이라며 '문비어천가'를 불렀다. 대통령에게는 보기 민망한 저자세를 보인 이 지사가 전국민 재난지원금에 대한 비판적 견해를 두고서는 '구태정치, 네거티브'라고 정치적 공격을 마구 퍼부었다.

또 이 지사는 "전국민 보편지급이 옳다"고 오래동안 주장하다가 지난 주부터는 갑자기 태도를 바꾸더니 '보편과 선별을 섞어서 하면 된다'고 180도 말을 바꾸는 약삭빠름을 보여주고 있다.

재난지원금을 전국민에게 드릴 거냐, 아니면 피해계층에게만 드릴 거냐라는 문제는, 코로나로 인한 K양극화를 극복함에 있어서 어느 정책이 옳으냐의 문제다. 이는 막대한 국민세금을 쓰는 정책의 옳고 그름을 판단하는 문제이므로 논리적 근거를 갖고 치열하고 합리적인 토론을 할 문제이다. 토론에 자신이 없는지 상대방을 구태정치, 네거티브라는 말로 비난하면서 합리적인 정책토론에서 도망치려는 이 지사의 자세야말로 전형적인 구태이자 네거티브 아닌가.

"2차와 3차가 선별이니 4차는 보편지급이 맞다"는 말도 아무런 합당한 근거가 없는 주장이다.

선거를 앞두고 있으니 지난 총선때처럼 전국민에게 똑같은 돈을 드리자는 게 매표행위가 아니면 무엇인가. 통상 매표행위는 후보자가 자신의 돈을 쓰는 것인데, 국민의 돈으로 국민의 표를 사려는 매표행위는 그 죄가 이중으로 더 크다.

이 지사는 우리나라의 국가재정이 "지나치게 건전하다"고 했다. 아마 이런 생각 때문에 "재난지원금을 50번, 100번 줘도 괜찮다"는 황당한 말도 했을 것이다. 그러나 문재인 대통령, 민주당, 이 지사 모두 건전한 국가재정에 대해 고마워해야 한다. 최후의 보루인 국가재정이 건전하지 않았다면 우리가 무슨 수로 IMF 위기, 금융위기를 극복할 수 있었겠는가. 지금 이 코로나 위기를 극복할 수 있는 힘도 우리의 건전한 국가재정에 있음을 잊지 마시라. 사실 대통령이나 이 지사가 악성 포퓰리즘에 마음껏 빠져들면서 국민세금을 함부로 쓸 때 속으로 믿는 구석도 건전한 국가재정 아니었던가. 우리나라의 과도한 가계부채가 "지나치게 건전한 국가재정 때문"이라는 이 지사의 말도 지나치다. 가계부채의 상당 부분이 주택 때문임을 안다면 집값과 전월세를 안정시키는 것이 가계부채를 줄이는 첩경임을 알고 실패한 부동산정책에 그 책임을 물을 일이다.

이 지사는 "기초생활수급자도 굶지 않는 마당에 훔치지 않으면 굶을 수밖에 없는 분들이 경기도의 먹거리 그냥 드림코너에 줄을 서고 계신다"고 했다. 문재인 정부와 이 지사의 경기도는 그동안 도대체 복지정책과 복지행정을 어떻게 했길래 저 어려운 분들을 방치해왔다는 말인가. 바로 저런 어려운 분들을 위해 돈을 쓰지 않고, 왜 모든 경기도민에게 또 10만원씩 드린다는 말인가.

코로나 양극화 시대의 해법은 코로나 경제위기로 가장 고통받는 분들에게 국가가 도움의 손길을 빠짐없이 내미는 것이다. 그것이 상식이고 공정이고 정의이며, 올바른 경제정책이기도 하다. 전국민에게 드릴 것이 아니라, 내가 일관되게 주장해온대로 소득하위 50%, 그리고 자영업자, 소상공인, 실직자 등 피해를 입은 계층을 집중적으로 도와드리는 것만이 해결책이다. [2021년 1월 12일]

'全도민 10만원 지급'은
소득재분배 효과가 제로인 매표행위

이재명 경기도지사가 경기도의 내외국인 1,399만명 모두에게 10만원씩 지급한다고 했다. 1조4천억원이 든다. 자본주의 시장경제가 스스로의 모순을 해결하기 위해 가장 중요하게 사용한 정책이 세금과 복지다. 소득과 재산이 많은 사람에게 더 걷고, 이 돈으로 국가의 도움이 절실한 사람들이 인간다운 생활을 하도록 도왔다. 이것이 바로 재분배(再分配)다. 이렇게 해서 자본주의 시장경제는 공산주의와 사회주의를 이기고 스스로의 체제 붕괴를 막아낼 수 있었다.

우리나라도 당연히 이 원칙을 받아들였다. 세금은 소득과 재산이 많을수록 세율을 높였다. 이게 누진세다. 이렇게 부자에게 세금을 더 거두어서, 복지에 쓸 때에는 거꾸로 가난한 사람들, 경쟁에서 낙오한 사람들을 위해서 쓴다는 것이 우리가 합의한 철학이고 원칙이다.

이 원칙은 민주공화국이 추구하는 공화주의의 정신이다. 따뜻한 공동체를 만들기 위해 국가가 지켜야 할 원칙이다. "모든 국민이 인간의 존엄과 가치를 지키고... 인간다운 생활을 할 권리"를 천명한 헌법 10조와 34조는 바로 공화주의 정신이다. '무지의 장막(veil of ignorance)' 속에서 누구나 갑자기 빈곤의 나락으로 떨어질 수 있고 병들고 소외될 수 있는 세상에서 공정과 정의를 구현하는 롤스(John Rawls)의 해법이다.

1,400만 경기도민 중에는 부자도 있고 가난한 사람도 있다. 코로나 위기로 하루 하루 삶을 지탱하기가 너무나 힘든 분들도 있고, 별다른 피해를 받지 않은 분들도 있다. 경기도의 양극화, 불평등은 우리나라 전체의 심각한 양극화, 불평등과 조금도 다를 바가 없을 것이다. 그런데 왜 가난하고 어려운 분들에게 20만원, 30만원을 드리지 않고, 전 경기도민에게 10만원씩 똑같이 지급하는가?

이런 정책은 소득재분배 효과가 제로다. 게다가 KDI가 지적했듯이 소비촉진효과도 30% 정도 밖에 안된다. 지역화폐로 지급하는 것은 조세연구원이 지적했듯이 비효율적이다. 이건 진보도 아니다. 그저 악성 포퓰리즘일 뿐이다. 이 지사가 본인의 기본소득을 대선에서 밀어부치려고 '재난기본소득'이라는 이름으로 경기도민을 실험대상으로 삼고 있을 뿐이다. 이 지사는 이렇게 말했다. "훔치지 않으면 굶을 수밖에 없는 분들이 경기도의 먹거리 그냥드림 코너에 줄을 서고 계신다"고. 전 도민 10만원 지급에 가장 분노할 분들은 경기도의 저소득층, 실업자, 자영업자, 소상공인들이다. 이 분들은 '도지사는 왜 이런 엉터리 복지정책을 펴는지' 분노할 것이다. 문재인 대통령은 재난지원금에 대해 "보편과 선별을 섞어 쓰면 된다"고 했다. 이건 "옳고 그름을 섞으면 된다"는 말이다. 원칙도 기준도 없이 선거가 있으면 전 국민에게 똑같이 주고, 선거가 끝나면 어려운 분들만 주는 것, 이것이 선거용 매표행위가 아니면 무엇이란 말인가. 국민이 내는 세금, 경기도민이 내는 세금은 도깨비 방망이가 아니다. [2021년 1월 21일]

이재명 지사의 곡학아세

'정도(正道)를 벗어난 학문으로 세상 사람들에게 아첨'하는 것을 곡학아세(曲學阿世)라 한다. 재난지원금에 대한 이재명 지사의 주장이야말로 곡학아세의 전형적 사례다. 모든 경기도민에게 재난기본소득을 10만원씩 지급하면서, 이 지사는 "정책의 기준은 서민에게 도움되는 정책이냐 기득권자에게 도움되는 정책이냐...

보편적 피해에는 보편적 지원을, 특별한 피해에는 선별지원을 하면 된다"고 주장했다. 1,343만 경기도민 사이의 빈부격차, 소득격차는 심각하다. 경기도의 양극화와 불평등은 우리나라 전체의 모습과 다를 바가 없다. 그런데 10만원씩 똑같이 지급하면서, 이것이 "서민을 위한 정책"이라고 우기는 궤변에 어느 경기도민이 수긍하겠는가. 서민을 위한 정책이 아니라 이거야말로 서민에게 쓸 돈을 기득권자에게 주는 반서민 정책 아닌가. 모든 경기도민이 코로나로 인하여 보편적 피해, 즉 똑같은 피해를 입었다는 주장도 상식에 반한다.

이 지사는 코로나 이후의 양극화, 불평등이 왜 K자형인지 모르고 있다는 말인가. 코로나 경제위기는 저소득층, 대면업종의 저임금노동자, 영세자영업자들에게 실업과 빈곤의 고통을 집중적으로 가하고 있다. 이 문제는 세계 모든 나라가 공통적으로 겪고 있는 현상이다. 그래서 어느 나라나 이 K양극화를 해소하기 위해 특단의 대책을 세우고 있는 것이다.

이와 같은 이유 때문에 지난해의 1~3차 재난지원금 중에서 전 가구에게 100만원씩 지급한 1차 지급은 공정과 정의에 반하며 소비진작효과도 부족한 잘못된 정책이라는 것이 경제전문가들의 한결같은 지적이다. 현명한 국민들께서는 이미 이 점에 대해 올바르게 판단하고 계신다. 최근 여론조사를 보면 보편지급보다 선별지급을 찬성하는 국민들이 더 많다는 조사결과가 잇달아 발표되고 있다는 점은 희망적이다. 그러면 이 지사는 왜 10만원씩 똑같이 지급하는 반서민적 정책을 고집하는가?

그 이유는 두가지일 것이다.

첫째, 대선을 앞둔 매표행위다. 이건 악성 포퓰리즘이다. 둘째, 재난기본소득을 이 지사가 주장하는 기본소득으로 끌고가고 싶은 거다. 그러나 우리는 코로나 이후 기본소득을 쳐다볼 여유가 없다. 코로나로 힘든 국민들부터 국가가 도와야만 따뜻한 공동체가 유지될 수 있기 때문이다. 사실 정도를 벗어난 학문이라 할 것도 없다. 상식을 벗어난 궤변으로 세상 사람들에게 아첨하고 있을 뿐이다. 그러나 국민의 건전한 상식은 늘 살아있다. [2021년 1월 31일]

국민주권이 왜 거기서 나와?

전 경기도민에게 10만원씩 똑같이 지급하는 경기도의 재난기본소득은 악성 포퓰리즘이라는 나의 비판에 대해, 어제 이재명 지사는 그런 비판은 "국민주권을 모독하는 거"라고 했다. 국민주권이 왜 거기서 나오나?

'갑자기 툭 튀어나온' 국민주권 모독이라는 이 지사의 해명은 참 생뚱맞은 논점 흐리기라는 생각이 든다.

공정(公正)은 시대정신이다. 그리고 이 지사는 평소 말로는 공정을 외쳐왔다. 그런데 월소득 200만원인 서민과 1,000만원인 고소득층에게 똑같이 10만원씩 지급하는 재난기본소득이 과연 공정한가? 이는 공정하지도, 정의롭지도 않고, 따뜻한 공동체를 만들어가는 데 해(害)가 될 뿐이다. 공정을 말하는 분이 불공정하고 반서민적인 정책을 펴는 자기모순이다.

경제정책의 관점에서는 KDI가 지적한대로 소비진작효과도 30%밖에 안되는 열등한 정책이며, 조세연구원이 지적한대로 지역화폐 지급은 예산만 낭비하는 비효율적인 정책이다. 이 지사는 1차와 2차 재난기본소득으로 쓴 2조7천억원이 "주민부담이 늘어나는 것도 아니고 다음 세대에 부담을 전가하는 것도 아니다"라고 했다. 돈을 아무리 써도 주민부담이나 미래세대부담이 아니라고?

그런 게 있다면 그건 정책(政策)이 아니라 마술(魔術)이다. 세상에 공짜점심은 없다. 이 지사는 국민을 상대로 거짓말을 하고 있다. 경기도의 재난기본소득 2조7천억원이 경기도민에게 장차 어떤 부담으로 돌아오는지는 길게 설명할 것도 없이 마침 어제 "이재명 재난소득, 결국 경기도민 빚... 14년간 갚는다"라는 훌륭한 분석기사가 있으니 꼭 읽어보시기 바란다.

[단독] 이재명 재난소득, 결국 경기도민 빚...14년간 갚는다

[재난기본소득 분석③]
상환계획 집중분석

입력 : 2021-02-02 00:03 / 수정 : 2021-02-02 00:03

경기도가 이른바 '비상금 통장'까지 총동원해 마련한 1·2차 재난기본소득 재원 총액 2조7000억원의 상당부분은 경기도민들이 결국 앞으로 고스란히 갚아야 할 돈이다. 경기도는 이를 갚기 위해 또 다시 빚을 내서 갚는 '차환(借換)' 개념을 도입하고 상환 종료 시점을 당초 계획했던 2029년에서 2035년으로 6년 더 늘렸다.

기존 계획대로라면 특정 연도에 갚아야 할 돈이 최대 5000억원 수준으로 치솟아 도 재정에 부담이 커지기 때문이다. 이같은 경기도의 상환 계획을 심사한 뒤 경기도 의회조차 "빚을 내서 또 빚을 갚아야 하는 악순환이 우려된다"는 지적이 제기됐다.

반나절만에 뒤바뀐 상환 계획..."빚 내서 빚 갚는다"

국민일보 2021. 2. 2 기사

이 기사의 요지는 "경기도가 빚을 내서 또 빚을 갚아야 하는 악순환에 빠지고 있다"는 거다. 이 지사는 "보도블럭 교체는 옳은 지출이고 재난기본소득은 포퓰리즘이냐"라고 했다. 생뚱맞고 번지수가 틀려도 한참 틀린 뻘소리다. 나를 포함해서 그 누구도 보도블럭 교체가 옳은 지출이라고 말한 적이 없다. 그리고 아무도 재정지출 확대에 반대한 적도 없다. 코로나 경제위기로 고통받는 분들을 위해 재정확대는 해야 한다. 그런데 똑같은 돈을 써도 제발 꼭 필요한 곳에 잘 쓰자는 거다. 이건 대다수의 나라에서 대다수의 전문가들이, IMF같은 국제기구까지 공통적으로 하는 말이다. 지금 경기도에서 정말 고통받는 저소득층, 자영업자, 실업자 같은 분들을 위해 국가가 도움의 손길을 내미는 게 당연히 옳은 정책이다. 서민을 울리고 기득권자들에게도 10만원씩 주면서 서민 코스프레를 하는 모습은 보기에도 안쓰럽다. 반서민적, 불공정한 재난기본소득을 주면서 왜 국민주권을 말하는지 의아스럽다. [2021년 2월 2일]

선별과 보편, 대통령의 생각은 무엇인가?

어제 민주당 이낙연 대표는 "4차 재난지원금은 맞춤형 지원과 전국민 지원을 함께 협의하겠다"고 했다. 그 직후 홍남기 경제부총리는 "전국민 보편지원과 선별지원을 한꺼번에 모두 하겠다는 것은 정부가 받아들이기 어렵다"고 반박했다. "국가재정이 너무 건전한 것이 문제"라는 이재명 지사의 발언에 대해서도 "진중하지 않은 지적"이라고 하면서 "(기재부 공무원들은) 진중함과 무게감이 없는 지적에 너무 연연하지 말라"고 했다.

사람들은 이를 두고 경제부총리가 여당 대표와 경기도지사에게 반박한 것이라고 한다. 그러나 경제부총리가 정말 묻고 싶었던 대상은 대통령이라는 생각이 든다.

문재인 대통령은 지난 1월 5일 "코로나가 주는 고통의 무게는 결코 평등하지 않다"고 했다. 마치 피해계층에 대한 선별지원을 지지하는 듯한 발언이다. 그러나 1월 18일의 신년기자회견에서는 "보편이냐 선별이냐 그렇게 나눌 수 없다고 생각한다...

그 때 그 때 상황에 따라 다른 것이지 이것이 옳다, 저것이 옳다, 선을 그을 수 있는 문제가 아니다"라고 했다. 결국 대통령의 생각은 선별과 보편, 둘 다 좋다는 거다. 그러나 경제부총리의 생각은 다르다. 홍남기 부총리는 지난해 3월 총선 직전에 1차 재난지원금을 논의할 당시 '소득 하위 50% 가구'만 지급하자고 했고, 당청이 70%, 100%를 얘기하자 자신의 반대를 기록에 남겨달라고 했다.

지금도 경제부총리와 기재부는 소득하위 50%이든, 피해업종 지원이든, 선별지원이 옳다고 생각할 것이다. 이 문제는 이제 더 이상 혼란을 없애고 문재인 대통령이 매듭을 지어야 한다. 선거를 앞두고 전 국민에게 돈을 뿌렸다가, 선거가 끝나니 2차, 3차는 피해업종, 피해계층만 지원했다가, 이제 또 선거가 있으니 전 국민에게 준다? 이렇게 그 때 그 때 다른 정책은 국민을 우롱하는 조삼모사(朝三暮四) 아닌가? 코로나 사태가 언제 끝날지 아직 불확실한 상황이고, 재난지원금과 손실보상금은 앞으로 얼마나, 몇 번이나 더 지급해야 할지 모르는 상황이다. 최후의 보루인 국가재정에 대한 최종책임자인 대통령은 이 문제에 대해 분명한 원칙을 세워야 한다. 대통령이 민생현장에서 날마다 벌어지고 있는 '고통의 불평등'을 알고 있다면, 당연히 선별지원이 옳다. [2021년 2월 3일]

K양극화 이후
'K복지' 구상에 대하여

코로나 이후 양극화, 불평등은 더 심화될 것이다. 대면 서비스업, 자영업자와 소상공인, 저임금노동자, 청년실업자, 여성 등이 가장 큰 피해를 입고 있다. 코로나 이후의 소득격차와 빈부격차는 K자형으로 전개된다. K양극화에 대처하는 복지정책, 즉 'K-복지'를 새로 설계하고 정책으로 만들 때다. K-복지에서 가장 중요한 원칙은, "어떤 국민도 뒤쳐지지 않도록 (No people left behind)" 사회안전망의 사각지대를 없애고 복지와 일자리의 안전망을 튼튼하게 만드는 일이다. 이렇게 해야 고통받는 국민들께서 삶을 포기하지 않고 희망을 가질 수 있다. 그런 점에서 기본소득을 둘러싼 지금의 논쟁은 하루 빨리 결론을 내려야 한다. K양극화에 대처하는 K복지에서 기본소득은 가능하지도 않고 바람직하지도 않다. 기본소득은 K양극화 해소에 아무 도움이 되지 않기 때문이다. 월소득 100만원인 저소득층과 1,000만원인 고소득층에게 똑같은 기본소득을 지급하는 것은 공정과 정의에 반하며 소비촉진효과도 부족하다. 이재명지사는 기본소득 구상을 접고 K복지 구상을 내실있게 설계하는 데 동참하기를 바란다. 이 지사가 내가 오래동안 주창해온 중부담-중복지를 말한 점은 환영한다. 다만 중부담-중복지를 하더라도, 그 정책방향은 K양극화를 해소하는 K복지의 원칙에 부합해야만 한다. 기본소득을 포함하여 K-복지 논쟁이 우리 정치권 전체의 건설적이고 생산적인 토론이 되기를 기대한다. K양극화를 해소하고 우리 경제를 다시 살리는 방법에 대한 토론이라면, 나는 이 지사를 포함해서 누구와도 토론할 용의가 있다. 그리고 우리 사회의 토론이 K-복지에만 국한될 것이 아니라, 코로나 이후 한국경제의 새로운 성장모델에 대해서도 활발하게 이루어지길 기대한다. [2021년 2월 9일]

자기 돈이면 저렇게 쓸까?

문재인 대통령은 "코로나에서 벗어날 상황이 되면 국민위로 지원금, 국민사기진작용 지원금 지급을 검토하겠다"고 했다. "온 국민이 으쌰으쌰 힘내자"는 차원에서 국민을 위로하고 소비도 진작시키는 목적의 지원금이라고 한다.

이재명 지사가 전 경기도민에게 10만원씩 지급했을 때, "자기 돈이라도 저렇게 쓸까?"라는 댓글이 기억난다. 문 대통령에게도 똑같이 묻고 싶다. 대통령 개인 돈이라면 이렇게 흥청망청 쓸 수 있을까? 내가 낸 세금으로 나를 위로한다니 이상하지 않은가? 이러니 선거를 앞둔 매표행위라는 얘기를 듣는 것이다.

코로나에서 벗어나는 상황이 오면 무엇을 해야 하나? 지난 4년간 고삐풀린 국가재정을 정상화해야 한다. 그런데 대통령은 그럴 생각이 조금도 없어 보인다. 국채발행을 걱정하다 기재부를 그만둔 신재민 사무관보다 못한 대통령이다.

이낙연 대표가 전국민 보편지급과 선별지급을 한꺼번에 하겠다고 하니까 홍남기 경제부총리는 "다다익선(多多益善)보다 적재적소(適材適所)가 재정운영의 기본"이라며 반대했다. 또 홍 부총리는 "재정이 너무 건전한 것이 문제"라는 이재명 지사의 말은 진중하지 못하다고 꾸짖었다. 홍 부총리는 기재부 공무원들에게 "진중함과 무게감이 없는 지적에 연연하지 마라"고 영혼을 일깨우면서 지지지지(知止止止)의 심정으로 의연하고 담백하게 나아가겠다고 했다.

홍 부총리에게 묻는다. 진중함도 무게감도 없고 적재적소와는 거리가 먼 대통령의 전국민위로금을 부총리는 직(職)을 걸고 막아낼 용의가 있는가? 코로나로 별 피해를 입지 않은 국민들에게까지 위로와 사기진작, 소비진작을 위해 돈을 뿌리는 정책은 공정하지도 정의롭지도 않고, 소비진작효과도 크지 않다는 점은 부총리도 잘 알 것이다.

원칙도 철학도 없이 갈대처럼 오락가락 하는 대통령을 바로잡아줄 사람은 부총리와 기재부 뿐인 것 같다. 대통령을 설득 못하면, 지지지지(知止止止)를 행동으로 실천하라. [2021년 2월 20일]

국민을 모독한 사람은
문 대통령과 이 지사다

어제 나의 페북 글에 대해 이재명 지사는 "돈 뿌리면 표 주는 원시유권자로 국민을 모독한 것"이라고 비난했다.

'원시유권자'가 대체 무슨 말인지 처음 보는 단어라 그 뜻을 모르겠지만, 과연 누가 국민을 모독하는지 분명히 해두자.

만약 국민을 "돈 뿌리면 표를 주는 유권자"로 생각하는 정치인이 있다면, 그는 분명 국민을 모독하는 거다. 문재인 대통령과 이재명 지사의 말과 행동을 보면, 그들이야말로 국민을 "돈 뿌리면 표 주는 유권자"로 취급하고 모독하고 있음이 분명하다. 문 대통령은 지난 총선 직전 전국민에게 재난지원금을 뿌렸다. 그리고 지금 재보선과 대선을 앞두고 또다시 전국민에게 '위로금'을 주겠다고 말한다.

이 지사는 이미 두 번이나 전 경기도민에게 10만원씩 지급했다. 이들이 이런 결정을 내린 것은 국민을 "돈 뿌리면 표 주는 유권자"로 보고 매표행위를 하기 때문이다. 그렇지 않다면 평소 공정과 정의를 입에 달고 사는 이 두 분이 이런 불공정하고 부정의(不正義)하며 경제정책으로도 낙제점인 선택을 할 리가 없다. 선거 전에는 전국민 보편지급을 했다가 선거 후에는 피해계층 선별지급으로, 선거가 다가오니 또 보편지급으로, 조삼모사(朝三暮四)를 밥 먹듯이 하는 행태부터 국민을 우롱하고 모독한 증거 아닌가? 나는 깨어있는 시민들의 상식과 이성, 공동체의 일원으로서의 책임감에 대한 믿음이 있다. 그래서 나는 국민이 "돈 뿌리면 표 주는 유권자"라는 생각을 가져본 적이 없다. 그렇기 때문에 나는 지난 총선 전부터 지금까지 일관되게 전국민 지급에 반대해왔다. 코로나 사태로 인해 K양극화가 심해지는 상황에서, 공정하고 정의로우며 소비진작효과가 큰 정책은 저소득층, 자영업자, 소상공인, 실업자 등 코로나로 피해를 본 국민들을 집중적으로 돕는 거라고 나는 주장해왔다. 이 지사는 재정확대 운운하면서 논점을 흐리고 딴전을 피우지 마라. 코로나 위기를 극복하기 위해 꼭 필요한 재정확대에 나는 적극 찬성한다. 재정의 역할을 확대하되 같은 예산이라도 국가의 도움이 필요한 곳에 두 배, 세 배를 쓸 거냐, 아니면 전국민에게 1/n을 똑같이 나누고 말거냐, 이것이 지금 논쟁의 핵심이다. 악성 포퓰리즘에 빠져 전국민을 상대로 돈을 뿌리면, 정작 코로나로 가장 큰 피해와 고통을 겪으며 국가의 도움을 애타게 기다리는 국민들이 외면 당하고 소외받고 있음을 알아야 한다. 위대한 국민을 우롱하고 모독하는 저급한 정치? 그런 정치는 바로 문 대통령과 이 지사가 하고 있지 않은가. [2021년 2월 21일]

'기본소득은 공정하지 않다'고 고백한
이재명 지사의 '공정벌금'

이재명 지사의 기본소득은 부자나 가난한 사람이나 똑같은 돈을 주자는 것이다. 재산이나 소득에 관계없이 똑같이 주는 기본소득은 경제적 불평등을 해소하지 못하는, 불공정하고 反서민적 정책이라고 나는 누차 비판해왔다. 그런데 이 지사는 '재산비례벌금제' 도입을 주장했다. 똑같은 죄를 짓더라도 재산에 따라 벌금에 차등을 두는 것이 공정한 '공정벌금'이라는 것이다. 소득세, 법인세, 재산세, 종부세 등 세금을 정할 때 소득이나 재산에 따라 차등을 두는 것을 우리는 당연하게 생각한다. 심지어 누진세는 소득, 재산이 많을수록 세금을 더 내도록 한다. 이렇게 하는 것이 재분배에 도움이 되는 조세정의이고 공정이라고 우리는 믿고 있다. 세금이나 벌금을 소득, 재산에 따라 차등을 두는 것과 똑같은 이치로, 정부가 돈을 줄 때는 당연히 가난한 서민에게 더 드려야 한다. 그런데 왜 기본소득은 똑같이 나눠주나. 이것만 보더라도 이 지사의 주장은 앞뒤가 맞지 않다. 그러니 기본소득은 서민을 위한 것이 아니고 공정하지 못한 것이다.

이 지사의 공정벌금은 본인의 기본소득이 공정하지 않다는 고백이다. [2021년 4월 29일]

"기본소득은 불공정하다" 이것이 토론의 핵심입니다

재산비례벌금이 '공정한 벌금'이라는 이재명 지사의 주장에 대해, 저는 "이 지사가 기본소득이 공정하지 않음을 고백했다"고 했습니다. 저의 지적에 대해 이 지사는 제대로 된 답변을 내놓는 대신, "초등학생도 납득 못할 궤변, 초보적 오류, 실력 없이, 손님실수정치…" 등 감정 섞인 험악한 비난을 퍼부었습니다. '건설적 논쟁이 오가는 품격있는 정치'를 말하는 분이 왜 논리적이고 상식적인 답변은 못하고 감정적인 동문서답을 하는지 어이가 없군요. 이 지사에게 그런 품격을 기대하는 건 무리인가요. 저는 이 지사의 기본소득을 누차 비판해왔습니다. 제 비판의 핵심은 "소득이 많든 적든, 재산이 많든 적든, 똑같은 돈을 나눠주는 기본소득은 불공정하고 反서민적"이라는 것입니다. 부자나 고소득층에게 줄 돈을 저소득층, 서민들에게 더 드리는 정책이 따뜻하고 정의로운 공동체를 위한 공정한 해법이라는 것이 제 생각입니다. 제가 이 지사에게 묻는 질문은; "이 지사는 기본소득이 공정하고 서민을 위하는 정책이라고 생각합니까?"

이것뿐입니다. 이 지사는 이 질문에 대해 여태 한번도 분명한 답을 한 적이 없습니다. 이 질문에 대한 답을 듣고 싶습니다. 이 기회에 우리는 "과연 무엇이 평등, 공정, 정의인가"를 생각해봅시다. '결과의 평등'은 아마 이 지사도 동의하지 않을 것입니다. '기회의 평등'과 '조건의 평등'이 보장될 때 공정과 정의가 살아나게 됩니다. 국민들의 소득과 재산은 천차만별입니다. 소득과 재산이 불평등한데 모두에게 1/n씩 똑같이 나눠주는 이 지사의 기본소득은 '기회의 평등' '조건의 평등'과 거리가 멀고, 따라서 공정하지 않습니다.

ps. '기회의 평등, 조건의 평등'에 대해서는, 마이클 샌델 교수의 최근 책, 『공정하다는 착각, The Tyranny of Merit』을 읽어보기 바랍니다.

[2021년 5월 2일]

공정소득이 불평등 문제에 대한
올바른 해법이다

최근 나는 공정소득(NIT; negative income tax)을 제안했다.

공정소득의 원리는 단순하고 분명하다. 고소득층은 세금을 내고 저소득층은 보조금을 받는 것이다. 이는 사회복지의 원칙이고 상식이다. 공정소득은 코로나 이후 악화되는 K자형 양극화에 대비하자는 것이다. 이재명 지사는 전국민에게 1/n로 똑같이 나눠주는 기본소득을 주장해왔다. 나는 기본소득은 불평등을 더 악화시키고 불공정하며 反서민적인 정책이라고 비판해왔다. 기본소득이 불공정하고 反서민적이라는 나의 비판에 대해 이 지사는 한번도 제대로 답을 하지 않았다. 그 대신 이 지사는 공정소득이 부자와 서민을 차별한다고 비판했다. 차별이 아니라 차이다. 공정소득은 빈부에 따라, 소득에 따라 분명히 차이를 둔다. 바로 그런 차이가 불평등을 줄이고 서민을 위하고 공정하기 때문이다. 이 지사는 이렇게 말했다:

"고소득자는 세금만 내고 저소득자는 혜택만 보는 정책이 1인1표의 민주주의 국가에서 가능하겠나?"

민주주의 국가들은 사회복지를 위해 이미 다 그렇게 하고 있다. 이 쉬운 팩트를 이 지사만 몰랐다는 말인가? 이 지사는 또 이렇게 말했다:

"부자와 기득권자를 옹호해온 국민의힘 정치인들이 언제부터 갑자기 부자 몫까지 서민에게 몰아줄 만큼 친서민적이 되었을까 의아스럽다." 이건 논리적으로 막힐 때 흔히 나오는 억지 떼쓰기고 막말이다. 그런 식으로 말하자면, 이 지사야말로 언제부터 부자들을 그리 옹호했나? 민생을 망쳐놓은 민주당을 대신해서 국민의힘이 서민복지를 알뜰하게 챙길 것이라는 말을 해주고 싶다. 복지의 차원에서는 기본소득을 방어하기가 힘들었던지 이 지사는 기본소득이 "복지 아닌 경제정책"이라고 주장한다. 즉, 기본소득으로 수요를 창출해서 경제가 성장한다는 것이다. 그러나 경제성장의 해법이 그리 쉬운 게 아니다. 기본소득으로 성장을 할 수 있다면 어느 나라가 이 쉬운 방법을 안 쓰겠나. 이 지사의 기본소득은 성장도 아니고 복지도 아닌 사기성 포퓰리즘일 뿐이다. 문재인 정부가 소득주도성장으로 경제를 망쳐놓더니, 이 지사는 소주성 V.2인 기본소득으로 경제를 망치려 하고 있다. 대선이 다가오자 또 다시 전 국민 재난지원금을 끄집어내는 것도 사기성 포퓰리즘으로 표를 매수하는 것이다. 다음 대선에서 나는 사기성 포퓰리즘과 전쟁을 치르겠다. 현명한 국민들께서, 특히 우리 젊은이들이 우리 경제를 망치는 이런 사기성 포퓰리즘에 결코 또 다시 속지 않을 것이다. [2021년 6월 3일]

거짓말하지 않고 정직해야
정정당당한 토론이 가능하다

이재명 지사는 내가 제안한 공정소득(NIT: negative income tax)을 비판하면서, "(유승민의 공정소득은) 수백 수천만원을 그것도 일을 적게 할수록 더 많이 주자는 것"이라고 했다. 나는 이런 말을 한 적이 없다. 나는 "공정소득의 원리는 단순하고 분명하다. 고소득층은 세금을 내고 저소득층은 보조금을 받는 것이다. 이는 사회복지의 원칙이고 상식이다. 공정소득은 코로나 이후 악화되는 K자형 양극화에 대비하자는 것이다"라고 했다. 나는 이 지사의 기본소득을 비판할 때 늘 이 지사의 말을 있는 그대로 정확하게 인용해왔다. 정직한 인용은 정정당당한 토론의 기본 예의다. 상대방이 하지도 않은 말을 자기 맘대로 지어내어 덮어씌우는 것은 거짓말쟁이들이나 하는 행태다. 이 지사는 노벨경제학상을 수상한 바네르지-뒤플로 교수 부부가 기본소득을 찬성했다고 주장했다. 그러나 오늘 윤희숙 의원과 이한상 교수께서 지적했듯이, 이것 또한 잘못된 인용이자 왜곡이다. 이 지사의 잘못된 인용이 고의로 거짓말을 지어낸 것인지, 아니면 책도 안읽어본 참모들이 잘못 써준대로 한 것인지 알 수 없다.

* 윤희숙 의원 페북글:
〈이재명 지사님, 알면서 치는 사기입니까? 책은 읽어 보셨나요? 아전인수도 정도껏 하십시오〉
이재명 지사께서 자신이 주장하는 전국민기본소득을 노벨상 수상자들도 제안했다며 자랑하셨습니다. 심지어 노벨상 권위에 기대 논쟁 상대방을 깎아내리기까지 하시네요. 어처구니가 없습니다. 존경받는 개발경제학자 베너지-두플로 교수는 선진국의 기본소득에 대해 이재명 지사와 정반대 입장입니다. 이것을 뒤집어 본인 주장을 뒷받침하는 것처럼 꾸며대는 정치인을 어떻게 이해해야 할까요? 잘 번역된 저서가 서점마다 깔려 있어 금방 확인가능한 문제에 대해 이 정도 거짓을 내놓을 정도면, 확인하기 쉽지 않은 다른 문제들은 오죽 할까요.
이 지사에 따르면, 2019년 노벨상 수상자인 베너지-두플로 교수 부부가

'모든 국민들에게 연간 백만원 정도의 소액을 기본소득으로 지급하는 방안'을 제시했답니다. 저자들의 글을 직접 보시고 판단해보시기 바랍니다. 아래는 『힘든 시대를 위한 좋은 경제학』(배너지-두플로 지음, 생각의힘, 2020), pp.503~516 내용입니다. 덕분에 진지하고 따뜻한 책을 소개할 수 있어 기쁩니다.

"부유한 나라와 달리 가난한 나라는 보편기본소득이 유용할 수 있다. 개발도상국은 복잡한 프로그램을 운용할 행정역량이 부족하고 농촌기반 사회라 소득파악도 어렵기 때문이다. 인도의 경우 상위 25%를 제외한 75% 인구에게 매년 7620 루피(430달러, ppp) 정도를 지급하면 절대 빈곤 대부분을 없앨 수 있다. 기존의 주요 복지프로그램을 모두 대체해 재원을 충당하고, 상위 25%를 제외하기 위해서는 지급방식을 번거롭게 만들어 여유있는 사람이 스스로 지원금을 타가지 않도록 설계할 수 있다. 반면, (미국과 같은) 선진국은 돈이 필요해서만이 아니라, 일 자체가 목적의식, 소속감, 성취감, 존엄성, 자아계발 등 삶의 의미를 가꾸는 주축이다. 선진국 사회가 현재 당면한 가장 중요한 문제는 일자리가 사라지고 있다는 것이다. 보편기본소득으로는 이 문제를 해결할 수 없다. 일자리를 만들고 지키는 것, 근로자의 이동을 돕는 것이 핵심이다."

* 이한상 교수 페북글:
이재명 지사가 윤희숙 / 유승민 의원과 논쟁한다며 쓴 글의 제목.

 이재명
1시간 · 🌐 •••

<같은 경제학자라는데 노벨경제학상 수상자와 다선 국회의원 중 누구를 믿을까요?>

논쟁을 하기보다 노벨상이라는 권위의 우상에 복종하라는 그 싸구려 태도도, 사대주의에 쩔은 마인드도 마음에 들지 않지만 제일 한심한 것은 이재명 지사는 『Good Economics for Hard Times: Better Answers to

Our Biggest Problems (2019) by Abhijit V. Banerjee and Esther Duflo」혹은 그 번역본을 결코 스스로 읽어보고 저런 소리를 하는게 아니라는 거다. 이 책의 핵심은 실증 증거 기반 정책이 좋은 정책, 좋은 경제학이고 뇌피셜 이념 정책, 이론도 증거도 없이 미디어에 나와 마구 떠드는 정책이 나쁜 경제학, 나쁜 정책이라는 것이다. 이 책의 9장에서 저자들이 기본소득을 실험해 봐야 한다 전국민 기본소득을 말하고 있지만, 동시에 이들은 이러한 정책이 선진국보다는 저개발국가에 유효한 전략이라고 분명히 말하고 있다. 그래서 아프리카 케냐가 실험장인것이고. 마치 소득주도성장은 대한민국이 아니라 저개발국인 북한에 유효한 것이라고 지적한 서울대 김병연 교수님과 같은 맥락이다. 그런데 앞뒤 다 잘라먹고 자기 편한대로 뇌피셜 기본시리즈 광고를 위해 저자들을 엉뚱하게 인용하면서도 부끄러움을 모른다. 왜? 책을 안 읽었으니까. 이걸 물어다 준 참모니 경제학자니도 3류일게 뻔한데 저 책을 읽고 양심이 있는 제대로 된 트레이닝을 받은 경제학자는 결코 한국에서 전국민 상대로 기본소득 실험해 보자고 하지 않을 것이기 때문이다. 이재명의 기본소득은 소득주도성장 시즌2, 매운맛 최저임금 1만원일 뿐이다. 실패 100프로 헛된 국민세금 쓰는 프로젝트다. 국민들이 또 속을 것 같은가?

노벨경제학상을 받은 사람들 중에는 기본소득에 찬성하는 사람도 있고 공정소득(NIT)에 찬성하는 사람도 있다. 그리고 기본소득에 찬성하는 사람들도 그들이 말하는 기본소득이 전국민 대상이 아니라 저소득층이나 일부 국민들 대상인 경우가 많다. 그러니 이 지사께서 앞으로 토론을 하려면 뭐든지 똑바로 알고 똑바로 인용하시라. 노벨경제학상 수상자들의 말까지 왜곡해가며 나를 비난하려 애쓰는 이 지사의 모습이 안타깝다. 공정소득과 기본소득, 그리고 성장과 복지에 대하여 나는 언제 어디서든 이 지사와 끝장토론을 할 용의가 있으니 연락하시라. [2021년 6월 4일]

복지예산 200조원 쓰는 대한민국이 복지후진국?
이재명 지사의 생각이 후진적이다

어제 노벨경제학상 수상자의 말을 잘못 인용했던 이재명 지사가 오늘은 우리나라가 복지후진국이어서 기본소득이 필요하다고 한다. 누가 써준대로 페북에 올리다보니 잘못이 있었다고 솔직하게 인정하면 될 것을... 이제는 하다하다 안되니 우리나라가 복지후진국이라고 우기고 있다. 본인이 모르면 참모라도 정확한 조언을 해야 하는데, 참모들도 수준 미달인 것 같아 안쓰럽다. 복지후진국 운운하며 끝까지 우기지만 이 지사의 경제와 복지에 대한 인식은 밑바닥이 드러났다.

우리나라가 복지선진국은 아니지만, 그렇다고 복지후진국이라고 할 수는 없다. 올해 복지예산이 200조원이고 빠르게 증가하고 있다. 조세부담율도 OECD 평균에 가까이 가고 있다. 국민연금, 건강보험, 고용보험, 산재보험, 노인장기요양보험 등 사회보험에다 기초생활보장제도, 아동수당, 무상보육 같은 공적부조, 사회복지서비스를 갖추고 있는 나라를 어떻게 복지후진국이라고 할 수 있나. 미국도 못하고 있는 전국민 건강보험을 제대로 하고 있는 나라가 대한민국이다. 정말 심각한 문제는 양극화와 불평등이다. 코로나 이후 K양극화는 더 심해질 것이다.

내가 저소득층에게 보조금을 지급하는 공정소득(NIT: negative income tax)를 주장하는 이유도 불평등을 해소하는 효과가 기본소득보다 공정소득이 훨씬 크기 때문이다. 이 지사가 진정 저소득층 서민들을 위한다면 이쯤에서 기본소득 주장을 철회하고 공정소득으로 오기 바란다. 억지를 부리다가 자꾸 늪으로 빠져드는 이 지사가 안쓰럽다. 대선을 앞두고 어떤 복지제도가 과연 코로나 이후의 양극화 불평등 해소에 도움이 되는지 언제든 이 지사와의 토론을 기다린다. 참모들이 써주는 글을 올리는 게 아니라면 생방송 토론을 하자고 거듭 제안한다. 누가 대신 써준 글을 이해도 못한 채 올리고 있어 자신이 없다면 양해하겠다. [2021년 6월 5일]

공정소득에 대한
이해능력을 키우시라

공정소득이 뭔지 이재명 지사가 아직 이해를 못하는 것 같다. 공정소득은 소득이 많은 사람들에게 거둔 세금으로 저소득층, 빈곤층에게 보조금을 드리자는 것이다. 그래서 양극화, 불평등을 치유하자는 것이다. 그래서 거듭 지적하지만 이 지사의 기본소득보다 나의 공정소득이 양극화 불평등 해소에 더 도움이 되고, 더 서민을 위하고, 더 공정한 정책이라는 것이다. 이 지사는 "일하지 않은 사람에게 수백 수천만원을 주는"것이 공정소득이라고 말한다. 이것은 이 지사가 자기 마음대로 지어낸 말이다. 나는 한번도 저렇게 말한 적이 없다. "일하지 않은 사람"이라는 말이 거기서 왜 나오나. "수백, 수천만원"은 또 뭔가. 상대방이 하지도 않은 말을 지어내어 덮어씌우는 행태는 사기꾼들이나 하는 전형적인 중상모략이다. 이 지사는 '공정소득 대 기

본소득'을 이런 저급한 논쟁으로 끌고 갈 것이 아니라, 다음과 같은 본질적인 질문에 답해야 한다:

어느 정책이 더 공정하고 정의로운가?

어느 정책이 저소득층, 빈곤층 등 어려운 분들을 더 위하는 정책인가?

어느 정책이 경기진작 효과가 더 큰가?

어느 정책이 한정된 예산을 더 효율적으로 쓰는 정책인가?

이 지사가 이해능력을 키워서 이 질문들에 답을 구하면, 공정소득이 옳은 길임을 깨닫게 될 것이다. 이 지사의 주장대로 기본소득이 그렇게 좋은 정책이라면 민주당 대선주자들은 왜 모두 기본소득을 비판하는지, 이 지사는 자기 당 문제나 신경쓰기 바란다.

[2021년 6월 7일]

"전국민에게 똑같이 지급하자"는 것은 우리 사회에 아무 도움이 되지 않습니다

지난 총선을 앞두고 모든 가구에게 100만원씩 1차 재난지원금을 지급한 것은 우리 역사상 처음 있는 일이었습니다.

이것이 기본소득으로 이어졌습니다. 추경을 앞두고 청와대와 민주당은 5차 재난지원금을 또 전국민에게 지급할 거라고 합니다. 5만원이든 50만원이든, 모든 국민에게 똑같이 지급하는 것은 조금만 생각해보면 매우 불공정한 정책임을 알 수 있습니다.

2021년 ¼분기 소득분위별 소득

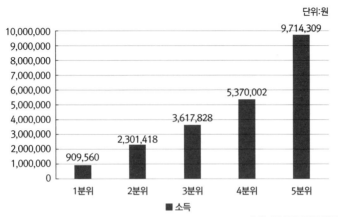

단위:원

출처 : KOSIS국가통계포털

이 그림은 올해 1/4분기 소득분포입니다. 월소득 91만원인 1분위와 971만원인 5분위에게 정부가 똑같은 돈을 지급하는 것이 왜 불평등 해소에 아무 도움이 안되는지 금방 알 수 있습니다.

그림 1. 소득분위별 가구소득 감소율[1]

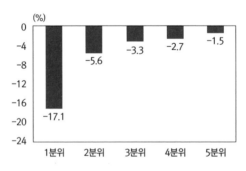

주 : 1)소득감소율은 전년동기대비 '20년 2~4분기 감소율의 분기별 평균값
자료 : 통계청 가계동향 조사

이 그림은 지난해 코로나로 한창 어려웠을 때 소득이 얼마나 줄었는지를 보여줍니다. 소득이 17.1%나 줄어든 1분위와 1.5% 줄어든 5분위에게 똑같은 돈을 지급하는 것이 왜 잘못인지를 알 수 있습니다.

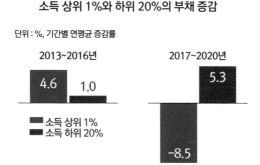

소득 상위 1%와 하위 20%의 부채 증감

단위 : %, 기간별 연평균 증감률

2013~2016년   2017~2020년

4.6   1.0   5.3   -8.5

■ 소득 상위 1%
■ 소득 하위 20%

※ 경상소득(근로소득 + 사업소득 + 재산소득 + 공적이전소득) 기준
자료 : 통계청(국가통계 마이크로데이터·국가통계포털) **The JoongAng**

이 그림에서 2017년 이후 소득 하위 20%의 부채는 늘었고 상위 1%의 부채는 줄었습니다. 현실이 이런데도 전국민에게 똑같이 지급하는게 말이 됩니까? 1차 재난지원금이나 기본소득처럼 전국민에게 똑같이 지급하는 정책은 불평등 해소에 아무 도움이 안됩니다.

문재인 정부의 전국민 재난지원금이나 이재명 지사의 기본소득은 고소득층에게는 있어도 없어도 그만인 돈이지만, 서민들과 저소득층이 다시 일어서기에는 턱없이 부족한 액수입니다

합리적으로 생각한다면 코로나로 가장 고통받는 서민들과 저소득층, 그리고 손실을 본 소상공인들에게 충분한 기회와 혜택을 집중해서 이분들이 하루빨리 일상을 회복할 수 있도록 돕는 것이 우리 사회

전체로 봤을때 이익입니다. 국민의 소중한 세금을 가치 있게, 그리고 효율적으로 사용하는 것이 정부의 책무 입니다.

제가 저소득층에게만 소득에 따라 보조금을 지급하는 공정소득을 주장하는 이유 역시 공정소득이 우리 사회의 불평등을 해소하고 공정성을 높이는 정책이기 때문입니다. [2021년 6월 13일]

4차 대확산... 고통받는 자영업자, 저소득층을 최우선적으로 지원해야 합니다

4차 대확산으로 수도권 거리두기가 12일부터 4단계로 강화됩니다. 당장 자영업자, 소상공인들은 심각한 피해가 불가피합니다. 이분들이 피해를 당하면 일자리를 잃는 실직자들도 늘어날 것입니다. 당장 정부는 33조원의 2차 추경부터 원점에서 재검토해야 합니다. 잘못된 추경을 국회가 심의할 게 아니라, 정부가 처음부터 다시 추경안을 만들어 제출해야 합니다. 소비진작용 추경은 지금 상황에서는 옳지 않습니다. 지금은 4단계 거리두기로 피해를 당하게 된 자영업자, 소상공인, 저소득 서민층을 도와드려야 합니다. 상황이 이런데 80%니, 90%니, 전국민이니를 두고 자기들끼리 논쟁을 벌이는 한심한 정부 여당을 보면 분통이 터집니다. 소득하위 80%면 월소득 878만원인데 (4인가구) 이 80%에게 1인당 25만원을 다 드리기보다는 그 예산을 정말 어려운 분들을 위해 써야 합니다. 그것이 공정이고 정의입니다. 이제 이재명 지사도 "자영업자와 소상공인의 절망이 너무 안타깝다"고 했습니다. 이렇게 말하면서도 전국민 지원금을 계속 주장하는 것은 앞뒤가 하나도 안맞는 자기모순입니다. 정부나 민주당이나 제발 상황을 직시하기 바랍니다.

그리고 문재인 대통령은 방역실패에 대해 국민들께 사과해야 합니다. 방역 긴장감을 해이하게 만든 건 정부 자신입니다. "민노총 8천명 집회는 놔두고 3인 이상 모임은 왜 막냐"는 따가운 지적에 대해서도 분명히 사과하고 추경은 전면 재검토하여 다시 편성할 것을 요구합니다. [2021년 7월 10일]

80%도 過합니다!

2차 추경에서 재난지원금을 소득하위 80%에게 지급하느냐, 전국민에게 지급하느냐를 두고 연일 논쟁 중입니다.

한 가지 정말 어이가 없는 것은 80%면 마치 적절한 수준인 것처럼 기정사실화되고 80% 이하에 대해서는 아예 거론조차 안되고 있다는 점입니다. 건강보험료를 정하는 보건복지부 고시에 따르면 소득하위 80%에 해당하는 4인 가구의 월소득은 975만원입니다.

연소득으로는 1억 1,700만원입니다. 1년 6개월 동안 코로나 위기를 겪으며 우리 공동체의 양극화 불평등은 더 심해지고 있으며 어려운 분들에게는 정부의 지원이 그나마 도움이 되고 있습니다.

그런데 연소득 1억 1,700만원의 4인 가구에 1인당 25만원을 재난 지원금으로 지급하는 것이 과연 올바르고 공정한 정책이라고 할 수 있습니까? 소상공인, 자영업자, 실업자, 저소득빈곤층... 이 분들에게 충분한 지원을 하고도 돈이 남아돌아 이런 정책을 펴는 것입니까?

정치인들이 가슴에 손을 얹고 생각해볼 문제 아닙니까?

전국민이든, 80%이든, 90%이든, 이런 식의 돈풀기를 당장 중단해야 합니다. 정부부터 80%면 아무 문제가 없다는 식으로 함부로 말하지 않아야 합니다. 그리고 여야 모두 합리와 이성을 잃은 돈풀기를 중단하고 진짜 어려운 국민들을 돕는 방법을 찾아야 합니다.

대통령, 총리, 부총리도 부디 상식과 이성을 되찾기 바랍니다.

[2021년 7월 16일]

2040 세대도 연금을 받을 수 있도록
반드시 국민연금 개혁을 단행하겠습니다

"현 연금제도는 후세대한테 계속 부담을 전가한다. 어느 시점에 미래세대의 반란이 일어날 것이다."

"인구구조가 세계에서 가장 안 좋은데 연금개혁은 가장 느리게 가고 있다."

한국연금학회의 차기 회장인 이창수 교수와 현 회장인 윤석명 박사의 말씀입니다. 국민연금은 파산이 예정되어 있습니다. 2040 세대

는 30~40년 후에 과연 국민연금을 받을 수 있을까요?

한 여론조사에 따르면 2040 세대의 국민연금에 대한 신뢰도는 20대가 10%, 30대가 15.2%, 40대가 19.6%였습니다.

젊을수록 신뢰가 바닥입니다. 불신의 가장 큰 이유는 기금 고갈로 노후에 연금을 못받을 거라는 불안감이 62.2%였습니다. 정부 발표에 따르면 국민연금은 2042년부터 매년 적자를 보기 시작해서 2057년에 기금이 완전 소진된다고 합니다. 그러나 2057년에 기금이 고갈된다는 이 전망조차 사실은 지나치게 '장밋빛'입니다.

이 전망은 합계출산율이 1.24명이라고 전제한 것인데, 이미 지난해 출산율이 0.84명으로 추락한 것만 봐도 정부 전망이 얼마나 안이한지 알 수 있습니다. 인구학자인 조영태 교수는 2051년이면 기금이 고갈될 거라고 전망합니다. 기금이 고갈되면 그 때 가서 세금으로 메우면 된다고요? 기금이 고갈되면 매년 연금만을 위해 무려 소득의 30%를 보험료로 내야 합니다. 사실상 엄청난 세금입니다. 그 세금은 누가 다 낼 수 있겠습니까?

국민연금 파산이라는 시한폭탄이 재깍재깍 다가오는 사이에 5년마다 바뀌는 정권들은 모두 나몰라라 하며 '폭탄 돌리기'만 해왔습니다. 특히 문재인 대통령은 후보 시절 "보험료 인상 없이 연금을 더 많이 받게 해주겠다"고 공약을 했습니다. 당시 TV토론에서 제가 "보험료를 올리지 않고 무슨 수로 소득대체율을 50%로 올릴 수 있느냐? 2050년대에 가면 기금이 고갈되는데 무슨 돈으로 해결하나? 보험료 올리지 않으면 결국 세금으로 메우겠다는 거냐?"고 물었더니, 문재인 후보는 "다양한 방법이 있지 않느냐. 많은 나라의 국민연금들은 국가가 직접 예산을 편성해서 하지 않느냐? 가장 근원적인 방법은 국민연금 가입자수를 늘리는 거다"라고 했습니다.

이 포퓰리즘의 결과는 어땠습니까?

대국민 사기극이었습니다. 합계출산율이 줄어드는데 무슨 수로 연금가입자를 늘릴 수 있습니까?

애시당초 불가능했습니다. 거기에다 문 대통령은 2018년에 보건복지부가 만들어온 연금 개혁안을 걷어찼습니다. "국민이 원하지 않는 연금개혁은 하지 않겠다"는 것이 이유였습니다. 나쁜 정치 때문에 개혁은 실종되었고, 시한폭탄의 초침만 끝을 향해 가고 있습니다.

이제 폭탄 돌리기를 멈춰야 합니다. 청년들의 미래를 위해 국민연금이라는 시한폭탄을 개혁해야 합니다.

30년, 40년 후에도 연금을 받을 수 있도록 개혁할테니 2040 세대에게 안심하라고 자신있게 말할 수 있어야 합니다. 이것이 이 시대 '어른들의 책무'입니다. 더 이상 2040 세대의 일방적 희생을 강요해서는 안됩니다. '세대간 약탈'을 멈추고 '세대간 공정한 부담'을 하도록 해결책을 찾아야 합니다.

제가 대통령이 되면 다음과 같은 원칙 위에 국민연금 개혁을 단행해서 2040세대가 노후에 반드시 연금을 받을 수 있도록 할 것을 약속합니다.

1. 국민연금이 고갈되어 청년들이 돈만 내고 나중에 연금을 못 받는 일이 없도록 고갈시점을 최대한 늦추기 위한 연금개혁을 단행하겠습니다.
2. 개혁 시점 이전까지 약속된 혜택은 인정하고 소급적용하지 않음으로써 연금개혁에 대한 국민의 동의를 구하고 소급적용에 따른 위헌 소지를 없애겠습니다.
3. 연금개혁 논의의 모든 과정과 내용을 국민들께 투명하게 공개하여 국민의 신뢰와 지지를 구하겠습니다.
4. 연금개혁으로 어려움을 겪을 수 있는 노인빈곤층에 대해서는 공정소득(네거티브 소득세+사회안전망)으로 국가가 이 분들의 노후를 책임지겠습니다.

저는 지난 2015년 새누리당 원내대표로서 공무원연금 개혁을 맨 앞에 서서 진두지휘하고 당시 야당인 민주당을 설득해서 결국 개혁을 해낸 경험이 있습니다.

비록 반쪽 개혁이었지만 30년간 37조원, 70년간 333조원의 국민 세금을 절약하는 개혁을 해낸 것입니다.

국민여러분, 더 이상 돈 퍼주겠다는 포퓰리즘에 선동되지 마십시오. 이번 대선에서 연금개혁을 단행할 대통령을 뽑지 않으면 지금의 청년 세대와 우리 후손들은 희망이 없습니다. 경제를, 복지를 고민해보지 않은 후보를 뽑으면 어떻게 되는지, 이미 문재인 정부가 여실히 보여줬습니다. 무조건 때려잡고야 말겠다는 아집의 결과는 미친 집값, 미친 전월세였고, 연금개혁을 외면한 결과는 연금의 고갈입니다. 어떤 미래를 선택하시겠습니까?

당장은 고통스럽더라도 우리 젊은이들의 밝은 미래를 위해 꼭 필요한 연금개혁, 유승민이 반드시 해내겠습니다.

국민 여러분, 이상과 같은 연금개혁 공약은 저로서는 깊은 번민의 결과물입니다. 남들은 다 퍼주겠다고 달콤한 말을 늘어놓을 때 대선에서 표를 받아야 할 후보가 군이 이런 인기 없는 공약을 내야 하느냐는 반대의견도 있었습니다. 바보같이 보일지 몰라도, 저는 소명으로서의 정치를 생각했습니다. 최소한 우리 청년들이 돈만 내고 나중에 연금도 못받는 일은 막아야 한다고 생각했습니다. 그렇지 않아도 집값 폭등으로 내 집 마련의 꿈을 접고 코인, 주식 투자도 해봤지만 이것마저 여의치 않은 청년들이 지금 월급에서 꼬박꼬박 내고 있는 국민연금조차 나중에 못받게 된다? 이건 정말 아니라고 생각했습니다.

그래서 저의 진심을 담아 국민연금 개혁을 약속드립니다.

흥청망청 국고를 탕진하면서 결국 미래세대의 빚만 늘리는 기본소득, 전국민 재난지원금에 제가 반대하는 것도 똑같은 이유입니다. 이번 대선에서 어떤 정부, 어떤 대통령을 선택할지는 국민 여러분께서 결정하십니다.

"나는 왜 정치를 하는가"라는 오랜 고민 끝에 연금개혁을 약속합니다. 대한민국이라는 공동체의 건강하고 희망찬 미래를 위한 개혁을 선택해주시기를 기대합니다. [2021년 7월 18일]

나쁜 포퓰리즘과의
전쟁을 시작합니다

기본소득이 "내 공약이 아니다"라고 했던 이재명 지사가 "내 공약이다"로 또 말을 바꿨습니다. 신뢰는 일관성과 정직성에서 나옵니다.

'그 때 그 때 달라요' 후보가 대통령이 되면 신뢰할 수 있겠습니까?

누구나 '공정'을 말합니다. 그러나 무엇이 공정입니까?

빈부격차, 소득격차에 관계없이 전 국민에게 똑같은 돈을 드리는 것이 과연 공정일까요? 빈부격차, 소득격차가 없고 '능력에 따라 일하고 똑같이 나눠갖는' 유토피아는 공산주의의 몽상입니다. 우리가 살아가는 현실의 세계는 사람마다 직업과 재산과 소득이 다르고 저마다 가진 능력도 다릅니다.

이런 격차 때문에 사람마다 출발선이 다르고 모두에게 똑같이 나눠주는 정책이 공정하지 못한 것입니다. 진정한 공정은 같은 출발선에 서게 해주고 기울어진 운동장을 평평하게 만들어주는 것입니다.

결과의 평등이 아니라, 기회의 평등과 조건의 평등을 보장하는 사회, 그게 공정입니다. 전 국민에게 월 8만원, 연 100만원을 지급하는 정책은 그 돈 없어도 살 수 있는 사람에게는 세금의 낭비이고, 그 돈이 절실하게 필요한 사람에게는 턱없이 부족한 지원입니다.

더구나 이 지사는 소비효과를 과장하고 지역화폐라는 비효율적 방법을 고집합니다. 탄소세를 기본소득에 쓰겠다는 발상도 황당하고, 국토보유세 신설은 문재인 정권 들어 재산세와 종부세가 엄청나게 늘었는데 또 부동산 보유세를 더 걷겠다는 것입니다.

저는 전 국민 기본소득이 아니라 어려운 분들을 돕는 공정소득을 약속드립니다. 공정소득은 최소한의 생계를 보장하고 근로를 장려하여 빈곤을 감소시키는 정책입니다. 이재명 지사가 기본소득을 고집하는 것은 결국 표 때문입니다. 전 국민에게 주면 선거의 득표에 도움이 될 거라는 유혹에 흔들리기 때문입니다. 세금을 동원한 매표행위는 정말 나쁜 포퓰리즘입니다. 저는 이재명 지사의 나쁜 포퓰리즘과 전쟁을 시작합니다. 대한민국의 건강한 미래를 위해 이번 대선에서 나쁜 포퓰리즘을 반드시 이길 것입니다. [2021년 7월 24일]

88%? '기가 막힙니다.'
복지의 원칙을 지키며 세금을 제대로 쓰겠습니다

'88% 재난지원금'에 대해 이재명 지사는 "기가 막힌다"고 했습니다. 전국민에게 지급하지 못해 기가 막힌다는 겁니다. 저는 거꾸로 기가 막힙니다.

맞벌이 4인 가구는 연소득 1억 2,436만원 이하면 1인당 25만원씩 100만원의 재난지원금을 받게 됩니다. 이렇게 2,030만 가구에게 11조원이 지급되게 됩니다. 정부가 돈을 주면 모두가 받습니다. 돈 준다는데 누가 싫다고 하겠습니까. 그렇지만 딱 거기까지일 뿐입니다. 돈을 받으면서도 의문이 듭니다. 연소득 1억 2,436만원의 4인 가구에게 국가가 왜 재난지원을 해야 하는지... 정말 타격을 입으신 분들에게 실질적으로 도움이 되도록 도와드려야 하는데... 이런 식의 재정집행은 너무 심한 거 아닙니까? 세금을 거두어 정말 필요한 곳에 알뜰하게, 제대로 써야 하지 않겠습니까?

문재인 정부 들어서 국가채무가 4년간 무려 400조원이나 늘어났습니다. 이런 식으로 빚잔치 하듯이 세금을 펑펑 쓰면 나라 곳간이 바닥나는 것은 한순간일 것입니다. "어려울 때 콩 한 쪽도 나눈다?" "송파 세 모녀나 코로나 장발장에게는 생명수가 된다?" 이재명 지사의 말입니다.

연소득 1억 2천만원 가구를 두고 송파 세 모녀, 코로나 장발장이라고 할 수 있습니까? 정말 어려운 국민들께 콩 한 쪽을 나눠드리기 위해서, 송파 세 모녀, 방배동 모자, 코로나 장발장에게 국가가 따뜻한 손길로 도움을 드리기 위해서, 이런 무분별한 '재정의 타락'을 중단해야 합니다. 따뜻한 공동체를 만들기 위해 우리는 복지국가의 기본 철학과 원칙을 지켜야 합니다. 연소득이 2,000만원도 안되는 가구와 1억 2천만원이 넘는 가구에게 똑같은 1인당 25만원을 드리는 이 정책, 너무나 잔인하고 너무나 비인간적이고 너무나 불공정한 정책입니다. 이런 식으로는 '따뜻한 공동체'를, '진정한 연대'를 실현할 수 없습니다.

제가 대통령이 되면 결코 이런 식으로 허투루 세금을 쓰지 않겠습니다. 송파 세 모녀와 방배동 모자의 비극을 막기 위해 저는 '재정의 규율'을 바로 세우고야 말겠습니다. 국가의 도움이 절실하게 필요한 국민에게 반드시, 충분하게 드리겠습니다. 진정한 복지를 위해 나랏돈을 제대로 쓰겠습니다. [2021년 7월 25일]

이재명 지사님, 공정소득과 기본소득은 '사촌'이 아니라 '남남'입니다

이재명 지사께서 기본소득에 대한 저의 비판에 대해 답을 주셨는데, 하나씩 짚어서 설명 드리겠습니다.

우선 저의 공정소득과 이 지사의 기본소득이 "유사한 정책으로서 사촌쯤 된다"고 하면서, "사촌끼리 무슨 공정, 불공정을 따지느냐"고 합니다. 공정소득은 저소득층을 대상으로 소득이 낮을수록 더 많이 지원하는 것이고, 기본소득은 전국민에게 똑같이 지급하는 것이니, '사촌'이 아니라 '남남'입니다.

'사촌끼리 왜 이러냐'는 식으로 퉁치고 지나갈 일이 아닙니다. 공정소득을 할 때 대상자를 선별하는 행정비용은 크게 걱정할 필요가 없습니다. ICT 강국인 우리나라에서는 월급 생활자들의 소득은 유리지갑이라고 할 만큼 다 드러나있고 자영업자들도 카드매출이 대부분이라 소득파악이 어렵지 않습니다. 공정소득은 국세청이 담당하게 되는데, 지금도 세금을 귀신같이 받아내는 대한민국 국세청을 과소평가하지 말기 바랍니다. 또한 공정소득은 '슬라이딩 방식'으로 하기 때문에 지금 재난지원금 지급시 88%와 88.1% 사이에서 발생하는 소위 '문턱효과'라는 갈등 문제도 없다는 장점이 있습니다.

탄소세에 대해서는 역시 이 지사님답게 또 노벨경제학상 수상자를 잘못 인용하시는군요. 이 지사는 경제학자들이 마치 탄소세를 거두어 기본소득을 지급하라고 말한 것처럼 호도하고 있습니다. 2019년의 "탄소배당에 대한 경제학자 성명"에는 "탄소세의 공정성과 정치적 생존력을 극대화하기 위해 탄소세 수입은 모든 미국인들에게 똑같은 금액으로 돌려줘야 한다"고 했습니다.

이들은 기본소득(UBI)이란 말은 아예 언급조차 하지 않고 탄소배당(carbon dividends)이란 말만 했습니다. 이 지사는 교묘하게도 탄소배당이 탄소세기본소득과 똑같은 것이라고 주장합니다.

탄소배당이란 탄소세로 에너지 가격이 올라가서 국민들에게 부담이 되니 탄소세 수입을 배당으로 돌려줘서 국민부담을 줄여주면 정치적 저항도 줄어든다는 겁니다.

탄소세로 탄소배출량이 줄어들면 탄소세 수입도 줄고 탄소배당도 줄어드니 애당초 탄소배당은 기본소득이라고 할 수 없습니다. 산유량이 감소하거나 유가가 하락하면 알래스카의 석유배당도 줄어드는데, 석유배당을 기본소득이라고 하지 않는 것과 비슷한 겁니다. 그리고 탄소세 수입의 100%를 탄소배당으로만 쓰면 안됩니다. 문재인 정부는 원전을 중단시켜 탄소배출을 늘리고 태양광, 풍력으로 국토를 망쳐 놓았습니다. 이걸 바로 잡으려면 탄소세 수입 중 상당부분은 에너지 전환을 위해 투자해야 합니다.

또 이 지사는 토지보유세를 거두어 토지배당을 주면 이것도 기본소득이라고 주장합니다. 도대체 기본소득을 위해 새로운 세금을 몇 개나 더 만들려고 하는지 묻고 싶습니다. 이 지사는 "집 없는 국민이 수십조원에 달하는 주거비 인상으로 흘릴 피눈물을 막아주는 정책" 이 토지보유세라고 합니다.

문재인 정부 들어서 부동산 세금폭탄으로 집값, 전월세를 올려놓고서는 이제 와서 또 다른 부동산 세금으로 집값을 잡겠다고 하니, 이런 거짓말로 국민을 속일 수 있다고 생각하는 후안무치가 놀랍습니다. '집 없는 국민들의 피눈물'을 걱정하시는 분이 문재인 정부가 집값 올려놓을 때 어디서 무얼 하셨습니까?

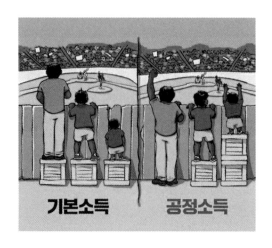

마지막으로, "빈부격차도, 소득격차도 없고, 능력에 따라 일하고 똑같이 나눠갖는 유토피아는 공산주의의 몽상"이라는 저의 지적을 색깔론이라고 반박하는데, "능력에 따라 일하고 필요에 따라 분배한다"는 말은 칼 마르크스(Karl Marx)의 말임을 상기해드립니다. 이 지사님, 이런 페이스북 토론은 좀 답답하지 않습니까? 지사님의 반박문이 누가 대신 써준 게 아니라면, 언제든 우리 둘이 만나서 '공정소득 대 기본소득 끝장토론'을 합시다.

국민들께서 누구 말이 맞는지 아셔야 할 거 아닙니까?

[2021년 7월 26일]

기본소득이 오리너구리라는 이재명 지사의 궤변... 기본소득은 죽도 밥도 아닙니다

이재명 지사께서 기본소득은 오리너구리라고 합니다.

기본소득이라는 하나의 정책으로 복지도, 성장도 동시에 해결할 수 있다는 생각으로 오리너구리라고 하는 모양입니다.

하나의 정책으로 복지와 성장이라는 두 마리 토끼를 잡을 수 있다면 얼마나 좋겠습니까? 그러나 경제라는 게 그렇게 간단하지 않습니다. 기본소득은 '세금을 거두어 국가의 도움이 꼭 필요한 어려운 시민들을 돕는다'는 복지의 철학과 원리에 위배되니 복지정책으로는 낙제점입니다. 복지를 위해서는 기본소득이 아니라 제가 공약한 공정소득을 해야만 할 이유입니다.

또 기본소득이라는 돈풀기는 '헬리콥터에서 돈을 뿌리는' 단기부양책과 똑같습니다. 돈풀기로 경제가 성장할 거라는 생각은 성장의 해법이 얼마나 어려운지 몰라서 하는 말입니다.

공부를 잘 하려면 남들보다 덜 자고 덜 놀고 열심히 공부하는 수밖에 없습니다. 몸짱이 되려면 덜 먹고 땀흘려 운동하는 수밖에 없습니다. 경제도 성장하려면 고통스러운 혁신을 통해 경쟁력을 길러야 합니다. '복지적 경제정책'이니 '오리너구리' 같은 말로 국민을 두 번 속일 수는 없습니다.

기본소득 이전에도 오리너구리가 한 마리 있었지요.

바로 문재인 대통령의 소득주도성장이 복지도 성장도 해결한다는 오리너구리였습니다. 그러나 막상 해보니 복지도 성장도 다 놓쳤습니다. 이 정권이 더 이상 소득주도성장을 말하지 않는 게 실패를 자인한 증거입니다.

죽도 밥도 아닌 기본소득으로 복지와 성장을 다 하겠다는 허황한 망상에서 깨어나길 바랍니다. [2021년 8월 2일]

기본대출... 이재명 지사의 '판타지 소설'은
끝이 어디입니까?

이재명 지사께서 기본소득, 기본주택에 이어 기본대출을 공약했습니다. 국민 누구나 1,000만원까지 저리로 10~20년의 장기간 동안 빌려준다는 겁니다. 올해 1/4분기말 가계부채는 1,765조원.

가계부채는 언제 터질지 모르는 시한폭탄입니다.

그런데 이지사의 기본대출을 5천만명 국민들 중 절반이 이용하면 250조원입니다. 이 중 일부라도 부실화되면 가계부채의 폭발성은 더 커집니다.

기본대출을 하려면 정부가 은행 등 금융기관에게 '강제'해야 합니다. 은행에게 선택할 자유를 주면 아무도 안하려고 하니까요.

기본대출이 부실화되면 대출을 받은 국민은 신용불량자가 되고, 은행은 부실을 떠안아야 합니다.

결국 은행은 국가에게 보증을 요구하고 금리차이를 보전해달라고 요구할 것입니다.

정부가 이걸 거부할 수 있을까요?

국가가 보증하고 금리 차이를 보전할 바에는 금융시장에 개입할 게 아니라 차라리 재정으로 어려운 분들을 돕는 게 낫습니다.

기본대출을 밀어붙이면 경제위기 가능성만 높이게 될 것입니다.

국제사회가 포용금융을 권고하는 것은 제도적으로 금융접근성을 개선하자는 것이지, 금융에 강제적으로 개입하고 시장기능을 억압하라는 얘기가 아닙니다. 이지사는 '판타지 소설'을 쓰기 전에 경제의 기본상식부터 깨닫기 바랍니다.

다음 공약은 '기본일자리'입니까? [2021년 8월 11일]

월급쟁이가 봉인가?

문재인 대통령이 고용보험료를 1.6%에서 1.8%로 또 올렸습니다.

연간 1.5조원을 더 걷겠다는 건데, 이건 모두 노동자와 기업들 부담입니다. 문재인 정부 들어서 고용보험은 4년 내리 적자를 기록하더니, 2017년 10조원을 넘던 적립금이 쪼그라들어 올해 4.7조원으로 줄어들 전망입니다. 공공자금관리기금에서 빌려온 빚을 빼면 이미 적립금은 마이너스 3.2조원입니다.

이렇게 된 근본적인 이유는 일자리 정부라고 해놓고는 일자리 정책에 철저하게 실패했기 때문입니다. 제대로 된 일자리는 줄었고 비정규직은 폭발적으로 늘었습니다. 문재인 정부에서는 월급노동자과 기업들만 봉입니다. 건강보험료도 올리고 고용보험료도 올리니 노동자와 기업들만 죽을 맛입니다.

생색은 문대통령이 다 내고 뒷설거지는 노동자들이 하는 겁니다.

고용보험 재정이 이 모양인데 전국민 고용보험을 하겠다고 큰소리만 치고 있습니다. 고용보험에 대한 근본적인 개혁을 해야 전국민 고용보험 시대를 열 수 있는데 보험료 인상 같은 땜질식 처방만 하고 있습니다. 국민세금을 쓰는 대통령은 한푼이라도 아껴쓸 의무가 있습니다. 그런데 문재인 대통령도, 민주당 대선주자들도 아무도 세금 아껴쓰는 데는 관심 없고, 마치 자기 돈을 선심 쓰듯이 퍼부어주겠다는 사람들뿐입니다.

선거를 하는 이유가 이런 정권 끝장내기 위해서입니다.

택배노동자, 자영업자 등 진짜 전국민 고용보험의 시대를 유승민이 열겠습니다. [2021년 9월 2일]

연금개혁, 유승민이 합니다

공무원연금, 군인연금, 사학연금의 적자를 메우기 위해 내년에 국민세금으로 8조7천억원을 넣어야 합니다.

국민연금도 20년후면 적자가 시작되고 30년후면 기금이 고갈됩니다. 문재인 정부는 연금개혁에는 손도 안댔습니다. 이대로 가면 4대 연금재정은 파탄나고 젊은이들의 미래도 파탄납니다.

유승민이 대통령이 되면 연금개혁을 단행해서 20년, 30년 후에도 연금을 받도록 하겠습니다. [2021년 9월 5일]

유승민
페이스북

3

정부는 왜 존재하는가

희망은 한 여름날 쏟아지는 태양이 아니라 시린 겨울날 문틈 사이
로 스며드는 한줄기 햇살처럼 우리에게 올겁니다.

방역도 편가르기인가?

　내일 전국민중대회와 전국노동자대회에 전국 주요 도시에서 10만 명이 모인다고 한다. 어제 코로나 신규확진은 무려 191명이었다. 광복절 집회 직전은 51명, 개천절 집회 직전은 71명이었다.

　최근 신규확진자가 계속 세 자릿수로 증가하는데, 광복절, 개천절에는 재인산성을 쌓고 집회금지명령을 내리고 참가자를 고발하던 문재인 정부가 내일 집회에 대해서는 아무 조치가 없다.

　광복절 집회 주동자는 "살인"이라고 하던 이 정권이 내일 대회를 주동하는 자들은 방치한다는 건가. 확진자 51명이던 광복절 집회 때문에 3/4분기 GDP가 0.5%p 줄었다고 청와대가 말했다.

　그런 셈법이라면 확진자가 191명인 내일 집회는 4/4분기 GDP를 2%p 갉아먹을거다. 방역에 무슨 보수, 진보가 따로 있나?

　국민을 편가르기만 하던 문재인 정권은 방역마저도 또 편가르기인가? 이런 정부를 국민이 어떻게 신뢰하겠는가? 오늘 중으로 정부는 제대로 된 조치를 취해야 한다. [2020년 11월 13일]

문재인 대통령의 백신 뒷북

어제 정부는 4,400만명 분의 코로나 백신을 확보했다고 발표했다.

어제 정부는 "이 정도 양이면 충분하고, 백신 접종은 다른 나라들보다 늦게, 여유 있게, 천천히 해도 문제없다"고 분명히 말했다. 그런데 오늘 문재인 대통령은 "백신 물량을 추가 확보하라, 접종계획을 앞당겨라"고 했다. 코로나처럼 국민 생명과 우리 경제가 걸린 중차대한 문제를 두고, 놀랍게도 대통령이 하루만에 보건복지부 장관의 말을 180도 뒤집은 것이다. 문재인 대통령은 그 동안 어디에서 무엇을 하다가 뒤늦게 나타나서, 정부 스스로의 말을 하루만에 뒤집는 것인가?

대통령은 그동안 입에 침이 마르게 K방역을 자화자찬하고 백신 확보는 손놓고 있더니, 뒤늦게 무슨 대단한 발견이라도 했다는 말인가?

어제 영국은 백신 접종을 시작하면서 'V-데이'를 선포했다. 우리 정부는 백신 접종은 빨라야 내년 3월쯤이나 시작할 수 있다고 한다. 그것도 계약이 끝난 아스트라제네카 1,000만명 분만 그렇고, 나머지 화이자, 모더나, 얀센 등 제약사의 백신들은 언제 계약하고 언제 수입해서 언제 접종이 가능할지 알 수 없다는 거다. 더구나 화이자나 모더나의 백신의 예방률이 90~95%인데 비해 우리 정부가 계약한 아스트라제네카의 예방률은 70% 정도에 불과하고 임상의 신뢰도도 불안하다. 왜 하필 이런 백신부터 계약했는지 의문이다. 영국은 백신 접종을 시작하는데, 왜 우리는 이제서야 기껏 백신 확보 계획이라는 것을 발표하나?

영국에 이어 미국, 캐나다, 일본, 뉴질랜드, 호주, 유럽연합 등은 접종을 시작할 만반의 준비를 다 해놓고 있는데, 왜 우리 정부는 접종 준비가 이렇게 늦었나?

더구나 지금 무려 35개국 이상이 자국 인구보다 더 많은 양의 백신을 확보했는데, (블룸버그 자료) 우리 정부는 인구수보다 적은 양을 두고 왜 충분하다고 강변하고 있나? 이건 매우 중요한 의문이다.

첫째, 국민의 생명과 건강이 달린 문제이고,

둘째, 백신접종 시기는 우리 경제가 언제부터 회복하느냐가 달린 문제다. 수도권에서 코로나가 빠르게 확산되고, 병상이 없어 확진자들이 자가 대기하고, 급하게 컨테이너 병상을 만들고 있는 상황이라, 백신 접종의 필요성도 그만큼 더 커진 것이다.

그동안 문재인 대통령은 입만 열면 K방역을 홍보하느라 바빴다. 심지어 3차 추경에서 K방역 홍보예산을 무려 1,200억원으로 늘렸다. K방역 홍보에 열중한 대통령은 정작 중요한 백신 확보에는 관심이 없었다. 선진국들이 백신 확보에 앞다투어 나선 지난 5월 이후 문재인 대통령은 실패한 부동산 대책, 검찰총장 내쫓기, 공수처에만 매달렸다. 뒤늦게 백신 늦장대응에 대한 비판에 직면하자 정부는 아직 계약도 끝나지 않은 것을 '확보'라고 어제 허겁지겁 발표하더니, 오늘은 대통령이 정부 스스로의 어제 발표를 뒤집는 발언을 한 것이다. 지금 우리 경제는 몇몇 수출대기업들을 제외하면 수많은 자영업자, 소상공인, 중소기업들이 이미 자진 폐업했거나 벼랑 끝에 내몰리고 있다. 이 분들이 가장 원하는 것은 엉터리 부동산대책도, 검찰총장 징계도, 공수처도 아니라, 코로나 사태를 하루 빨리 끝내달라는 거다. 그런데 코로나 종식에 가장 중요한 백신 접종을 이렇게 늦추다니... 이건 국민의 생명과 경제에 미치는 심대한 악영향을 자초한 것으로, 대통령과 이 정권의 명백한 직무유기다. 백신 접종이 늦어진다면 국민의 생명과 건강에 미치는 피해는 얼마나 큰가. 또 청와대는

8.15 집회로 GDP가 0.5%p 피해를 봤다고 했는데, 백신 접종이 3개월, 6개월, 9개월 늦어지면 도대체 GDP에 미치는 피해는 몇%p나 될까. 백신 확보가 왜 늦어졌는지, 이 사태야말로 국정조사, 감사원감사 등 모든 방법을 동원해서 진상을 규명하고 엄중한 책임을 물어야 할 것이다. 이것이 야당이 해야 할 일이다. [2020년 12월 9일]

백신은 충분하게, 다양하게, 신속하게 확보하라 그리고 국민에게 접종의 선택권을 주라

문재인 대통령은 코로나 백신을 조기에 확보하지 못한 무능과 직무유기의 죄를 저질렀다. 다른 나라 정부들은 백신을 조기 확보해놓고 곧 접종을 시작하는데, 우리는 언제 접종을 시작할지조차 불확실하다. 우리 정부가 유일하게 계약을 맺은 아스트라제네카 1,000만명분은 "2~3월부터 단계적으로 도입될 예정"이라고 하지만, 임상 3상도 끝나지 않아 올해 안에 미국 식품의약국(FDA)의 승인을 받지 못할 가능성이 높다. 우리는 우리 식품의약처가 승인하면 된다고 하지만, 과연 2~3월에 확보할 수 있을지 확실하지 않다. 정부가 선구매 약관을 맺은 것을 두고 '확보'라고 '과장광고'를 한 화이자와 모더나의 백신은 이미 다른 나라들이 계약한 엄청난 물량부터 공급해야 하기 때문에, 우리가 뒤늦게 계약을 체결한들 언제 확보할 수 있을지 깜깜한 상태다. 화이자와 모더나의 경우 빨라도 내년 하반기, 늦어지면

2022년까지 넘어갈 수도 있는 상황이다. 이러한 상황이니 내년 2~3월부터 마치 4,400만명 분을 접종하기 시작하는 것처럼 정부가 발표한 것은 국민을 속이는 거짓말이다. 왜 이렇게 되었는가?

문재인 대통령과 이 정부의 무능과 직무유기 때문이다. 다른 나라들이 5월부터 백신 확보에 나섰을 때, 우리 대통령과 보건복지부는 백신에는 관심도 없고 K방역을 홍보하는 데 바빴던 것이다. 이제 와서 뒤늦게 계약에 나서니 화이자와 모더나는 물량이 없고, 아스트라제네카는 아직 승인도 나지 않은 참담한 상황이다. 어제 코로나 확진자는 682명, 대부분 수도권이다. 그러나 서울의 중증환자 입원병상은 3개밖에 남지 않아 컨테이너 병상을 급조하는 상황이고, 인공호흡기 등 장비가 충분한지 숫자가 파악조차 안되는 위급한 상황이다. 그런데, 지금의 이 코로나 위기상황에서 대통령이란 분은 "공수처법이 통과되어 다행"이라 하고, "탄소중립 비전 선언"같은 한가한 일에 열중하고 있다. 국민들은 억장이 무너지는 장면이다. 지금 그런 얘기를 할 때인가?

국민들이 절실하게 원하는 게 뭔지 그렇게도 모른다는 말인가?

어제 대통령은 "재정적인 부담이 추가되더라도 국민의 안전과 생명을 최우선적으로 고려해 달라"고 했다. 코로나 백신은 문재인 대통령의 개인재산이 아니라 국민혈세로 도입하는 것인데, 언제부터 국가재정에 신경을 썼다고 저런 말을 할까. 더 기가 막힌 것은 자신의 무능과 잘못으로 우리 국민들이 접종을 못하게 만들어놓고서는, '국민의 생명과 안전이 최우선'이라니, 이 뻔뻔함에 치를 떨게 만든다. 문재인 대통령에게 요구한다. 지금부터는 공수처니 탄소중립이니 그런 것들은 다 치우고 백신을 최대한 빨리, 다양한 종류로, 충분히 확보해서 국민에게 보고하라. 백신조기확보계획을 다시 수립해서 국민에게 보고하고, 계획대로 하기 위해 정부는 총력을 경주해달라. 그리고 국민 한분 한분이 백신 접종을 할지, 접종을 한다면 어느 제약사의 백신을 접종할지, 선택할 수 있는 자유를 분명히 보장하라. 원하는 국민들은 화이자나 모더나의 백신을 맞을 수 있어야 한다. 임상도 끝나지 않고 면역효과도 떨어지는 아스트라제네카 한가지 뿐이니 무조건 이걸로 주사를 맞으라고 정부가 강요할 권한은 없다. 미국 FDA는 불안정해서 승인 못하고 있는 백신을 우리 식약처가 승인한다고 국민들의 불안이 없어질까?

국민의 생명과 안전이 최우선이라고 말하는 대통령이 설마 그럴 수는 없을 것이다. [2020년 12월 10일]

백신확보, '더 늦기 전에'

※ 사흘 연속 백신확보 실패에 대하여 글을 씁니다. 그만큼 이 문제가 국민 생명과 우리 경제에 미치는 피해가 심각하기 때문입니다.

청와대는 "8.15 집회가 GDP를 0.5%p 감소시켰다"고 했다. 이런 괴이한 계산은 평생 처음 들어본 거라 말문이 막혔지만, 별다른 비판도 안받고 지나갔다. 코로나는 갈수록 심각해지는데 백신확보 실패로 코로나의 끝은 언제쯤 될지 알 수 없다. 대통령의 눈에는 '터널의 끝이 보인다'는데, 병상이 없어 하염없이 집에서 기다려야 하는 국민들 눈에는 캄캄한 터널 속에서 아무 것도 안보인다. 다른 나라들은 12월에 접종을 시작하는데, 백신이 없는 우리는 내년 상반기에 시작할 수 있을지 하반기에나 시작할지, 언제쯤 접종이 끝날지... 백신이 없으니 자신있게 말할 사람은 아무도 없다. 백신확보 실패는 국민의 생명과 안전에 치명적일 뿐 아니라, 우리 경제에도 치명적이다. 2021년 경제는 '백신 디바이드(divide)'에 좌우될 것이다. 코로나 백신을 충분히 확보한 나라는 경제회복 열차를 탈 것이고, 백신 조기확보에 실패한 우리는 코로나 역에 남아야 한다

불과 반나절의 8.15 집회로 GDP가 0.5%p 내려갔다고 한다. 그렇다면 빨라도 3개월, 최악의 경우 1년쯤 접종이 늦어지면 GDP는 대체 몇 %p나 감소하겠나. 2조원으로 화이자 백신 5,000만명 분을 선구매했더라면, 최소한 수십조 원의 GDP와 수십만 개의 일자리를 기회비용으로 날리는 불상사는 막을 수 있었다. 대통령이 K방역 자랑이나 공수처 같은 정치투쟁에 골몰하느라 지불하게 된 엄청난 기회비용은 고스란히 국민의 몫이다.

경제성장도 문제지만, 더 심각한 문제는 '코로나 양극화'다. 서민들의 고용이 많은 내수서비스 업종들은 이미 코로나로 초토화되고 있다. 영세자영업자들은 "우리가 총알받이냐"라며 폭발 직전의 상황이다. 서민 가계는 이미 파산 상태인데, 문재인 정권의 무능과 직무유기로 백신확보에 실패해서 언제 코로나가 끝날지 모르게 되었다. 이 정권의 무능과 태만 때문에 애꿎은 서민들은 얼마나 더 피눈물을 흘려야 하는가. 사태를 이 지경으로 만들어놓은 문재인 대통령

은 "OECD 1등의 성장률"이니 "동학개미가 주식시장을 지켰다"느니 "K방역이 세계의 표준"이라 한다. 그런 복장 터지는 소리는 이제 제발 그만 하기 바란다. 공수처법, 검찰총장 징계에 매달리고 탄소 색깔의 흑백TV에 나와 탄소중립 비전을 홍보할 정성이 있다면, 대통령은 백신이나 빨리 확보해서 제발 우리 서민들도 이 지긋지긋한 코로나 터널의 끝을 보게 해달라. 과거 자신들이 그토록 비난하던 토건경제에 돈을 쓸 게 아니라, 코로나 양극화로 죽어가는 서민들을 위해 돈을 쓰라. 내가 늘 강조했듯이 소득 하위 50% 전 가구에게 지원금을 계단식으로 지급하는 데 이 예산을 쓰라. 다른 나라 국민들은 '백신 passport'를 갖고 세계를 휘젓고 다니는데, K방역국 국민들은 밤 9시 통행금지에, 코로나 양극화에, 코로나 블루(blue)에 살 맛을 잃는다는 게 말이 되나. 문재인 대통령이 반성할 일이다.

'내일은 늦으리'의 주제곡 '더 늦기 전에'를 들으며 대통령 머리 속에 탄소만 있고 백신은 없었던가? 그런 대통령이라면 우리 국민들만 불쌍하다. [2020년 12월 11일]

지금 가장 절실한 것은
의료진, 인공호흡기 그리고 백신이다

문재인 대통령은 어제 코로나 사태에 대해 페이스북에 국민들께 "송구한 마음, 면목 없는 심정"이라고 했다. 불과 사흘전 "터널의 끝이 보인다, K방역은 세계의 표준"이라고 했던 대통령도 뒤늦게 사태의 심각성을 깨달은 모양이다.

그러나 문재인 대통령이 정말 사과하고 해결해야 할 일은 말하지 않았다. 그건 바로 백신이다. 대통령은 "백신과 치료제가 나오기까지 마지막 고비"라고 했다. 마치 백신은 아직 안나왔다는 듯이, 마치 백신을 구하려고 최선을 다해왔다는 듯이... 정말 몰라서 이러는 건가, 아니면 잘못을 인정하는 데 인색한 건가. 백신은 이미 나와있다.

영국, 미국, 캐나다, 유럽연합, 호주, 일본 등 우리가 알 만한 나라들은 이미 화이자와 모더나의 백신을 확보해서 접종에 들어간다.

'K방역이 세계의 표준'이라고 으스대던 우리 정부만 무능, 태만과 직무유기로 백신을 못 구했을 뿐이다.

기껏 구했다는 아스트라제네카는 말썽을 일으켜 언제 접종을 시작할지 모른다. 대통령은 백신 문제를 직시하라. 국민들은 정부를 믿고 열심히 마스크 쓰고 손 씻고 경제적 고통을 인내한 죄밖에 없다.

대통령은 백신확보 실패에 대해 진심으로 사죄하라. 청와대와 정부내 책임자들을 문책하라. 그리고 백신 조기확보에 총력을 기울이라. 또 다른 절박한 문제는 의료진이다. 아무리 코로나 전담병원을 지정한들, 환자를 치료하는 건 의료진이다. 전국의 의료진들이 치료에 효과적으로 투입될 수 있도록 전폭적인 지원을 다하라. 그리고 의사국가고시를 못본 의과대학 4학년 2,749명들이 국시를 보게 하고 이들을 치료현장에 투입하라. 대통령 말대로 '방역비상상황' 아닌가.

한 명의 의사가 절박한 상황에서 의대생들과 자존심 싸움을 할 여유가 없는 위기다. 국가지도자라면 결단을 내리고 국민의 이해를 구해야 한다. 그리고 위중증 환자가 급증하면서 인공호흡기가 곧 동이 날 거라고 의료진들은 다급하게 호소하고 있다.

이런 현장의 목소리를 들어라. 인공호흡기가 설치된 음압병상을 최대한 확보하라. 인공호흡기가 없어 위급한 환자를 속수무책으로 지켜볼 수는 없다.

대통령이 지금이라도 그동안의 잘못을 참회하고 옳은 길을 간다면 이 절체절명의 위기를 극복하는 데 온 국민이 힘을 합칠 것이다.

[2020년 12월 13일]

2021년 경제정책의 핵심은 백신이다

2019년 12월 정부는 올해 우리 경제가 2.4% 성장할 것으로 전망했으나, 예상치 못했던 코로나 사태로 -1.1%를 기록할 것으로 보인다. 당초 전망보다 무려 3.5%p나 주저앉은 것이다.

오늘 문재인 대통령은 '2021년 경제정책방향'을 발표하면서 내년 성장률이 3.2%가 될 거라고 전망했다. 우리는 지난 한 해 코로나 사태로 생명을 위협받고 IMF 위기 이후 최악의 경제불황을 겪어야 했다. 우리 국민들은 하루 빨리 이 지긋지긋한 코로나 터널의 끝을 보고 싶은 간절한 희망을 갖고 있다. 그러나 코로나 터널은 백신이 있어야 끝난다. 우리는 K방역은 잘했지만 백신확보에는 실패했다. K방역은 국민과 의료진의 피땀으로 해냈지만, 백신확보는 정부가 할 일인데 문재인 정부는 무능과 직무유기로 실패하고 말았다. 내년 3.2%라는 성장 전망치는 지금의 심각한 코로나 확산과 백신확보 실패를 전혀 고려하지 못한 전망치에 불과하다.

내년 세계경제는 '백신 디바이드(divide)'가 될 것이다. 사진에서 보듯이 백신을 확보한 나라들은 코로나를 졸업해서 경제활력이 살아날 것이고, 백신확보에 실패한 나라들은 뒤쳐질 수밖에 없다. 바로 자신의 무능과 직무유기로 백신확보에 실패한 문재인 대통령은 "빠르고 강한 경제회복"을 말할 자격이 없다.

지금 이 비상위기 상황에서 국가지도자가 해야 할 일은, 자신의 백신확보 실패에 대해 국민 앞에 사죄하고, 지금부터라도 백신확보를 위해 사력을 다하겠다는 약속을 하고 행동하는 것이다. 3.2%라는 숫자는 백신 없이는 아무 의미도 없는 희망고문에 불과하다.

대통령과 이 정부가 백신만 빨리 도입하면 내년 성장률은 3.2%가 아니라 5% 이상이 될 수도 있다. 그러나 백신접종이 늦어질수록 성장률은 내려가고 수십만, 수백만 개의 일자리가 사라져 올해보다 더 극심한 고통을 겪을 수도 있다.

오늘 발표에서 또 아쉬운 점은 '코로나 양극화'와 주택문제다. 코로나 이후 우리 국민들은 과거보다 더 심한 양극화를 겪게 될 것이다. 이미 그 징후가 곳곳에서 나타나고 있다. 수출이 잘된다고 하지만 반도체 등 소수 업종을 제외하면 제조업 안에서도 양극화가 심해지고 있다. 내수서비스 시장의 양극화는 더 심해서, 수많은 자영업자, 중소기업들이 문을 닫고 최악의 고용한파가 닥쳐오고 있다. 방배동 다세대주택에서 숨진 지 반년 만에 발견된 엄마와 노숙자가 된 아들의 슬픈 사연은, 송파 세 모녀 사건후 6년이 지나도록 복지의 사각지대가 이렇게 방치되었음을 보여준다.

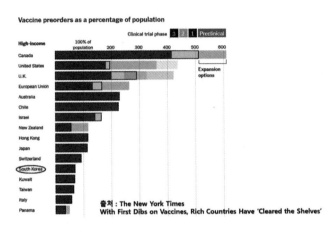

출처 : The New York Times
With First Dibs on Vaccines, Rich Countries Have 'Cleared the Shelves'

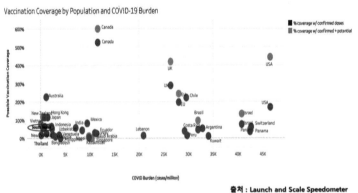

출처 : Launch and Scale Speedometer

코로나 양극화는 이보다 더한 비참한 현실로 다가오고 있다. 코로나 양극화에 대처하는 우리의 사회안전망은 코로나 이전에 비해 훨씬 더 튼튼하고 촘촘해야 한다. 정부는 당장 필요하지 않은 토건사업

등에 쓸 예산을 사회안전망에 써야만 할 상황임을 명심해야 한다. 오늘 문재인 대통령은 수도권 127만호 주택공급을 강조하면서 "매매시장과 전세시장의 안정은 속도가 생명"이라고 했다.

불과 며칠 전 "굳이 집을 소유하지 않더라도 공공임대로 주거 사다리를 만들라"고 했던 생각은 버렸는가?

공공임대는 돈이 없어 단칸방 전월세도 못구하는 저소득층, 청년층, 노인층이 인간다운 생활을 할 수 있도록 국가가 도와드리는 주거복지임을 이제 분명히 하자.

그리고 서민 중산층의 내 집 마련의 꿈을 도와드리기 위해, 사람들이 살고 싶은 곳에 살고 싶은 주택을 공급하는 정책만이 내 집 마련의 사다리를 복원하는 길임을 명심하자.

대통령이 '공급을 강조'했으니 그동안 '미친 집값' '미친 전월세'를 초래했던 실패한 정책들은 이제 다 버리고 시장친화적 공급으로 주택정책을 '대전환'할 것을 촉구한다. [2020년 12월 17일]

대통령이 결단하고 해결하라

지금 민생에서 무엇이 가장 중요한가? 코로나로부터 국민 생명을 지키는 일, 그리고 코로나를 끝장내는 일이다. 이보다 더 중요한 건 없다. 생명을 지키고 이 사태를 끝내야 경제도 살릴 수 있다.

닷새 연속 확진자가 천 명이 넘었고, 병상이 없어 기다리다 숨진 환자들이 속출하고 있다. 코로나는 어느새 우리 바로 옆, 턱밑까지 와 있다. 언제든 누구든지 걸릴 수 있는 긴박한 상황이다.

그런데 문재인 정부는 거리두기 3단계 격상을 망설이고 있다. "방역통제망과 의료시스템이 붕괴되기 전까지는 격상 없는 억제가 목표"라고 한다.

3단계 격상 때 경제에 미칠 피해를 걱정하는 마음은 충분히 알겠다. 그러나 무엇보다 국민의 생명과 안전이 최우선 아닌가?

경제적 피해를 입고 어려운 분들을 위해서는 경제적 지원책을 마련하여 그 분들의 고통을 덜어드려야 한다. 더 이상 인명피해가 커지기 전에 대통령은 결단을 내려야 한다.

"사회적 합의가 중요하다, 국민과 함께 결정한다"는 애매한 말로 책임을 회피하지 말라. 사람이 죽어가는데 국가지도자가 여론의 눈치나 살펴서야 되겠나. 결단을 내리지 못하고 주춤주춤 하다 실기하면 피해는 더 커질 것이다. 그리고 백신 확보는 대통령이 책임지고 해결하라. 코로나 종식은 백신이 전부다.

"백신은 대체 언제 맞을 수 있는 거냐?" 국민은 이렇게 묻고 있다. 8일과 18일의 정부 발표에는 백신이 언제 들어오는지, 접종은 언제 될지, 확실한 게 하나도 없었다. 국민의 불안만 커지고 정부에 대한 불신만 커지고 있다.

영국, 미국, 캐나다, 유럽 등 30여개 나라에서 백신 접종을 시작하는데, 우리 국민들은 언제 안전한 백신을 맞을 수 있을지, 기약이 없다. 문재인 정부의 무능과 직무유기 때문에 국민의 생명이 위험에 빠지고 우리 경제가 막심한 피해를 입게 된 것이다. 상황이 이런데도 대통령이 안보인다. 문재인 대통령께 요구한다. 대통령이 나서라. 3단계 격상 문제도, 백신 문제도 대통령이 국민 앞에 서서 모든 책임을 지고 해결책을 보고하라. 지금 이 문제보다 더 중요한 국정이 어디 있는가.

"내가 모든 책임을 지고 결정한다 (The buck stops here)." 해리 트루먼 미국 대통령의 좌우명이었고, 오바마 대통령도 했던 말이다. "대통령은 그 누구에게도 책임을 전가할 수 없다. 그 누구도 대통령의 결정을 대신해 줄 수는 없다. 결정은 대통령의 몫이다" 트루먼의 이임사였다. 대통령은 그런 자리다. 문재인 대통령은 3단계 격상과 백신 확보에 직을 걸고 나서서 해결하라.

K방역 같은 소리는 이제 그만 하시라.

코로나 국난을 앞장서서 극복하는 총사령관의 책임을 회피하지 마시라. [2020년 12월 20일]

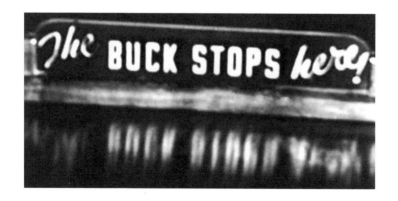

왜 알면서 거짓을 말할까?

어제 문재인 대통령은 백신에 대해 거짓을 말했다. "백신을 생산하는 나라에서 먼저 접종이 시작되는 건 불가피하다. 우리도 늦지 않게 접종할 거고, 준비를 잘 하고 있다."

이건 모두 거짓이다. 백신생산국 아닌 나라들이 접종을 시작했고, 우리는 이미 접종이 늦어졌고, 준비는 잘 안되고 있다. 이젠 국민들도 다 알고 있는데, 왜 대통령은 저런 거짓말을 태연하게 할까?

세상의 모든 정보를 가진 분이 거짓임을 몰랐을 리가 없다. 그렇다면 알면서도 일부러 거짓말을 한 것인데, 대체 왜?

이 의문은 청와대의 해명을 듣고 어느 정도 풀렸다. 청와대는 "지난 4월부터 대통령은 열세 번이나 백신과 치료제에 대해 지시해왔다"고 말했다. 대통령이 참모와 내각을 질책했다는 얘기도 있다. 대통령은 13회나 지시했는데 백신확보에 실패한 것은 전적으로 아랫사람들 책임이라는 거다. 월성 1호기는 "아직도 가동 중이냐?"는 대통령의 한마디에 관료들은 영혼을 팔았고 '신내린' 사무관은 444개의 증거자료 파일을 삭제했다가 수사를 받고 있다. 법무장관에 항명한 검찰총장은 정직 2개월의 징계를 받고 소송 중이다. 열세 번의 대통령 지시를 어긴 공무원들은 얼마나 무거운 징계를 받게 되나. 뻔히 알면서도 장차 책임지지 않기 위해 거짓말을 했다면, 그런 부끄러운 대통령을 가진 국민이 불쌍하다. 싱가폴의 리셴룽 총리의 감동적인 담화와 화이자 백신이 싱가폴 창이공항에 도착하는 사진을 보고 우

리 대통령이 더 부끄러웠다. 청와대는 "백신의 정치화를 중단하라"고
했다. 국민의 아픔을 해결하는 게 정치인데, 왜 정치를 중단하라고
하나. 코로나 시국에 전세계가 부러워하는 K방역이라며 가장 정략적
으로 이용한 것은 대통령과 청와대 아니었던가. 적반하장도 유분수
아닌가. [2020년 12월 23일]

K방역 홍보는 그만 두고,
K양극화를 해결할 때다

　문재인 정부 들어 빈곤층이 급격히 증가했다 (기초생활수급자+차상위
계층). 보건복지부 통계에 따르면, 박근혜 정부 4년 2개월 동안 빈곤층
은 198만명에서 216만명으로 18만명 늘어났는데, 문재인 정부 3년 6
개월 동안 빈곤층은 216만명에서 272만명으로 무려 56만명이나 늘어
난 것이다. 특히 코로나 사태로 서민층이 큰 고통을 받은 올해 들어서는
11월까지 빈곤층은 29만명이나 늘어났다. 박근혜 정부보다 문재인 정
부에서 빈곤층 인구가 3배나 늘어난 것은 그만큼 양극화가 더 심해졌다
는 증거다. "양극화와 불평등을 해소하겠다"던 문재인 대통령의 약속은
거짓임이 드러났다. 입만 열면 '보수는 부자들을 위한 정권'이라고 매도
했지만, 소위 '진보'정권에서 가난한 국민들이 3배나 늘어난 것이다. 코
로나 위기 때문에 앞으로 'K양극화'(K자형 양극화)는 훨씬 더 심각한 문
제가 될 것이다. 자영업자의 폐업과 저임금노동자의 실업으로 빈곤층

으로 추락하는 사람들은 더 늘어날 것이다. 이럴 때일수록 우리는 복지의 철학과 원리를 충실하게 지켜야 한다. '국민의 세금으로 국가의 도움이 꼭 필요한 어려운 이웃들을 돕는다'는 단순하고 상식적인 원칙을 지키면 된다. 오로지 표만 의식해서 전 국민에게 '보편적으로' 똑 같이 돈을 주자고 주장하는 정치인들은 그들의 주장이 얼마나 비인간적이고, 불공정하고, 정의롭지 못한 악성 포퓰리즘인지를 깨닫고 반성해야 한다. 인간의 존엄과 가치, 인간다운 생활을 할 권리...

이는 헌법 10조와 34조가 보장하는 공화주의의 가치들이다. 국민들을 비참한 가난의 질곡에 빠트린 문재인 정권은 사이비 진보정권일 뿐이다. K방역으로 더 이상 국민을 속이지 말라. K방역 홍보는 이제 그만두고, 빨리 백신을 구해서 코로나의 탈출구를 찾아야 한다. 그리고 이제는 K양극화 해소에 나서야 한다. 우리 야당이라도 복지의 철학과 원리, 그리고 공화주의의 헌법가치에 충실할 때 비로소 정권교체의 길이 열릴 것이다. [2020년 12월 28일]

새해에는 역경을 이겨내고
희망을 만듭시다

한 해가 저물어 갑니다. 지난 한 해 힘든 시간들 견디고 극복하시느라 고생 많으셨습니다. 우리 모두 잠시라도 숨을 돌리고 서로를 따뜻하게 위로하고 격려하는 새해 아침이 되면 좋겠습니다.

무엇보다 가슴 아픈 건, 코로나 때문에 소중한 생명을 잃고 지금도 많은 분들이 사투를 벌이고 있는 현실입니다.

의료진과 병상이 부족하여 소중한 생명을 지켜드리지 못하는 안타까운 상황이 이어지고 있습니다. 서울 구로구의 한 요양병원에서 탈진 상태에서도 사투를 벌이고 있는 의료진은, "일본 유람선처럼 갇혀서 죽어가고 있는 요양병원 환자들을 구출해주세요"라는 청원을 청와대 게시판에 올렸습니다.

지금 상황이 얼마나 절박한지 알 수 있었습니다.

서울 동부구치소의 집단확진 사태를 보면 정부는 인권을 지키는 기본적인 의무조차 다하지 못했습니다.

달력으로는 새해를 맞이하지만, 우리는 코로나와의 사투 속에서 2021년을 맞이합니다. 새해에는 우리 모두 힘을 합쳐 더 큰 재난을 막아내고 이 역경을 극복해야만 합니다.

정부는 백신을 책임져야 합니다. 이미 40여개 나라가 백신 접종을 시작했습니다. 정부는 빨리 충분한 물량을 확보해서 접종을 마감하는 시점을 최대한 앞당겨야 할 책임이 있습니다.

코로나는 우리 경제와 민생에도 큰 상처를 남기고 있습니다. IMF 위기 이후 22년만에 마이너스 성장을 기록할 만큼 위기 상황입니다. 새해 우리 경제는 코로나로부터 언제 탈출하느냐에 달려 있습니다. 세계 경제는 '백신 디바이드(divide)'로 양극화될 것이기 때문에, 하루라도 빨리 백신을 가져오는 것이 우리 경제를 위해서도 필수적입니다. 코로나 사태 이후의 'K양극화'(K자형 양극화)는 어쩌면 IMF 위기 때보다 더 심각한 불평등을 낳을 수도 있습니다.

서민들의 일자리나 소득과 직결된 자영업, 중소기업, 서비스업에서 폐업과 실업이 무섭게 확산되고 있습니다.

코로나 이전과는 차원이 다른 고용안전망과 사회안전망을 구축해야 합니다. K양극화가 얼마나 심할지, 얼마나 오래 갈지 불확실한 상황에서 국가의 도움이 꼭 필요한 분들을 정부는 지속적으로 보호해야 합니다.

이를 위해 정부는 시급하지 않은 지출은 최대한 아끼고 꼭 필요한 곳에 예산을 쓰는 재정원칙을 지켜야 합니다. 선거를 앞두고 걸핏하면 전 국민에게 얼마씩 지급하자는 무책임한 포퓰리즘을 물리쳐야 꼭 필요한 곳에 세금을 쓸 수 있습니다.

새해는 사실상 문재인 정부의 마지막 해입니다. 지금은 공수처가, 검찰총장 탄핵이 중요한 때가 아닙니다. 지금은 생명과 안전이, 그리고 일자리, 실업과 가난, 주택 같은 민생이 중요한 때입니다. 그리고 코로나 이후의 한국경제를 준비해야 할 때입니다.

사실상 임기의 마지막 해를 맞이하는 문재인 대통령께 간곡히 건의드립니다. 새해에는 국민생명과 민생경제에 전념해주시기 바랍니다. 역사 앞에 경건한 마음으로 지도자의 책무를 다해주시기 바랍니다. 대통령께서 바른 길로 가신다면, 국민도 야당도 힘을 합칠 것입니다. 그리하여 새해가 역경을 이겨내고 희망을 만드는 한 해가 되기를 간절히 소망합니다. [2020년 12월 30일]

정인이 비극의
재발을 막으려면

　생후 16개월 된 정인이의 죽음... 어제 〈그것이 알고 싶다〉 방송이
전한 정인이, 그 작고 여린 아이의 짧디 짧은 삶 끝의 참혹한 죽음이
너무 가슴 아프고 미안했습니다. 티없이 맑고 환하게 웃던 정인이가
어둡게 변해가던 시간들을 되돌릴 수 없음이 안타깝습니다. 부디 저
세상에서는 행복하기를 빕니다. 정인이 앞에도 수많은 정인이들이
있었습니다. 그 때마다 아동학대의 참상이 재발하지 않도록 하겠다
고 말했지만, 지금도 어린 생명이 부모의 폭력에 무방비 상태로 노출
된 현실이 부끄럽고 죄스럽습니다.

　세 번이나 신고했는데 왜 경찰은 정인이의 죽음을 막지 못했을까?
법과 제도, 감시와 대응 시스템에 어떤 문제가 있었길래 아동학대

와 비극을 막지 못했는지, 이번 만큼은 철저히 파헤쳐서 잘못된 법이든 시스템이든 관행이든 반드시 고쳐야 합니다.

다시는 정인이가 죽음으로 내몰리지 않도록 우리가 뜻을 모아야 합니다. 이런 것이 진정한 개혁입니다.

다시 한번, 정인이의 명복을 빕니다. [2021년 1월 3일]

또 자화자찬?
공감 제로 대통령

문재인 대통령은 오늘 또 "코로나 극복 모범국가... 코리아 프리미엄"을 강조했다. 지금 동부구치소라는 지옥에 갇혀있는 수용자들은 대통령의 저 말에 공감할까. 요양병원에서 코로나와 사투를 벌이는 환자들은 공감할까. 폐업, 실직, 빚더미, 파산으로 극심한 고통을 받고 있는 수많은 자영업자, 소상공인, 실업자들은 공감할까. 언제 백신접종을 할 수 있을지, 언제 마스크를 벗을 수 있을지 불안한 국민들은 공감할까. 대통령 혼자 왜 저러실까. 대통령이 진정으로 국민에게 희망을 드리고 싶다면, 우선 국민의 고통에 공감하고 문제해결의 능력을 보여주는 게 대통령이 할 일 아닌가. 대통령은 왜 그런 공감능력이 없을까. 대통령은 왜 자화자찬 아니면 책임회피 뿐일까. 대통령의 책임회피, 책임 떠넘기기도 너무 심하다. 서울 동부구치소의 집단감염 사태가 걷잡을 수 없게 되자 청와대는 이렇게 말했다: "대통령께서 최근 내부회의에서 참모들에게 동부구치소에 전수조사를 지시하는 등 여러 차례 특별점검과 문제해결을 주문했다"

"최근... 여러 차례"가 대체 언제 지시했다는 건지 알 수는 없으나, 청와대가 저런 말을 한 의도는 뻔하다. '대통령은 분명히 여러 차례 지시했는데, 지시를 받은 참모와 공무원들이 잘못한 거'라고 말하고 싶은 거 아닌가. 백신도 그랬었다. 대통령은 13번이나 지시했는데, 백신확보에 실패한 거라고... 대통령은 할 만큼 했는데, 공무원들이 지시를 따르지 않았으니, 나중에 책임은 공무원들이 지게 될 거다... 이게 청와대의 말이다. 대통령이라는 자리는 그런 말로 책임을 회피하고 떠넘기는 자리가 아니다.

"The buck stops here! (내가 모든 책임을 지고 결정한다)."

이게 대통령이라는 자리다. 노무현 전 대통령은 "어느 것 하나 대통령 책임 아닌 것이 없었다. 대통령은 그런 자리였다"고 했다. 대통령이라는 자리의 무거움을 안다면, 문재인 대통령은 국민의 고통에 공감하고 책임을 지고 문제를 해결하는 모습을 보여달라.

[2021년 1월 5일]

어젯밤 폭설에 대한 단상(斷想)

어제 저녁 16km의 퇴근길을 운전하는데 4시간 30분만에 집에 왔습니다. 오늘 뉴스를 보니 저는 그나마 괜찮은 편이었습니다. 언덕길을 피해서 가급적 평평한 길을 찾아 겨우 밤 늦게 집에 올 수 있었습니다. 바퀴가 헛돌아 비상등을 켜놓고 길가에 세워둔 차들을 많이 봤습니다.

© 연합뉴스

눈이 많이 오는 미국 위스콘신 매디슨에서 1980년대 공부할 때 겪었던 일입니다. 그 곳은 눈이 오기가 무섭게 제설차가 움직여서 밤새 염화칼슘을 뿌리고 도로의 눈을 길가로 밀어냅니다. 이웃 시카고, 밀워키도 마찬가지입니다. 미국은 인부들이 밤시간에는 일을 안하려 해서 낮시간 도로공사로 교통체증이 자주 발생하는 나라입니다. 그런데 눈 치우는 일 만큼은 예외입니다. 미국 중서부 도시들이 왜 그렇게 밤새 열심히 눈을 치우는지 미국 사람들에게 물어봤습니다. 답이 의외로 간단했습니다: "밤새 눈을 안치우는 시장은 다음 선거에서 절대 안찍어준다."

어제 오늘 눈 때문에 다들 고생 많으셨습니다. 정치도 경쟁을 해야 민생을 챙기게 되어 있습니다. 우리도 이제 선거에서 민생이 중요한 선진국형 정치를 할 때가 됐습니다. [2021년 1월 7일]

故 이재수 장군의
명복을 빕니다

어제 세월호참사 특별수사단은 기무사의 세월호 사찰 의혹에 대해 무혐의 처리했습니다. 특수단장은 "영상에 남겨진 아이들의 천진난만한 표정을 보면서 많이 힘들었다... 그러나 법률가로서, 검사로서 되지 않는 사건을 억지로 만들 수는 없다"고 했습니다.

2018년 12월 7일, 세월호 유족 사찰 혐의를 받던 故 이재수 前기무사령관은 "한 점 부끄러움이 없다"는 말을 남기고 스스로 삶을 마감했습니다. 당시 문재인 정권의 하수인으로서 소위 적폐수사를 하던 검찰은 구속 여부가 결정도 안된 상태에서 법원의 영장심사를 받기 위해 자진 출석한 이재수 장군에게 수갑을 채우고 포토라인에 세워 모욕을 줬습니다. 저는 국회 국방위원회에 8년간 있어서 군인들을 잘 아는 편입니다.

제가 아는 故 이재수 장군은 조금도 흐트러짐이 없는 강직하고 원칙에 충실한 훌륭한 군인이었습니다.

박근혜 정부때 4성 장군 진급을 앞두고 오히려 인사상 불이익을 당하기도 했습니다. 저는 그 분의 인품과 군인정신을 알기에 군인의 명예를 실추시킬 만한 어떠한 불법도 없었을 거라고 확신해왔습니다. 어제 특수단이 진실을 밝혀 뒤늦게나마 고인이 억울한 누명을 벗고 명예를 지키고 정의를 바로 세울 수 있었습니다.

그럼에도 제 마음이 너무 아픈 것은, 죽음으로 명예를 지키려 했던 이 장군이 꿋꿋하게 살아남아 오늘을 맞이했어야 한다는 회한이 짙게 남기 때문입니다.

故 이재수 장군의 명복을 빕니다. 그리고 유가족 분들에게 따뜻한 위로의 말씀을 드립니다.

2018년 7월 27일 문재인 대통령은 전군지휘관회의에서 "기무사의 세월호 유족 사찰은 있을 수 없는 구시대적이고 불법적인 일탈행위"라고 말했고 수사를 지시했습니다.

문재인 정권과 검찰이 권력의 칼을 잘못 휘두른 이 죄는 언젠가 역사의 법정에서 바로 잡아야 할 것입니다.

세월호 참사는 지금도 정말 가슴 아프지만, 정치적으로 이용해서는 절대 안될 일입니다. [2021년 1월 20일]

아스트라제네카, 대통령이 먼저 맞아야
불신 없앨 수 있다

K방역이 세계의 모범이라고 자화자찬하던 문재인 정부에서 백신 접종은 OECD 꼴찌가 되었다. 백신 접종이 꼴찌가 된 것은 백신 조기확보에 실패했기 때문이다.

문제는 또 있다.

처음 확보한 백신의 대부분이 고령층 임상실험이 안된 아스트라제네카여서 접종순서가 갑자기 바뀌었다. 26일부터 요양시설에서 아스트라제네카 접종이 시작되는데, 일부 의료진들이 접종을 거부하는 사태가 발생하고 있다. 뉴스에 나온 요양병원의 한 간호사는 접종을 강요하면 사표를 내겠다고 한다.

접종 거부는 믿지 못하겠다는 불신의 표현이다.

이 불신은 문재인 대통령과 정권 실세들이 자초한 문제다. 문재인 대통령은 1월 18일 기자회견에서 "백신 불안감이 높아지면 먼저 맞는 것도 피하지 않겠다"고 했다.

그 말을 지킬 때가 왔다.

아스트라제네카 1번 접종을 대통령부터 하시라.

대통령의 1번 접종으로 그 동안 청와대발, 민주당발 가짜뉴스로 누적된 국민의 불신을 덜어주면 좋겠다. 2번 접종은 보건복지부 장관, 식약처장, 질병청장이 솔선수범하라.

그래야만 국민들이 믿고 접종할 수 있을 것이다. [2021년 2월 19일]

며칠 전 홍원기군과 찍은 먹방 영상이 공개되어
페친 여러분께 공유합니다.

　올해 16세인 원기군은 국내 유일의 소아조로증 환자인데, 난치병과 싸우면서도 밝고 씩씩하게 활동하는 유튜버입니다. 원기군의 유튜버명은 '욘니'인데 동생인 '치애'와 같이 '욘니와치애'라는 유튜브 채널을 운영중입니다.

　오늘 공유한 먹방 영상을 재미있게 봐주시고, 응원 댓글을 남겨주시면, 원기군과 가족분들에게 큰 힘이 될 것이라 생각합니다.

[2021년 3월 27일]

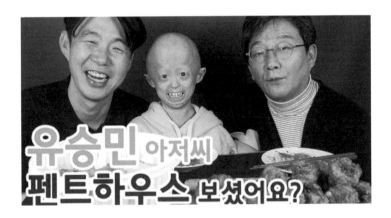

정부가 왜 존재하는가?

이재명 지사가 "경기도가 독자적으로 백신을 도입하고 접종하는 것을 검토 중"이라고 했다. 이 지사는 그동안 문재인 정권의 K방역을 찬양해왔다. 그런 이 지사가 경기도의 독자적 백신도입을 추진한다니 국민은 대체 이게 무슨 소리인지 어리둥절할 뿐이다. 이 지사의 이 한마디는 문재인 정권의 백신정책 무능과 실패를 단적으로 보여준다. 경기도라는 광역단체가 중앙정부의 도움 없이 독자적으로 백신을 도입할 수 있다면, 도대체 문재인 정부는 그동안 무엇을 했으며, 이 정부는 왜 존재하는가?

만약 이 지사가 현실적으로 불가능한 얘기를 그냥 해본 것이라면 '아니면 말고' 식의 아무말 대잔치는 국민의 지탄을 받아 마땅하다. 어느 경우든 문재인 정권의 임기말 레임덕을 보는 것 같아 씁쓸하기 짝이 없다. 여기에다 "이름을 밝힐 수 없는 국내 한 제약사가 백신을 위탁생산하는 계약체결을 진행하고 있다"는 정부의 성급하고 불투명한 발표는 오늘 종일 주식시장의 혼란을 초래했다.

문재인 정권의 무능과 무지가 국민의 생명과 민생을 위험에 빠트리고 온 나라를 혼란스럽게 만들고 있다.

문재인 대통령은 이미 국민들에게 다 들켜버린 "11월 집단면역"이란 불가능한 얘기를 앵무새처럼 반복하지 말라. 대통령은 백신확보에 총력을 다하되 국민에게 정직하게 보고하기 바란다.

[2021년 4월 15일]

세월호 참사 7주기,
추모의 마음

7년 전 세월호 참사는 사망과 실종 304명이라는 아픔을 우리 모두에게 남겼습니다. 옷깃을 여미고 희생자들의 넋을 추모합니다. 그리고 사랑하는 자식을, 가족을 가슴에 묻고 비통한 세월을 살아오신 유가족 분들께 따뜻한 위로의 손을 건네고 싶습니다.

"세월호 참사 1주기를 맞아 우리는 분열이 아니라 통합으로 가야 합니다. 온 국민이 함께 희생자를 추모하고, 생존자의 고통을 어루만져 드려야 합니다... 정치권은 세월호 참사라는 국가적 비극을 정치적으로 악용하려는 유혹에서 벗어나 통합과 치유의 길에 앞장서야 합니다."

6년 전 4월 8일 국회 대표연설에서 세월호 인양을 촉구하면서 제가 했던 말입니다. 제가 실종자 9명 한 분 한 분의 이름을 부를 때 본회의장 방청석에는 "피붙이의 시신이라도 찾아 유가족이 되는 게 소

원"이라고 하시던 실종자 가족들, 그리고 사망자 유가족들이 눈물을
흘리셨습니다. 이 분들과 함께 울고 이 분들의 눈물을 닦아 드리는
것, 그리고 다시는 이런 비극이 일어나지 않도록 하는 것, 그것이 국
가의 존재이유입니다. 온 국민의 기억과 추모 속에 304명의 넋이 평
안하길 기도합니다. [2021년 4월 16일]

모든 어린이들의
행복을 빕니다

어린이날을 맞아 모든 어린이들의 행복을 빕니다.

코로나로 바깥 활동이 자유롭지 못해도 오늘 하루만큼은 우리 어
린이들 모두가 마음껏 웃으며 즐겁고 행복한 날이기를 바랍니다.

'어린이'는 독립된 인격을 가진 사회 구성원으로 아이들을 대해야
한다는 존중의 의미로 시작된 말이라고 합니다.

때로 어른들의 잘못으로 어린이들이 겪는 불행한 일들을 접할 때마다 얼마나 가슴이 아픈지 모릅니다.

우리 '어린이'들이 더 이상 아픔과 슬픔을 겪지 않도록 더 안전하고 따뜻한 세상을 만들기 위해 힘쓰겠습니다.

날로 푸르름이 더해가는 오월의 나무들처럼, 우리 어린이들 모두 씩씩하고 밝게 커주길 소망합니다. [2021년 5월 5일]

세상의 모든 어머니, 아버지의
희생과 사랑에 감사드립니다

어버이날입니다.

코로나 때문에 요양병원에 계시는 어머니의 손도 못 잡아보고 카네이션을 유리창에 대고 있는 딸의 사진을 보고 가슴이 아팠습니다.

한강에서 아들을 잃고, 평택항에서 아들을 잃은 엄마 아빠에게 어버이날은 얼마나 찢어지는 슬픔의 시간일런지요.

말로 다할 수 없는 슬픔 속에 계실 부모님들께 위로의 말씀을 드립니다. 어버이의 희생과 사랑처럼 절대적이고 조건없는 숭고함은 이 세상에 또 없을 겁니다.

'내리사랑'이라지만, 어머니 아버지가 살아계시면 낳아주시고 길러주셔서 감사하다고, 멀리 떠나셨다면 살아 생전에 더 잘해드리지 못해 죄송하다고, 그치만 많이 사랑한다고 말씀드리는 하루가 되길 바랍니다. 세상의 모든 어머니 아버지께 진심으로 감사드리고, 사랑한다는 말씀을 드립니다. [2021년 5월 8일]

다시 일어나서는 안될 인재(人災)

광주 건물 붕괴 참사로 목숨을 잃은 아홉 분 희생자들의 명복을 빌며, 갑작스런 비보에 큰 슬픔에 빠져계실 유가족 분들께도 위로의 마음을 전합니다. 중상을 입은 피해자분들이 조속히 회복되기를 간절히 바랍니다. 어제 사고는 2021년 대한민국에서는 절대 일어나서는 안될 인재(人災)였습니다. 길을 가다가, 버스를 타고 가다가, 하루 아침에 건물이 무너져 내리는 이런 사고를 누가 상상이나 했겠습니까?

안전에 대한 기본적인 수칙이 제대로 지켜진 건지, 보호 장치는 충분히 마련이 되어있던 것인지, 철저하게 조사하고 원인을 규명해야 할 것입니다. 이번 참사는 안전에 대한 대한민국의 시계를 거꾸로 돌려버렸습니다. 안전 문제는 방심하는 순간, 너무나 많은 희생을 가져옵니다. 지자체, 시공사 등 담당자와 관련자들의 안일하고 해이한 사고에서부터 균열은 일어납니다. 정부는 어디에서부터 문제가 있었는지 철저하게, 엄정하게 조사하여 다시는 이런 참사가 발생하지 않도록 해야 합니다. [2021년 6월 10일]

김동식 구조대장님의
명복을 빕니다

쿠팡 화재현장에서 맨 앞에서 불길에 뛰어든 김동식 구조대장이 끝내 생환하지 못하셨다는 안타까운 소식입니다.

김동식 대장님,
부디 평안한 곳에서
영면하시길 기도드립니다.
국민의힘 유승민

평소에도 위험한 상황에는 앞장서서 행동으로 솔선수범하신 분으로 후배들이 존경하고 따르던 분이라, 그 슬픔과 안타까움이 더 큽니다. 국민의 생명과 안전을 지키기 위해 평생 헌신하고 희생해 오신 김동식 대장님이 저 세상에서는 부디 평안하게 영면하시길 기도합니다. 말로 다 할 수 없는 슬픔 속에 계실 유가족과 대원들께 따뜻한 위로의 마음을 전합니다. [2021년 6월 19일]

"당신이 잘되면 좋겠습니다"

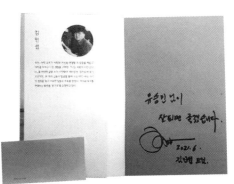

오늘 김민섭 작가와 홍대앞에서 오랜만에 밥을 먹었습니다.

김민섭 작가는 『나는 지방대 시간강사다』 『대리사회』를 쓴 작가이자, 대리운전, 김민섭씨 찾기 프로젝트를 하고, '북크루'를 운영하는 1983년생입니다. 저는 김민섭 작가로부터 SF작가 김동식을 소개받고 김동식 단편소설에 푹 빠졌던 적도 있습니다. 김민섭 작가는 오늘 발간된 따끈따끈한 책, 『당신이 잘되면 좋겠습니다』를 선물로 주었습니다. 이 책의 테마는 '선함'이라고 합니다. 아직 읽기도 전인데, 제목과 테마가 주는 '선함'이 참 좋습니다. "당신이 잘되면 좋겠습니다."
여러분께도 전하고 싶은 제 마음입니다. [2021년 6월 22일]

코로나 대확산,
민주노총에 엄격한 책임을 물어야 합니다

코로나 확산이 걱정되던 지난 토요일 민주노총은 서울 한복판에서 1만 명 집회를 강행했습니다. 그리고 사흘 뒤인 오늘 오후 6시에 확진자가 6개월 만에 1,000명을 넘었습니다.

무서운 확산세인데 충분히 확보됐다던 백신은 동이 나서 1차 접종율은 6월 하순부터 제자리 걸음입니다. 지난해 여름 집회에 참가한 시민들을 '살인자'라고 했던 청와대는 이틀간 아무 말도 없다가 '민주노총'이라는 주어는 뺀 채 "단호한 법적 조치를 취하지 않을 수 없다"는 대통령의 한마디가 나왔습니다.

민주노총 집회 참가자들에게 대통령과 청와대가 얼마나 엄격한 책임을 묻는지, 얼마나 단호한 법적 조치를 취하는지 똑똑히 지켜보겠습니다. 이 와중에 현대중공업은 파업 중이고 현대차도 파업이 임박했다고 합니다. 임금인상과 정년연장이 그들의 파업 이유라고 합니다.

지금 자영업자들은 죽을 지경이고 청년들은 일자리를 못구해 절망하고 있는데 민주노총과 대기업 노조의 끝없는 이기주의, 너무 심한 거 아닙니까. [2021년 7월 6일]

서울대 청소노동자의
명복을 빕니다

서울대 청소노동자의 사망 소식이 뒤늦게 알려졌습니다. 고인은 낮은 임금에 힘든 일을 해야 하는 '고된 노동자'였습니다. 엘리베이터도 없는 기숙사에서 매일 100L 쓰레기봉투 6~7개를 계단으로 날랐다고 합니다. 서울대에서는 지난 2019년에도 한 청소노동자가 에어컨 없는 휴게실에서 숨진 채 발견된 적이 있었습니다.

인권침해와 갑질은 없었는지 철저한 진상조사가 이루어져야 할 것입니다. 특히 불필요한 복장을 강요 당하고, 청소업무와 상관 없는 한문, 영어 시험으로 심한 모멸감과 스트레스를 받았다는 노조 측의 주장이 사실이라면, 그 횡포와 갑질에 대해 분명한 조치가 있어야 할 것입니다.

정치는 힘없는 사람을 보호하기 위해 존재합니다. 노동 현장의 인권침해를 엄단하고 잘못된 관행과 열악한 노동환경을 개선하는 데 최선을 다하겠습니다.

고인은 기숙사 학생들 또래 누군가의 엄마였습니다. 아픈 마음으로 고인의 명복을 빕니다. 부디 평안히 영면하시길 기원합니다.

깊은 슬픔 속에 계실 유가족 분들께도 따뜻한 위로의 말씀을 드립니다. [2021년 7월 8일]

4년전 포항 지진 때의
소중한 인연

2017년 포항 지진 때 흥해실내체육관으로 피신한 이재민들을 위로하러 갔을 때의 일입니다. 당시 출산예정일을 불과 일주일 앞둔 만삭의 부인과 남편의 안타까운 사연을 듣고 저와 같이 갔던 의사가 작은 도움을 드린 적이 있습니다. 그 때 무사히 태어난 네 살 아이와 언니, 엄마, 아빠를 어제 포항에서 정말 반갑게 만났습니다.

이 가족의 행복과 건강을 진심으로 빕니다. [2021년 7월 18일]

우리 선수들의 올림픽 정신을
응원합니다

도쿄올림픽에서 우리 선수들이 보여준 스포츠맨십이 감동을 주고 있습니다. 남자태권도 이대훈 선수는 동메달 결정전에서 아깝게 패했지만 상대 선수에게 엄지를 치켜세우며 승리를 축하했습니다.

여자태권도 결승에서 은메달을 차지한 이다빈 선수 역시 우승자에게 엄지손가락을 치켜들었습니다.

값진 은메달을 받은 여자펜싱 송세라 선수는 상대선수가 다리를 삐끗하자 공격을 멈추고 손 제스처를 취했습니다. 자랑스러운 대한민국 선수들이 승패를 떠나 보여준 멋진 스포츠맨십에 박수를 보냅니다. 이것이 바로 올림픽 정신이고 대한민국의 품격을 한층 더 높여주는 모습입니다. 대한민국 국가대표로서 상대선수를 배려하고 존중하는 모습은 금메달 이상의 감동이었습니다. 승리의 기쁨, 석패의 아쉬움도 모두 자랑스러운 우리 선수들, 올림픽경기 마지막까지 우리 선수들의 선전을 기원합니다. [2021년 7월 28일]

할머니와
화투 그림 맞추기하는 천사

코로나 병동에서 방호복을 입고 할머니와 화투 그림 맞추기를 해드리는 이수련 간호사님의 사진은 그냥 보는 것만으로 감동입니다.

사진 한 장 속에 사람에 대한 따뜻한 배려와 사랑이 그대로 느껴집니다. 얼마 전 선별검사소를 지키던 '간호사의 손'이 떠오릅니다.

의료인들의 노고에 존경과 감사의 마음을 전합니다. [2021년 8월 4일]

'아이 키우고 싶은 나라'를
반드시 만들겠습니다.

대한민국의 미래를 어둡게 하는 가장 큰 요인은 저출생과 저성장입니다. 그 중 저출생-고령화, 즉 인구문제는 정말 심각합니다.

여성 한 명이 낳는 아이의 평균 숫자를 '합계출산율'이라고 합니다. 이 합계출산율이 1970년에는 4.53명, 101만명의 아이가 태어났는데, 전 세계에서 가장 빠른 속도로 추락해 지난해에는 0.84명, 27만 2천명의 아이가 태어났습니다. 50년만에 1/4로 줄어든 겁니다.

세계 198개국 중 압도적인 꼴찌입니다.

이대로 가면 50년후, 100년후 대한민국이 지구상에 온전하게 남아 있을지, 정말 걱정하지 않을 수 없습니다.

크리스틴 라가르드 전 IMF총재는 우리나라의 저출생 문제를 보고 '집단자살사회(collective suicide society)'라는 섬뜩한 말을 했습니다.

젊은 사람들이 사라지고 인구가 줄어들면 어떻게 될까요?

사람이 없으면 사랑도, 행복도 없습니다.

사람이 없으면 경제도, 안보도 없습니다.

젊은이는 없고 노인만 많은 나라에서는 복지를 하고 싶어도 돈이 없습니다. 이 심각한 인구위기가 더 나빠지기 전에 국가가 모든 정책을 총동원해서 저출생 문제를 해결해야만 합니다.

그러나 저출생 문제는 정말 해결하기 어려운 문제입니다.

남녀가 만나 결혼하고 아이를 낳을 생각을 하려면 미래에 대한 희망이 있어야 합니다. 내 자식은 나보다 더 나은 세상에서 살 거라는 희망, 이 희망이 없으면 누가 결혼하고 아이를 갖겠습니까?

일자리가 있어야 합니다. 집이 있어야 합니다. 육아와 교육을 할 시간과 돈이 있어야 합니다.

제가 대통령이 되면 취임 즉시 획기적인 정책들을 총동원해서 저출생 문제를 반드시 해결하겠습니다. '아이 키우고 싶은 나라' '결혼과 출산이 부담이 아니라 축복이 되는 나라'를 반드시 만들겠습니다. 저는 세 가지 원칙 위에 저출생 대책을 추진하겠습니다.

첫째, 출산과 육아의 경제적 부담을 덜어드리겠습니다.

둘째, 엄마 아빠 모두에게 육아의 시간적 부담을 덜어드리겠습니다.

셋째, 육아에 대한 국가의 책임을 강화하겠습니다.

이 원칙 위에 다음과 같은 정책을 추진해서 '아이 키우고 싶은 나라'를 만들 것을 약속드립니다.

1. 엄마 아빠 모두 육아휴직 3년을 드리겠습니다.

우리나라 출산율은 세계 꼴찌인데 공무원이 많이 사는 세종시의 출산율은 전국 평균보다 훨씬 더 높고 OECD 평균과 비슷합니다.

민간기업 노동자의 육아휴직은 1년인데 공무원과 교사의 육아휴직은 3년입니다. 실제로 공무원과 교사의 출산율은 더 높습니다.

저출생 문제를 해결하려면 민간기업의 육아휴직부터 늘려야 합니다. 민간기업도 육아휴직을 3년까지 하고, 자녀가 18세 될 때까지 3회에 걸쳐 나눠 사용할 수 있도록 하겠습니다.

2. 육아휴직 급여를 인상하고 부모보험을 도입해서 경제적 부담을 덜어드리겠습니다.

육아휴직을 3년으로 늘려도 휴직으로 엄마 아빠의 소득이 줄어드는 문제와 기업 입장에서 부담스러운 문제가 있습니다. 이 문제를 해결해야 육아휴직 3년이 현실적으로 가능해집니다. 우선 육아휴직 급여를 인상해야 합니다. 유급휴직 1년에 무급휴직 2년이면 2, 3년차는 소득이 줄어들기 때문에 휴직을 꺼리게 됩니다. 육아휴직 급여를 인상하고 2, 3년차에도 통상임금의 일부를 받을 수 있도록 하겠습니다. 고용보험 재정의 부족한 부분은 정부예산으로 지원하겠습니다. 그리고 부모보험을 도입해서 자영업자, 비정규직 등 고용보험에 가입 못한 엄마 아빠도 출산휴가, 육아휴직을 사용할 수 있도록 하겠습니다. 기업에게는 '출산육아기 고용안정장려금과 대체인력지원금'을 충분히 지급하겠습니다. 특히 육아휴직이 더 부담스러운 소규모 사업장은 확실하고 충분한 지원이 되도록 하겠습니다.

3. 임신과 출산의 비용부담을 대폭 덜어드리겠습니다.

병원이나 의원에서 출산할 경우 입원에서 퇴원까지 본인부담금 전액을 지원하겠습니다.

난임부부의 지원대상과 범위를 대폭 확대하여 경제적 부담 때문에 출산을 포기하는 일이 없도록 하겠습니다.

4. 산모와 영아의 건강관리를 국가가 돕겠습니다.

'방문간호사 제도'를 도입해서 간호사가 출산가정을 방문해서 산모와 신생아의 건강을 챙기겠습니다.

미숙아와 선천성 이상아의 건강을 위해 의료비 지원을 확대하겠습니다. 연중 무휴 24시간 아동응급의료센터를 지역별로 운영하여 응급사태에 대비하겠습니다.

5. 부모가 안심하고 맡길 수 있도록 보육의 질을 높이겠습니다.

국공립어린이집, 직장어린이집 등을 확충하여 아동의 70%가 공공보육을 이용할 수 있도록 하겠습니다. 교사 1인당 아동수를 줄여가겠습니다. 어린이집 평가제도를 개선해서 부모가 믿고 맡길 수 있는 어린이집을 만들겠습니다.

현재 7세 미만(83개월)까지 지급하고 있는 아동수당을 18세까지 확대하겠습니다. 가정양육수당을 인상하고 긴급하게 이용할 수 있는 시간제 보육기관을 대폭 확대하도록 하겠습니다.

어린이집과 유치원 중 어디를 이용하더라도 차별 없이 행복한 보육, 교육이 될 수 있도록 '유-보통합'을 완성하겠습니다.

6. 초등학교의 돌봄 기능을 강화하겠습니다.

유치원과 초등학교 1~6학년의 정규교육 시간을 오후 4시로 단일화하겠습니다.

돌봄교실을 4시부터 오후 7시30분까지 운영해서 누구나 필요하면 이용할 수 있도록 하겠습니다.

7. 초등학교 영어, 수학은 국가가 반드시 책임져서 사교육비 부담을 덜어드리겠습니다.

초등학교 영어와 수학은 학원에 안보내도 되도록 학교가 책임지겠습니다. 초등학교 1학년부터 중학교까지 원어민 영어교사를 대폭 확충해서 방과후 수업을 하겠습니다. 수학도 사범대, 교대 학생, 기간제 교사를 투입해서 방과후 수업을 하겠습니다. 국어, 코딩, 음악, 미술, 체육 등 다양한 수업도 받을 수 있도록 하겠습니다.

코로나로 인한 학력격차를 해소하기 위해 특별 보충수업도 학교에서 이루어지도록 하겠습니다.

초등학교의 교육과 돌봄 기능을 강화해야 사교육 부담과 육아 부담을 덜어드릴 수 있습니다.

이상의 정책들을 확실하게 추진해서 적어도 경제적, 시간적 부담 때문에 아이를 갖지 못하는 일이 없도록 하겠습니다.

아이 키우고 싶은 나라, 아이들의 웃음소리, 왁자지껄 사람 소리가 가득한 대한민국을 저 유승민이 반드시 만들겠습니다.

[2021년 8월 5일]

교차접종후 사망한 경찰관,
국가가 전적으로 책임져야 합니다.

경북 구미경찰서 경찰관이 아스트라제네카와 화이자 백신을 교차 접종한 직후 사망한 안타까운 일이 있었습니다.

경찰관의 부인은 "심근염이나 심낭염이 아니어서 백신 부작용이 아닐 거 같다"는 중간통보를 방역당국으로부터 받고 억울함을 호소하고 있다고 합니다.

"나는 백신접종 못합니다. 나까지 죽으면 우리 애들 고아 됩니다"라는 부인의 비통한 말이 안타깝고 가슴에 와닿습니다.

정부는 백신 부작용으로 인한 사고에 대해서는 보상하겠다고 수차 홍보했습니다. 그런데 이제 와서 심근염, 심낭염이 아니니까 백신과 무관하다고 정부가 우긴다면 어느 국민이 정부를 믿고 백신을 맞겠습니까? 아직 의학계에서도 확실하게 규명되지 않은 백신 접종후 사망의 인과관계를 유가족들이 무슨 수로 증명할 수 있겠습니까? 이런 경우 국가는 어떻게 하는 게 옳을까요? 정부가 전적으로 보상해야 합니다.

그동안 백신 접종 사망사고에 대해서는 전적으로 정부가 보상할 거라고 말해왔으니 딴소리 하지 말고 보상해야 합니다. 그래야 국민들께서 접종을 기피하지 않고 정부를 믿고 접종에 응할 것입니다.

30대 보육교사가 화이자 2차 접종후 사망하는 사고까지 발생해서 백신의 안전성에 대한 불안감이 확산되고 있습니다.

정부는 의학적으로 확실하지 않은 근거를 갖고 책임을 회피하려해서는 안됩니다. 백신접종후 사망사고의 입증책임은 정부가 져야 합니다. 정부 자신이 사망원인이 백신이 아님을 정확하게 밝힐 수 없다면, 백신 접종 직후 발생한 사망사고에 대해서는 전적으로 정부가 책임져야 합니다. 이것이 국가가 국민에게 최소한의 의무를 다하는 것입니다. [2021년 8월 7일]

백신 부족,
국정조사를 해야 합니다.

코로나 위기가 최악으로 치닫고 있습니다.

어제 확진자 수가 2,223명, 무섭게 확산되고 있습니다. 그러나 우리의 백신접종율은 OECD 최하위, 세계 100위권입니다. 저는 그동안 정부 발표를 믿고 백신 부족 사태에 대해서는 가급적 비판을 자제해왔습니다. 그러나 문재인 대통령과 이 정부는 양치기 소년처럼 계속 거짓으로 국민을 기만해왔습니다.

대통령은 "세계가 모두 겪는 일"이라는 어이 없는 말로 국민의 화만 돋우고, 아무도 믿지 않는데 집단면역이 곧 이루어질 것처럼 허풍을 치고 있습니다. 이제는 백신 부족의 이유가 무엇인지, 누가 잘못해서 이 지경이 되었는지, 진상을 규명하고 책임을 물을 때가 왔습니다. 백신부족 사태에 대한 국정조사를 조속히 실시할 것을 강력히 요구합니다. [2021년 8월 11일]

"다른 나라들보다는 낫다?"
대통령이 할 말은 아닙니다

코로나 확진자 수가 2,223명으로 사상 최대를 기록한 날, 우리 대통령은 "다른 나라들보다는 상대적으로 낫다"고 합니다.

이건 결코 대통령이 해서는 안될 말입니다.

4단계 거리두기를 "짧고 굵게" 하겠다는 말도 거짓말이 되어 버린 지금, 대통령은 국민 앞에 방역실패, 백신실패에 대해 사과해야 하지 않습니까? 굳이 다른 나라들과 비교하자면, 백신 접종율이 세계에서 99위, 15.4%라는 창피한 팩트는 왜 언급하지 않습니까?

정책실패로 국민이 아무리 고통을 받아도 잘못을 인정하고 반성할 줄 모르는 대통령.

국민이 백신 접종 이후 갑자기 사망해도 책임지지 않겠다는 정부. 이것이 문재인 정부의 진면목입니다.

그동안 방역과 백신에 대해 가급적 정부를 믿고 기다리고 비판을 자제해왔지만, 이제는 선을 넘었습니다. 백신 확보 실패에 대한 원인과 책임을 규명하고 해결책을 찾기 위한 국정조사, 반드시 해야 합니다. 다시 한번 강력히 촉구합니다. [2021년 8월 11일]

'코로나 번아웃' 간호사를 위해
정부의 지원인력 파견을 요구합니다

코로나 확진자가 급속히 확대되면서 현장 의료진들이 탈진 상태에 빠지고 특히 간호사들이 감염되거나 번아웃으로 쓰러지는 안타까운 일들이 발생하고 있습니다. 견디다 못한 보건의료노조는 "죄송하지만 파업할 수밖에 없다"며 총파업을 예고하고 있습니다.

보건의료노조에 따르면 코로나 현장에서 사투를 벌이는 의료진들을 위해 정부는 말로만 대책을 외칠 뿐 아무런 실질적인 대책이 없었다고 합니다. 코로나 현장 의료진 확대, 간호사 지원인력 확대, 그리고 이 분들을 위한 처우개선과 노동시간 단축 등을 하루 빨리 시행해야 합니다. 총파업을 하기 전에 정부가 신속히 대책을 수립하기 바랍니다. 그동안 우리 국민들이 제일 고마웠던 분들이 바로 이 분들 아닙니까. [2021년 8월 20일]

"백신은 언제?"

1차 접종을 하고도 2차 접종은 늦어진 분들이 많습니다.

접종 간격을 10주로 해라, 12주로 해라, 교차 접종해라, 그 때 그 때 백신 수급 상황에 따라 완전 고무줄입니다.

모더나로부터 백신 2천만명 분을 도입하기로 했다고 문재인 대통령이 모더나 회장과 화상전화 연결하면서 광낼 때는 언제고, 모더나도입 물량이 반토막 나서 접종이 차질을 빚은 것에 대해선 사과 한마디 없습니다. 이 와중에 1차 백신 접종율이 50%가 넘었다고 자랑하는 걸 보고 어이가 없었습니다.

"내년도 백신 구입 예산 충분 배정하라"고 지시했다는 건 정말 웃기는 유체이탈 화법입니다.

대한민국이 돈이 없어서 백신 구입 못했나요?

지난 총선을 앞두고는 국민 혈세로 재난지원금 100% 살포 팍팍 잘 하더니 백신 확보는 왜 이 모양인가요?

미국이 유통기간 얼마 안 남은 얀센 줘서 겨우 숨돌렸고, 이스라엘에 이어 루마니아와는 유통기한 임박한 백신을 받고 나중에 우리가새 백신 확보하면 돌려주는 협상을 체결한다는 뉴스를 들으니⋯자괴감이 듭니다. 다른 나라는 백신이 남아도는데 우리 정부는 왜 백신수급에 실패한 것인지 제대로 된 설명조차 없습니다.

국정조사 꼭 해야 합니다.

문재인 정부는 사과를 할 줄 모릅니다. 사과해야 할 시점에 오히려잘했다고 자랑합니다. 국민들의 분노만 쌓여갑니다.

지도자가 무능하면 국민이 고생합니다. [2021년 8월 22일]

소년법을 폐지하고, 형사미성년자 연령을
12세로 개정하겠습니다

촉법소년에 우는 피해자들을 더이상 방치할 수 없습니다.

얼마 전 중학생에게 성폭행을 당한 딸을 둔 어머니가 청와대 청원 게시판에 글을 올렸습니다.

딸이 성폭행을 당했으나, 가해자는 촉법소년이라는 이유로 형사처벌을 받지 않는다며 억울함을 호소한 것입니다.

훔친 렌터카로 행인을 치어 숨지게 한 중학생들이 촉법소년이라는 이유로 형사처벌을 피해 국민의 공분을 산 적도 있었습니다.

아파트 옥상에서 던진 벽돌에 맞아 무고한 가정주부가 사망하였으나 가해자들의 나이가 어리다는 이유로 형사처벌을 받지 않은 사건도 있었습니다.

심지어 형사미성년자임을 악용하는 범죄마저 발생하고 있습니다. 무엇보다 '우리 아이는 촉법소년이니 처벌받지 않는다. 알아서 하라'라는 뻔뻔스러움 앞에 피해자가 피눈물을 흘리는 일도 버젓이 일어나고 있습니다. 범죄피해의 고통은 가해자의 나이가 어리다고 가벼워지지 않습니다. 촉법소년의 성폭행이나 성인의 성폭행, 모두 똑같은 흉악범죄입니다. 피해자에게 죽음과 같은 고통을 평생 남기는 것은 마찬가지입니다. 하지만 나이가 어리다는 이유만으로 촉법소년 가해자는 처벌에서 벗어나고 있습니다. 가해자에 따라 피해자가 달리 취급받는 것은 공정하지 않습니다.

이러한 부조리는 1953년 전쟁 통에 정해진 형사미성년자 연령 때문입니다. 당시 '14세 미만'으로 정한 규정은 70여 년이 지난 지금까지 요지부동입니다. 하지만 그 사이에 청소년들은 정신적, 육체적으로 성장이 빨라졌고, 청소년들의 범죄 또한 저연령화, 흉폭화되었습니다. 학교폭력도 날로 심해지고 있습니다.

70여 년 전에 만든 낡은 규정으로는 더 이상 이러한 불공정과 범죄를 막을 수 없습니다. 이제는 바른 교육과 공정한 형사법 적용이 필요합니다. 무엇보다 피해자가 가해자에게 사과를 간청하는 부조리는 사라져야 합니다. 저는 형법을 개정하여 형사미성년자 연령을 '12세 미만'으로 현실화하겠습니다. 1953년과 달리 현재는 12세 이상이면 충분히 책임능력이 있습니다. 현행 형법 제9조는 형사처벌을 받지 않는 형사미성년자의 연령을 '14세 미만'으로 규정하고 있으나 이를 '12세 미만'으로 개정하겠습니다. 특히 중학교에서 심각하게 벌어지고 있는 학교폭력에 대응하기 위해서라도 형사미성년자 연령을 12세 미만으로 조정하여야 합니다. 또한 [소년법]을 폐지하고 변화된 시대상황에 맞게 [보호소년법]을 제정하겠습니다. 보호소년법에서는 소년보호사건의 대상 연령을 8세 이상 12세 미만으로 정하고, 회복적 사법 절차를 적극적으로 도입하여 선진국형 교화절차를 실현하겠습니다.

우리 청소년들에게 공동체와 미래에 대한 책임감을 가르치는 가장 좋은 방법은 자신의 행동에 대한 책임을 지우는 것입니다.

범죄로 고통받는 피해자는 우리 사회의 가장 약한 사람들입니다.

소년법을 폐지하고 형사미성년자 연령을 현실화하여 피해자들의 고통을 반드시 덜어드리겠습니다. [2021년 8월 31일]

민주노총 택배노조의
비인간적 행위를 규탄한다

세 자녀를 둔 택배 대리점주가 함께 근무하는 택배노조 조합원들의 집단 괴롭힘에 스스로 목숨을 끊었습니다.

택배기사들의 과로 문제는 이슈화가 되어 있고, 더디지만 해결의 길을 찾아가고 있습니다. 그러나 택배노조는 택배회사와의 투쟁에서 애꿎은 대리점주를 희생양으로 삼았습니다.

저는 택배기사와 본사 사이에 분류작업 문제가, 택배 대리점과는 수수료 문제가 아직 해결되지 않고 있다는 점을 잘 알고 있습니다.

택배 노동자들이 여전히 근로에 대한 정당한 대우와 보상을 받지 못하고 있는 점은 시급히 해결되어야 할 과제입니다.

그러나 노조원과 비노조원을 차별하지 않고 성실하게 일해 온 한 가장이 온갖 욕설과 폭언, 협박을 이기지 못하고 극단의 선택을 할 수 밖에 없었던 현실은 무엇을 말해주고 있을까요.

문제의 해결방식이 정의롭지 않다면 옳은 일이 될 수 없습니다.

대리점주도 지위만 달랐지 노동자였습니다. 노동자 인권을 운운하는 단체가 인권을 파괴하고 한 개인의 인격을 짓밟는 것은 있을 수 없는 일입니다. 다시 한 번 수사당국은 철저한 수사를 통해 불법행위를 밝히고 희생되신 분과 유가족이 억울함이 없도록 해야 할 것입니다. 삼가 고인을 추모하며 유가족 분들에게도 위로의 말씀을 전합니다.

[2021년 9월 2일]

유승민
페이스북

4

대통령이라는 자리

우리나라 대통령 만이 해결할 수 있는 문제들, 그걸 제 손으로 해결해보겠다는 의지와 열정, 집념 이것은 누구보다도 강하다고 생각합니다.

공감도, 반성도 없는
대통령의 신년사

혹시 했는데 역시였다. 지금 대통령의 가장 심각한 문제는 국민의 고통스러운 삶에 대해 공감할 줄 모른다는 것이다. 지난 2년 8개월 동안 대통령 자신이 저지른 잘못에 대해 반성할 줄 모른다는 것이다. 대통령이 국민을 움직이고 국민의 에너지를 이끌어내려면 하루 하루를 어렵게 살아가는 국민의 마음부터 헤아려야 하지 않겠나? 그런 공감, 반성이 조금도 없으니, 오늘 대통령의 신년사를 읽고 감동한 국민이 과연 몇이나 되겠나?

지난해 5월 문재인 대통령이 "우리 경제는 성공으로 나아가고 있다"고 말하는 것을 보고 나는 "아, 저 분은 달나라 사람이구나"라고 생각했다. IMF 위기 때보다 먹고 살기가 더 힘들다고 많은 분들이 호소하는데, 오늘 신년사에서 우리 경제에 대해 자화자찬을 늘어놓는 것을 보니 달나라 대통령임이 분명하다.

세금을 퍼부어 만든 단기알바 일자리를 자랑스럽게 떠벌리는 모습, 수많은 복지정책을 남발하면서 국가부채, 재정적자에 대해서는 단 한마디 걱정도 안하는 모습, 부동산 정책 실패로 수많은 국민들, 젊은이들의 내 집 마련의 꿈이 물거품이 됐는데 단 한마디 죄송하다는 말도 없이 "부동산 시장의 안정에 대한 정부의 의지는 확고하다"고 우기는 모습을 보면서, "정말 보기 드물게 뻔뻔스러운 사람"이라고 했던 북한 조국평화통일위원회의 막말이 생각났다. 참으로 경악

스러운 것은 대통령 신년사에 '북핵' '미사일' '비핵화'라는 단어가 완전히 사라졌다는 점이다. "2032년 올림픽 남북 공동개최, 역도, 탁구, 씨름, 도쿄올림픽 공동 입장, 국제평화지대, 평화경제, 개성공단, 금강산관광..." 등 장미빛 이벤트만 가득한 신년사에 북핵, 미사일, 비핵화는 완전 실종된 것이다. "푼수 없는 추태"란 말까지 들어가며 북한에게 끝없이 비굴한 저자세를 보인 이유가 무엇이었나?

온갖 수모를 참았던 것은 완전한 비핵화를 통한 진정한 평화를 얻기 위함이 아니었던가? 이제 보니 처음부터 비핵화는 아예 할 생각이 없었던 대통령이었다. 오로지 국민의 눈을 또 한 번 속일 김정은의 답방만 오매불망 기다릴 뿐이었다. 북한의 핵위협에 맞서 국가안보를 지키는 대한민국 대통령의 자세가 고작 이것인가? 분노를 금할 수 없다. [2020년 1월 7일]

국회의원 16년을 마감하면서
인사를 드리려 합니다

여러분의 사랑, 평생 잊지 않겠습니다!
2005-2020년 동구을 국회의원 유승민 올림

국회의원에게 지역구는 엄한 아버지이자 따뜻한 어머니 품과 같은 곳입니다. 국회의원 16년을 마감하면서 지역구 주민들께 인사를 드리려 합니다.

대구 동구을 제 지역구는 팔공산부터 안심까지 금호강 북쪽의 산과 들입니다. 10일에는 불로시장과 방촌시장에, 11일에는 반야월시장에 가서 정든 분들을 만나려 합니다.

이별은 아니지만, 평생 잊지 못할 사랑을 주신 분들입니다.

[2020년 5월 9일]

대구경북 통합신공항 합의를
진심으로 축하드립니다!

어제 경북 군위군이 군위의성 공동후보지를 대구경북 통합신공항의 이전부지로 유치 신청하기로 대구시, 경상북도와 합의했습니다.

이로써 통합신공항의 제일 어려운 관문을 통과했습니다.

돌이켜보면 참으로 좌절과 재기의 시간들이 많았습니다. 2005년 10월 저는 비례대표를 사퇴하고 대구 동구을 재보궐선거에 출마하면서 K2이전을 제1공약으로 약속했습니다. 대구 출신 대통령들도 약속했다가 지키지 못했던 일이었습니다. 그만큼 저의 K2이전 공약은 15년 전만 하더라도 불가능이라는 냉소와 체념의 대상이었습니다. 그로부터 8년 후인 2013년 3월 5일 제가 만든 '군공항 이전 및 지원에 관한 특별법'이 국회에서 제정되었습니다. 분명한 법적 근거와 절차를 만들어야 대구, 광주, 수원 등 대도시 군공항을 옮길 수 있다고 판단했기 때문입니다.

일각의 오해와는 달리 이 특별법은 국민세금에 대한 새로운 부담 없이 기부 대 양여 방식으로, 군과 민이 상생하는 방향으로, 공항이 있던 지역과 이전하는 지역이 서로 윈윈하는 정신으로 만든 법으로서, 수많은 난관을 뚫고 오늘의 결실을 맺게 되었습니다. 우공이산(愚公移山)의 각오로, 유공이산(劉公移山)이란 말을 들어가며, 지난 15년간 수많은 분들의 도움으로 드디어 이전부지를 확정하는 단계까지 왔습니다.

대구경북의 모든 시도민들께 진심으로 축하드립니다!

통합신공항 건설이 새로운 하늘길을 열어 침체된 대구경북 경제를 살리고, 우리 군(軍)에게는 지금의 K2보다 더 첨단화된 기지를 제공하는 결실을 맺기를 기원합니다. 또한 대구경북의 통합신공항이 광주와 수원의 공항이전에 모범적인 선례가 되기를 바랍니다.

좌절과 재기의 지난 15년 동안 많은 분들이 힘을 보태주셨습니다. 대구시민들과 경북도민들께 감사드리고, 군위와 의성 군민들께 특별히 감사드립니다. 김영만 군위군수님, 김주수 의성군수님, 그리고 권영진 대구시장님, 이철우 경북도지사님, 지역의 국회의원님들께도 깊이 감사드립니다. 지난 15년간 이 일에 애정을 갖고 함께 해주신 역대 국방장관님들과 국방부 관계자들, 역대 공군참모총장님들과 공군 관계자들, 특히 K2 장병들과 가족분들께도 깊이 감사드립니다. 굳은 의지로 오늘까지 가시밭길을 헤쳐온 만큼, 더 강한 의지로 통합신공항이 완성되는 날까지 최선을 다하겠습니다. [2020년 7월 31일]

대통령의 시정연설에
없는 것들

　문재인 대통령은 오늘 555조 8천억원의 2021년도 예산안에 대한 시정연설을 했습니다. 대통령의 국회 시정연설은 국민에게 국정을 보고하고 국민의 동의를 구하는 자리입니다.

　"기적 같은 선방" 등 방역과 경제의 성공을 자화자찬하는 대통령의 연설을 들으면, 마치 우리가 아무 걱정 없는 희망찬 나라에서 행복하게 잘 살고 있다는 착각이 들 정도입니다. 연설은 처음부터 끝까지 장밋빛으로 가득 찼고, 거기에는 오늘 당장 먹고 살기 힘든 수많은 국민들의 한숨과 고통의 신음소리는 들리지 않았습니다. 정권의 핵심부가 범죄집단이 되어가는 불법, 부패 사건들이 연달아 터졌는데도 자성의 목소리는 한마디도 없었습니다. 민주화 운동을 했다는 자들이 군사독재때보다 더 민주주의를 짓밟고 있는데 대한 부끄러운 자책의 목소리도 한마디 없었습니다. 비핵화는 실종되고 북한에 굴종하는 가짜평화로 3년반 동안 국민을 속인 데 대한 지도자의 반성은 없었습니다. 경제는 모든 게 국민의 혈세와 국채로 빚을 내어 더 펑펑 쓰겠다는 얘기밖에 없었습니다. 한마디로 돈을 푸는 단기부양책 이외의 경제정책은 눈을 씻고 찾아봐도 없었습니다. 모든 게 여기에 몇조원, 저기에 몇십조원 쓰겠다는 얘기뿐이었습니다. 그 중심에는 160조원의 한국형 뉴딜이 있는데, 한국형 뉴딜이 뭘 하는건지 그 내용을 아는 사람은 이 정부에 아무도 없다는 게 지난 국정감사에서 드러났습니다. 나라살림을 거덜내려고 작정한 게 분명합니다.

　노동개혁, 규제개혁, 교육개혁은 아예 단어조차 흔적도 없이 사라졌습니다. "재정건전성을 고려한다"는 말 뿐이지, 재정적자, 국가채무, 가계부채라는 단어도 흔적이 없습니다. 555조 8천억을 쓰는데 앞으로 얼마나 더 빚더미에 올라앉게 되는지 국민께 보고조차 안합니다. 우리 보통 사람들도 이런 식으로 가계부를 쓰지는 않습니다.

　"임대차 3법을 조기 안착시키겠다"는 말을 들었을 때, 많은 국민들은 이 지독한 오만, 무능, 독선에 숨이 턱 막혔을 겁니다. 7월 민주당이 혼자 통과시킨 임대차법들은 이번 국회에서 원점에서 재검토해도 시원찮을 판에 국민을 상대로 오기를 부리는겁니다. 집없는 서민들은 전월세 대란으로 극심한 고통을 받고 있고, 집있는 사람들은 재산세, 종부세, 양도세 때문에 세금걱정만 하는 현실을 대통령은 조금도 알려고 하지 않습니다. 집값은 계속 오르고 전월세 시장에 난리가 나도 청와대 사람들은 딴 세상에 살고있나 봅니다.

　오늘 우리는 국민과의 공감능력이 사라져버린 대통령을 봤습니다. 이 나라의 밝은 미래, 더 나은 세상을 만들기 위한 개혁은 포기하고, 이 정권은 악성 포퓰리즘의 길로 이미 들어섰습니다. 나라를 망치는 포퓰리즘, 권력의 위선과 무능에 누군가가 맞서 싸우고 국민들을 옳은 길로 인도해야 합니다. 정치를 하는 이유가 여기에 있습니다. 악성 포퓰리즘을 몰아내고 이 나라가 올바른 길로 가도록 우리 함께 힘을 모아야 합니다. [2020년 10월 28일]

여성가족부를 폐지하라

　어제 국회 예결위에서 여성가족부 장관이 서울·부산시장 재보궐선거에 대해 "국민 전체가 성인지에 대한 집단학습을 하는 기회"라고 했다. 여성가족부 장관으로서 최소한의 의식도, 양심도, 자격도 없음을 스스로 보여줬다. 박원순, 오거돈이 저지른 권력형 성범죄의 피해자들은 지금 이 순간에도 극심한 고통을 받고 있는데, 여성부 장관이라는 공직자가 저런 막말을 해도 장관 자리에 버젓이 버티고 있는 게 문재인 정권의 본질이다. 오거돈 성범죄의 피해자는 "그럼 나는 학습교재냐? 내가 어떻게 사는지 티끌만한 관심이라도 있다면 저 따위 말은 절대 못한다. 저 소리 듣고 오늘 또 무너졌다. 역겨워서 먹은 음식 다 토하기까지 했다. 내 앞에서도 저렇게 말할 수 있을지 궁금하다"고 절규했다. 피해자의 목소리는 우리를 너무 가슴 아프게, 분노하게 한다. 이렇게 반여성적인 여성가족부라면 필요 없다. 나는 2017년 대선 때 여성가족부 폐지를 약속했다. 여성의 건강, 복지, 자녀보육, 교육은 보건복지부와 교육부가 제대로 챙겨야 한다. 여성의 일과 가정의 양립, 직장에서의 차별 금지, 육아휴직은 고용노동부가 제대로 챙겨야 한다. 여성의 인권은 법무부가 제대로 챙겨야 한다. 범국가 차원의 저출산 대책, 성인지 예산은 대통령이 기획재정부, 관련부처들과 챙겨야 한다. 여성의 인권과 사회참여, 경제활동이 보장된 국가들도 여성부를 따로 두지 않는다. 모든 국가정책에는 인구의 절반인 여성이 해당되지 않는 곳이 없는데, 여성가족부를 따로 두는 것은 오히려 제대로 된 여성정책을 방해할 뿐이다. 이번 일은 여성가족부

장관의 사퇴로 끝날 문제가 아니다. 여성을 내세워 1조2천억원의 예산을 쓰면서, 여성을 위해 제대로 하는 일은 없이 '성인지 학습 기회'라는 막말만 하는 여성가족부. 장관 사퇴가 아니라 여성가족부 해체가 정답이다. 각 부처에 여성정책을 담당하는 국을 만들고 기재부 예산실에 여성예산국을 만드는 것이 훨씬 더 여성정책을 제대로 하는 길이다.

[2020년 11월 6일]

대통령의
결자해지(結者解之)

　문재인 대통령에게 선택의 순간이 왔다. 법무장관이 검찰총장을 내쫓았으나 법원이 이를 뒤집었다. 제왕적 대통령도 법원의 결정 앞에서는 어쩔 도리가 없다. 대통령은 곤혹스러울 것이다. 장관 뒤에 숨어서 총장을 제거하려던 계획은 수포로 돌아갔다. 허수아비 차관을 내세워 징계위가 총장을 해임한들 그게 과연 통하겠나. 결코 국민이 받아들이지 않을 것이다. 이미 많이 늦었지만, 이제는 대통령이 마지막 선택을 해야 한다. 장관이냐, 총장이냐?

　선택은 둘 중 하나 뿐이다. 둘 다 대통령 본인이 임명한 사람들 아닌가. 이 혼란을 끝내기 위해 대통령이 결자해지 해야 한다. 문재인 대통령에게 진심을 담아 권한다. 장관을 해임하고 총장의 임기를 보장하라. 정의를 세우고 법치를 지키는 길은 이 길 뿐이다. 당장은 정권이 곤혹스럽더라도, 총장이 살아있는 권력의 비리를 수사하더라도, 이 길밖에 없다. 오직 법대로, 원칙대로 하는 것만이 유일한 해결책이다. 대통령은 결심하고 국민께 보고하라.

　행여 총장을 해임하고 장관을 유임한다면 국민이 들고 일어날 것이다. 장관과 총장, 둘 다 해임한다면 그건 옳고 그름도 없는 꼼수에 불과하다. 임기를 보장하지 않고 총장을 해임한다면, 그 정치적 책임은 두고두고 대통령과 이 정권이 져야 할 것이다. 사즉생. 죽는 게 사는 길이다. [2020년 12월 2일]

탄핵의 강을 건너
정권교체로 나아가자

　4년전 12월 9일, 국회는 대통령 탄핵소추를 의결했다. 탄핵을 둘러싸고 보수는 지난 4년간 극심한 분열을 겪어왔다. 그 분열의 결과는 선거에서의 참담한 연패였다. 그러나 아직도 탄핵의 강을 건너지 못하고 있다. 탄핵 때문에 보수가 분열하면 과연 누가 좋아할까?

　나라를 이 모양으로 만들어놓고도 정권연장을 자신하는 문재인 정권과 민주당이다. 그들이 다음 선거에서도 이길 거라고 큰소리 치는 것은, 보수가 탄핵으로 또 분열할 거라고 믿기 때문이다. 한국의 보수는 정녕 정권교체를 원하는가?

　진정 집권의지가 있다면 이제 탄핵을 넘어서자. 4년전 탄핵에 찬성했든 반대했든, 모두 괴로운 선택을 했었다. 4년이 지나고서도 서로의 양심과 소신을 비난하면 싸움과 분열은 끝이 없을 것이다. 이제는 서로의 입장을 이해하고 화해할 때가 되지 않았나.

지난 2월, 나는 "탄핵의 강을 건너자, 개혁보수로 나아가자"를 요구하며 보수통합과 총선 불출마를 결심했다. 다시 한번 호소한다. 탄핵의 강을 건너자. 2016년 이후 우리 당을 떠났던 국민들의 마음부터 되찾아오자. 또다시 탄핵을 두고 분열을 조장한다면, 이는 문재인 정권의 집권 연장을 돕게 될 뿐이다. 진정 정권교체를 원한다면, 문재인 정권의 불법을 단죄하고 싶다면, 이제 탄핵은 역사의 평가에 맡기고 우리는 하나가 되어야 한다.

하나가 되어 문재인 정권의 폭정에 절망한 국민들께 희망을 드리자. 경제를 살리고 안보를 지키는 유능함을 보여주자. 저성장, 저출산, 양극화라는 시대의 문제를 해결해낼 해법을 제시하자. 일자리, 부동산, 교육 문제로 견디기 힘든 국민들께 우리의 대안을 드리자. 과거를 떨치고 일어나 위기에 처한 민주공화국의 미래를 책임질 건강한 정치세력으로 거듭나야 하지 않겠는가.

[2020년 12월 8일]

'공수'래 '공수'거

　문재인 대통령은 오늘 "공수처가 있었다면 박근혜 정부의 국정농단은 없었을 것," "과거 야당 인사들도 공수처를 주장," "공수처는 정치적 중립이 생명"이라 했다. 당초 야당이 비토권을 행사하는 공수처장은 임명하지 못하도록 하겠다더니, 처음의 안은 온데간데 없고 권력의 입맛대로 하는 황당한 공수처법이 되었다. 정치적 중립이 생명이라면서, 법을 시행해보기도 전에 야당의 비토권을 없애버리고 대통령 마음대로 하도록 만들었나?

　과거 어느 야당 정치인이 대통령 마음대로 주무르는 공수처를 주장했다는 말인가? 지난 정부에 그런 공수처가 있었다면, 검찰은 국정농단 수사를 시작조차 못하지 않았을까?

　대통령의 오늘 발언은 유체이탈 수준을 넘어섰다. 대통령은 지금 자신이 무슨 말을 하는지조차 모르는 경지에 들어섰다. 문 대통령이 임명할 공수처장이 어떻게 할지는 뻔하다. 말 안듣는 검사, 판사, 정치인부터 내사할 거다. 울산시장 선거부정 의혹, 월성 1호기 경제성 조작 의혹, 옵티머스·라임 부패 의혹 등 이 정권의 아킬레스건은 무슨 핑계를 대서라도 공수처가 빼앗아 와서 증거를 은폐하고 면죄부를 줄 거다. 결국 정권이 교체되면 공수처장부터 바꿔서 이 사건들은 모두 재수사하게 될 거다. 문재인 대통령은 무슨 수를 써서라도 정권 연장을 해서 자신들의 불법을 계속 덮으려 할 거다. 야당이 결사적으로 정권교체를 해야 할 이유가 한가지 더 늘었다. 반드시 정권교체를 해서 저런 공수처를 만든 것을 뼈저리게 후회하도록 해야 한다. '공수'래 '공수'거. 공수처로 왔다가 공수처로 갈거다. [2020년 12월 15일]

文 대통령의
선택적 '인권' 의식

문재인 대통령과 고 박원순 시장 같은 분들은 소위 '인권변호사' 출신이다. 인권변호사 문재인의 인권에 대해 내가 첫 의문을 가졌던 것은 2007년이었다. 유엔의 북한인권결의안에 노무현 정부가 기권했을 때, 문재인 비서실장이 기권을 주장했다는 얘기가 돌았고, 당시 외교부장관도 훗날 비슷한 주장을 했다. 대한민국 국민의 인권과 북한 주민의 인권에 왜 다른 잣대가 적용되는지 나는 지금까지도 이해할 수 없다. 두번째 의문은, 문재인 대통령이 세월호와 천안함의 희생자들을 180도 다르게 대하는 태도였다. 세월호 희생자들에게는 "고맙다"고 하면서, 천안함 희생장병들에 대해서는 '북한의 폭침'을 인정하는 데에만 5년이 걸렸고 추모식 참석에도 매우 인색했다. 최근에는 박원순, 오거돈 전 시장의 권력형 성범죄 의혹에 대해서도 끝까지 침묵으로 일관했다. 지금 구치소와 요양병원에서 사람들이 죽음에 내몰리고 있는데, 문 대통령은 이들의 인권과 생명에 대해 대체 어떤 생각을 갖고 있나? 죄를 지어 구치소에 갇혔지만, 코로나 감염이라는 형벌까지 더 받아야 하는 건 아니다. 늙고 병들어 요양병원에

갔지만, 코로나 때문에 사랑하는 가족도 못본 채 일찍 세상을 떠나야 하는 건 아니다. 구치소와 요양병원에서 생명과 인권에 대한 심각한 침해가 일어나고 있는데, 문재인 정부가 코호트 격리만 고집하고 이들의 생명과 안전을 방치한 것은, "구명조끼를 입고 기다려라"고 말한 세월호 선장과 무엇이 다른가. 구치소와 요양병원에서 국민의 생명과 인권을 위험에 빠트린 정부의 책임은 반드시 규명되어야 한다. 그리고 지금이라도 이들의 생명을 구하고 이런 일이 재발하지 않도록 대통령은 최선의 노력을 다해야 할 것이다. 인권과 생명의 가치는 사람에 따라, 진영에 따라 다른 선택적 가치가 아니다. 그건 보편타당한 인간의 존엄과 가치다. [2021년 1월 2일]

대통령 신년사에
희망이 안보이는 이유

　문재인 대통령이 '회복, 포용, 도약'의 신년사를 발표했다. 대통령 말씀대로 새해가 회복하고 포용하고 도약하는 한 해가 되길 진심으로 바란다. 그러나 대통령 신년사는 국민들이 이 절망적인 위기를 끝내고 새 희망을 찾기에는 크게 부족했다. 무엇보다 지금 국민들이 가장 고통받는 문제들에 대한 분명한 해결책이 없었다. 주택문제부터 그랬다. 온갖 미사여구로 장식된 긴 신년사에 부동산 문제 관련은 딱 세 문장이었다. "송구한 마음"이란 말과 함께, "주거 안정을 위해 대책을 마련하겠다, 주택공급 방안을 신속히 마련하겠다"... 이게 전부였다. 집값과 전월세가 '미친 듯이' 올라 중산층 서민 대다수가 이 정부를 원망하는 가장 큰 이슈가 바로 주택문제인데, 대통령의 저 세마디에 주택문제가 과연 해결될 거라는 희망을 가질까. 잘못된 임대차법들을 당장 고치겠다, 잘못된 세금을 고치겠다, 재건축 재개발 규제를 풀겠다 등 시장이 원하는 이야기는 없었다. 기껏 공급을 확대하겠다는데, 공급확대는 3년반 전 취임때 시작했어야 할 정책이다. 임기가 1년밖에 안남은 대통령이 이제 와서 최소한 몇 년 걸리는 공급을 확대하겠다니, 시장의 반응은 차가울 수밖에 없다. 대통령은 주택문제의 심각성을 제대로 알고 본인의 임기내에 할 수 있고 해야 할 정책을 내놓아야 한다. 올해 경제는 백신이 좌우할 것이다. 전 세계가 '백신 디바이드(divide)'로 양극화되어 백신접종이 언제 끝나느냐가 그 나라 경제의 회복 시점과 속도를 결정할 것이다. 우리 경제도 백신접종을 빨리 끝내면 정부가 예측한 3.2%보다 훨씬 더 높은 성장도 가능하고, 접종이 뒤쳐지면 올해도 0%나 마이너스 성장의 위기를 계속 겪어야 할지 모르는 상황이다. 'Our World in Data'에 따르면 오늘 현재 백신접종을 시작한 나라들은 42개국이고, 인도네시아는 13일, 인도는 16일에 백신접종을 시작한다. 이웃 일본도 충분한 양을 확보해두고 접종승인 날짜만 기다리고 있다. 이런 상황에서 백신 조기확보에 실패한 우리나라는 2월에 아스트라제네카 접종을 시작한다지만 백신도입의 구체적 일정도 알려지지 않은 상황에서 정부 말대로 11월까지 마무리될지 의문이다. 백신이 국민의 생명과 우리 경제의 '회복, 도약'에 이렇게 중요하다면, 오늘 대통령은 백신이 언제 얼마나 도입되어 언제 접종이 끝난다고 국민들에게 분명히 밝혔어야 했다. 그런 로드맵은 밝히지 못하고 아직도 K방역에 대해 자화자찬하고 있으니 국민들은 이해가 안되는 거다. 특히 국민의 생명과 인권을 짓밟은 동부구치소, 요양병원 사태에 대해 국정의 책임자로서 한마디 사과와 위로의 말도 없으니 K방역을 말하는 대통령의 공감능력을 의심하지 않을 수 없는 것이다.

대통령이 '포용'을 말하면서 사회안전망과 고용안전망을 말한 것은 바람직한 문제인식이다. 그러나 이 문제도 더 깊이 생각해서 코로나 이후의 K양극화가 얼마나 심각한지를 인식하고, K양극화를 해결하기 위한 실질적인 대책과 재정확보 방안을 언급하지 않은 것은 대통령의 문제인식이 피상적 수준에 머물러 있음을 보여준다. 특히 재난지원금은 앞으로 몇 번을 더해야 할지 모르는 상황인데, 그동안 1, 2, 3차 재난지원금에서 전국민 보편지급과 피해계층 선별지원 사이에서 원칙과 철학 없이 오락가락 했던 이 정부가 분명한 입장을 밝히지 않은 것도 앞으로 갈등의 불씨만 남겨둔 것이다. 대통령이 '고통의 불평등'을 진심으로 인식하고 있다면, '코로나로 고통받는 업종, 국민들에게 지원을 집중하겠다'는 원칙을 분명히 했어야 했다.

대통령이 한미동맹과 남북관계에 대해서 언급한 상투적인 말들은, 미국 바이든 정부의 출범이라는 새로운 외교안보 환경, 그리고 어제 김정은이 말한 핵무기, 핵잠수함, SLBM 등 백화점식 전략·전술무기에 대해, 대한민국 국군통수권자로서 어떻게 전쟁을 억지하고 진정한 평화를 지킬 것인지에 대해 새로운 인식과 전략이 조금도 없다. 그저 지금까지 북한 비핵화에 실패했고 북한의 도발을 막는 데에도 실패했던 대북정책과 외교안보정책을 남은 임기에도 미련하게 계속해보겠다는 말뿐이었다. 동북아는 미국, 중국, 일본, 러시아 그리고 북한 사이에서 격랑으로 빠져들고 있는데, 우리 대통령은 실패한 외교안보대북정책을 고수하겠다니 나라의 운명이 걱정이다.

검찰개혁도 국민을 위한 검찰개혁이 아니라 살아있는 권력을 위한 검찰장악에 불과했던 점을 반성하지 못한 점도 안타깝다.

문재인 대통령은 임기말 하산을 시작했다. 산은 올라갈 때보다 내려올 때 위험하다. 지금 국민의 생명과 안전, 경제와 안보가 폭풍 속에 한치 앞이 안보이는 상황에서 대통령이 진정으로 나라와 국민의 앞날만을 생각하고 임기가 끝나는 날까지 대통령의 책임과 의무를 다해주기 바란다. [2021년 1월 11일]

입양아를 바꾸다니...
인간의 존엄과 가치를 모독한 대통령

오늘 대통령의 기자회견에서 내가 가장 충격을 받은 대목은 부동산도, 백신도, 사면도, 재난지원금도 아니라, 이 말이었다.

"입양 부모의 경우 마음이 변할 수 있기에 일정 기간 안에 취소를 한다든지, 입양아와 맞지 않으면 입양아를 바꿀 수 있도록 하겠다."

이 말을 듣는 순간 멍해서 대통령 발언이 맞는지 다시 확인해봤을 정도였다. 문재인 대통령은 진실한 사람이 아니라 '지킬 앤 하이드'

같은 사람이다. 입양 아이를 취소하거나 바꾸다니?

입양 아이가 무슨 쇼핑하듯이 반품, 교환, 환불을 마음대로 하는 물건이란 말인가? 강아지도 파양이 얼마나 어려운 일인데, 하물며 사람을 두고 저런 말을 어떻게 할 수 있나?

'16개월 아동학대치사 사건'이 터졌을 때 대통령이 아동학대를 마치 입양의 문제인 것처럼 말할 때부터 이상했었다. 아동학대의 거의 대부분이 입양부모가 아니라 친부모가 저지른 것임을 몰라서 저러나 싶었다. 문제는 아동학대이지 입양이 아니다.

'사람이 먼저'라는 인권변호사 출신 대통령은 사실은 인간의 존엄과 가치에 대해 아무 생각이 없었던 것이다. 아동의 인권에 대해 단 한번이라도 진지하게 고민해봤다면 저런 말이 나올 수가 없었을 것이다. 저런 위선과 거짓으로 대통령 집무를 수행해왔으니, 국가경영이 잘될 리가 없었다.

오늘 기자회견도 지난 4년의 잘못에 대한 진지한 반성은 없었다. 부동산도, 백신도, 민생도, 남북관계도, 대통령과 이 정권이 잘못한 것은 없고 의도도, 정책도 옳았는데 불가피한 사정으로 결과만 미흡했다는 식이다. 24번의 부동산대책도 정책이 잘못된 게 아니라 다른 이유로 집값과 전월세가 이렇게 된 거라고 한다. 1인 가구의 급증은 문재인 정권이 출범하기 훨씬 이전에 시작한 현상인데, 이걸 핑계삼는 것도 말이 안된다. 스스로 '빵 만들듯이' 금방 되는 게 아니라던 공급대책을 지난 4년간 안하다가 임기 1년을 남기고 한다는 거다. 그것도 유난히 공공재개발, 공공임대 등 '공공'을 강조한다. 코로나 경제위기와 코로나 양극화로 정부가 돈 쓸 곳이 부지기수인데, 주택문제마저 민간시장을 활용하지 않고 세금을 쓰려는 발상은 잘못이다. 부동산에서 공공은 저소득층, 청년과 노인 무주택자 등 어려운 분들을 위한 주거복지에만 적용되는 원칙이다.

백신 확보도 온 세상이 뒤늦게 비판여론을 의식해 허겁지겁 도입한 걸 다 아는데, 대통령은 늦지 않았다고 우긴다. 재난지원금을 보편과 선별 섞어서 쓰면 된다고 하니, 대통령이나 경기도지사나 조삼모사(朝三暮四)로 국민을 우롱하는 건 똑같다.

김정은이 '평화와 비핵화 의지를 분명히 갖고 있다'는 말도 국민 대다수의 생각과 너무 동떨어진 발언이다. 대통령이 아직도 김정은에 대해 그런 나이브한 생각을 갖고 있는 근거가 과연 무엇인지 궁금하다. 바이든 대통령에게 "트럼프 대통령의 북미대화 성과를 계승하라"고 주문한 것은 바이든이 가장 싫어할 말이다. 트럼프 정부는 쇼만 했을 뿐 북한 비핵화에 실패했는데 무슨 성과를 계승하라는 것인가? 저런 생각으로 바이든 시대의 한미동맹이 제대로 갈 수 있을지 걱정이다. [2021년 1월 18일]

차마 눈 뜨고 보기 어려운
여당 대선주자 2人의 아부경쟁

문재인 대통령의 어제 회견은 큰 실망이었다. 국정 난맥상에 대해 책임지고 반성하고 사과하고 남은 임기를 새로운 각오로 국민의 뜻을 받들겠다는 자세를 기대했었으나, 변명과 책임회피와 '입양아 바꾸기' 발언과 같이 어이 없는 인식수준을 드러내기만 했다. 이처럼 실망스러운 회견에 대해 여권의 대선후보라는 두 사람은 국민의 마음과 정반대로 말했다. 이낙연 대표는 "흐름과 짜임새에 흠이 없었다... 진정성으로 국민과 소통하신 시간"이라 했고, 이재명 지사는 "100년 만의 세계사적 감염병 위기 상황에서 문재인 대통령님께서 그 자리에 계신 게 얼마나 다행인가 다시 한 번 생각했다"고 했다. 북한방송을 보는 착각에 빠질 정도로 심한 문비어천가다. 여권의 대선후보라는 이 두 사람의 아부경쟁은 국민의 눈에는 말 그대로 목불인견(目不忍見)이다. 이 두 사람이 보기 민망한 아부경쟁을 하는 이유는 단 한가지다. 친문 극렬지지자들의 표를 얻어야 민주당의 대선후보가 될 수 있기 때문이다. 그러나 이런 저급한 아부경쟁은 우리 정치를 더욱 후진적인 정치로 후퇴시킬 뿐이다.

민생과 경제, K양극화, 부동산, 검찰과의 갈등, 백신확보, '정인이 사건,' 남북관계 등 문재인 정권의 수많은 실정과 잘못에 대해 이 두 사람은 조금도 비판의식이 없다는 말인가. 살아있는 권력의 잘못에 대해 권력 내부에서 용기있는 비판의 목소리가 나와야 민주주의가 제대로 작동한다. 문재인 정권은 180석을 가지고 국회를 독점하고 사법부마저 장악해서 국민의 고통을 외면하고 오로지 온갖 속임수와 악성 포퓰리즘으로 정권연장만 생각하는 사이비 진보세력이다.

이들이 나라를 더 이상 망치지 못하도록 막고 새로운 정부를 세우는 것은 민주공화국 시민들에게 부여된 시대적 사명이다.

[2021년 1월 19일]

이 나라는 누구의 나라냐?

정세균 총리가 "이 나라가 기재부 나라냐"고 했다. "개혁저항세력"이란 말도 기재부를 겨냥한 듯하다. 이 나라는 누구의 나라냐?

문재인의 나라도 아니고, 민주당의 나라도 아니고, 정세균의 나라도 아니고, 이재명의 나라도 아니다. 헌법 1조는 이 나라가 국민의 나라임을 분명히 해뒀다. 대한민국은 민주공화국이고, 나라의 주권은 국민에게 있고, 모든 권력은 국민으로부터 나온다고 했으니, 나라의 주인이 누구인지는 분명하다. 경제학에서 주인-대리인 문제(principal-agent problem)란, 주인이 고용한 대리인이 주인을 위해 일하지 않고 대리인 자신의 사익을 추구하는 문제를 말한다. 대통령, 총리, 기재부는 모두 국민이 고용한 대리인들이다. 이들이 주인을 위해 일하지 않고 자기 하고 싶은대로 행동할 때, "이게 나라냐"는 분노의 외침이 나오게 된다. 코로나로 먹고 살기가 힘든 국민들이 많이 계신다. 자영업, 소상공인, 실업자, 저소득층들은 특히 힘들다. 국민 세금으로 어려운 분들을 도와드려야 한다. 정부의 영업금지, 영업제한 조치로 손실을 입은 분들은 헌법 23조 3항에 따라 "정당한 보상을 지급해야" 할 것이고, 법이 필요하다면 감염병예방및관리법 70조를 개정해서 보상하면 될 것이다. 다만 나라의 주인이며 세금을 낸 국민의 뜻은 무엇일까?

국민의 뜻은 "국가의 도움이 꼭 필요한 분들을 도와드려라. 단, 내 세금을 아껴써라" … 이것이 국민의 뜻 아닐까. 대통령, 총리부터 기재부 공무원까지 이 뜻을 충실하게 따르면 되는 거다. 기재부 공무원들이 '국민의 돈을 최대한 아껴서 꼭 필요한 곳에 쓰는' 것은 국가재정을 책임진 기재부의 당연한 의무다. 감염병예방법 70조를 개정하든 보상특별법을 만들든, 우리의 나라살림 형편을 감안해서 얼마를 보상할 거냐는 기재부가 안을 내고 대통령과 국회가 정하면 될 문제다. 기재부가 자신의 역할을 충실히 수행하는 한, 거기다 대고 "이 나라가 기재부 나라냐", "개혁저항세력"이라고 겁박해서는 안된다. 이 나라는 문재인의 나라도, 정세균의 나라도 아님을 한시라도 잊지 마시라. 모든 공무원들은 주인인 국민이 고용한 대리인임을 잊지 마시라.

[2021년 1월 22일]

'뽀요이스 북원추'의
진실을 밝혀라

산업부의 '신내린 사무관'이 감사원 감사를 앞두고 심야에 불법삭제한 파일 중 '북한지역 원전건설 추진방안 (북원추)' 파일이 있었음이 드러났다. 핀란드말로 北을 뜻하는 '뽀요이스(pohjois)'라는 이름의 폴더에 있던 북한 관련 17개 파일이 모두 삭제되었다. 이 파일들은 2018년 4월 27일 1차 남북정상회담 직후인 5월 2~15일 사이에 작성되었다. 도보다리회담에서 문재인 대통령이 김정은 위원장에게 건넨 자료에는 '발전소 관련 사안'이 있었다고 청와대 대변인이 확인했고, 정상회담 직후 문 대통령은 "후속조치를 속도감 있게 추진하라"고 지시했다. 이러한 일련의 일들만 보더라도 '북원추' 파일은, 우리 정부가 북한에 원자력발전소 건설을 추진하려는 계획이 담긴 문서라고 보는 게 상식 수준의 추정 아닌가?

이를 두고 어제 야당이 비판하자, 청와대는 "북풍공작, 혹세무민"이라고 하면서 야당 대표를 상대로 법적 대응을 할 거라고 했다. 드러난 증거만 보더라도 우리 정부가 북한에 원자력 발전소 건설을 추진하려 했다는 건 초등학생도 생각할 수 있는 상황인데, 청와대와 민주당이 파일 내용의 사실 여부가 아니라 야당 비판의 말꼬리를 잡고 적반하장으로 나오는 건 도둑이 제 발 저린 격 아닌가. 이러한 사실을 접한 국민들은 이게 도대체 무슨 일인지 어리둥절하기만 하다. 南에서는 월성 1호기 경제성까지 조작해서 탈원전을 하는데, 北에는 원전을 지어준다? 바다 건너 중국 동쪽 해안에 밀집된 원전의 위험까지도 걱정하는 이 정권 사람들이 북한에 위험한 원전을 건설한다?

핵무기를 보유한 北에게 전술핵무기조차 하나도 없는 南이 원자력 발전소를 지어준다?

장관이 "죽을래"라고 협박하는데, 대통령이나 장관 지시도 없이 어느 간 큰 산업부 공무원이 북한에 원전을 건설하는 문서를 작성했단 말인가? 그렇게 떳떳하다면 왜 야밤에 허겁지겁 파일을 삭제했다는 말인가? 이런 지극히 상식적인 의문들이 꼬리에 꼬리를 문다. 청와대는 가짜뉴스니 법적대응이니 하면서 야당을 겁박할 게 아니라, '뽀요이스 북원추' 파일에 도대체 무슨 내용이 있었는지, 문 대통령이 도보다리회담에서 김정은에게 준 USB에는 무엇이 있었는지, 정상회담 직후에 대통령은 무엇을 지시했는지, 있었던 사실 그대로 밝히면 될 일이다. 그리고 검찰은 '뽀요이스 북원추' 파일에 도대체 무슨 내용이 들어있는지, 포렌식으로 드러난 모든 진실을 샅샅이 밝혀야 할 것이다. [2021년 1월 30일]

권력의 시녀가 되기로
작심한 대법원장

161명의 국회의원이 발의한 임성근 판사 탄핵소추안이 표결을 하루 앞두고 있다. 그러나 사법부의 수장인 김명수 대법원장은 어제도, 오늘도 아무 말이 없다.

어제 대법원은 국회에 제출한 서면답변에서 "법관 탄핵은 국회와 헌법재판소의 권한"이라고 했다. 이 공허하기 짝이 없는 답변은 헌법 제65조와 제111조를 그대로 옮긴 것이니 대법원이 굳이 되풀이하지 않아도 된다. 대법원의 하나마나한 이 답변이 대법원장의 뜻인가. 대법원장의 뜻이 정녕 그런 거라면, 사법부 수장으로서 무자격자임을 스스로 고백하는 것이다.

"나는 모르겠다. 탄핵 절차대로 하든지..." 이런 무책임한 말을 하고 싶은 거 아닌가.

임 판사에게 잘못이 있었다면 법과 절차에 따라 심판하면 될 것이고, 이미 재판이 진행 중이다. 지금 집권여당이 법원의 독립성을 침해하고 법관들을 겁박하면서 삼권분립을 무너뜨리고 있는데, 대법원장은 이 심각한 사태를 침묵으로 방관하고 심지어 조력자의 역할을 하고 있지 않는가. 대법원장이라는 자리의 무거움에 걸맞게 민주당의 조폭 같은 협박에 맞서는 결기를 보여줄 수는 없는가.

김명수 대법원장은 명심해야 할 것이다. 이 나라의 민주주의가 그렇게 쉽게 무너지지는 않을 것이다. 지금 여당의 탄핵 폭거를 막아내지 못한다면, 훗날 역사는 김명수 대법원장을 "권력의 시녀가 되기로 작심한 대법원장"으로 기억할 것이다. 그리고 이는 본인에게도, 사법의 역사에도 부끄러운 치욕으로 남게 될 것이다. [2021년 2월 3일]

정부는 윤동주 시인의 국적을
바로잡아 달라

"죽는 날까지 하늘을 우러러
한 점 부끄럼이 없기를,
잎새에 이는 바람에도
나는 괴로워했다."

윤동주 시집(詩集) '하늘과 바람과 별과 詩'의 서시(序詩) 첫 소절이다. 우리 국민들이 사랑하고 존경하는 윤동주 시인의 국적이 '중국,' 민족은 '조선족'이라고 중국 사이트 바이두가 잘못 표기하고 있다. 바이두는 독립열사 윤봉길과 이봉창의 국적과 민족도 '중국, 조선족'이라고 잘못 표기하고 있다. 최근 중국의 매체는 김치와 한복을 중국문화라고 왜곡한 일도 있었다. 우리 외교부와 주중대사관은 대체 무엇을 하고 있나? 중국이 우리의 역사와 문화를 왜곡하고 자기 것으로 만들어가고 있는데 우리 정부는 왜 강하게 대처하지 못하는가?

중국에 대해 할 말은 해야 한다. 외교부와 주중대사관이 당장 나서서 이 문제들을 바로잡아 주길 촉구한다. [2021년 2월 16일]

대구경북신공항
특별법 제정을 촉구한다

오늘 대구시장, 경북도지사, 지역국회의원 등이 대구경북신공항 특별법의 제정을 촉구했다. 민주당이 부산시장 선거를 앞두고 가덕도신공항 특별법을 제정한다면, 영남권은 부산울산경남 공항과 대구경북 공항의 Two Port 체제로 갈 수밖에 없다. 지난 정권에서 약속한 5개 광역시도간의 합의가 무산된 지금의 현실을 받아들일 수밖에 없다면, 대구경북으로서는 문재인 정부를 상대로 두 가지 점을 분명히 해야 한다.

첫째, 국비지원의 문제다. 가덕도 신공항이 전액 국비로 건설된다면, 대구경북신공항도 당연히 전액 국비로 건설되어야 한다. 예비타당성조사 면제 여부도 마찬가지로 공평해야 한다. 이 점에 대해서는 정부 여당의 어느 누구도 반대할 근거가 없을 것이다. 이는 8년전부터 '군공항건설및지원에관한특별법'에 따라 기부 대 양여 방식으로 추진해오던 것을 전액 국비지원으로 변경하는 것이므로 군공항법을 대체하는 새로운 법률의 제정이 당연히 필요하다.

둘째, 가덕도 신공항을 건설할 때 김해공항의 존치 여부에 대해서도 명확한 결론을 내려야 한다. 만약 김해공항을 그대로 존치한다면 대구경북에서도 현 대구공항 존치 주장이 제기될 수밖에 없다. 기존 공항의 존치 여부는 전액 국비냐, 기부 대 양여냐라는 재원조달 방식과 맞물린 문제이기 때문에 정부로서는 국가 전체 차원에서 앞으로의 항공수요와 재원조달 차원에서 고민해야 할 문제다.

또한 이 문제는 수원, 광주 등 대도시 군공항을 이전하려는 다른 지자체도 깊은 관심을 가지고 주시하는 문제이기도 하다. 대구경북은 위의 두 가지 중요한 문제에 대한 정부의 분명한 답변을 요구해야 한다. 이 문제들에 대한 원칙을 정하면서 대구경북 신공항 건설사업도 속도를 내야 지역발전에 도움이 될 것이다. [2021년 2월 23일]

희망 없인
저출산 해결 못한다

문재인 대통령은 저출산 문제 해결을 포기한 대통령이다. 합계출산율이 2018년 0.98, 2019년 0.92로 추락하더니 2020년에는 0.84,

출생아수는 27만명으로 추락했다. 세계 198개국 중 단연 꼴찌다. 인구절벽 문제가 이렇게 심각한데도 문재인 대통령은 지난 4년간 소득주도성장, 부동산 등 실패한 정책에 매달렸을 뿐, 정작 미래의 운명을 좌우하게 될 저출산 문제는 포기해버렸다.

2017년 서울을 방문한 전 IMF 라가르드 총재는 우리의 저출산에 대해 '집단자살사회'라는 섬뜩한 표현을 했다. 듣기 싫은 말이지만, 현실은 이미 그렇게 가고 있다. 저출산 관련 문재인 정부가 한 것은 엉터리 전망 뿐이라고 해도 과언이 아니다.

2017년 통계청의 장래인구추계는 2020년 합계출산율을 1.24로 예측했으나 크게 틀렸다. 다급해진 통계청은 2019년 계획에도 없던 특별인구추계를 해서 0.90이라고 발표했으나 1년만에 또 틀렸다. 그만큼 저출산의 현실은 너무나 두려운 속도로 악화되고 있는 것이다.

2006년부터 2020년까지 무려 268조 원을 퍼붓고도 저출산 문제를 해결하지 못했다면 문제의 근원을 모르고 엉뚱한 처방을 한 거다. 임기 5년의 대통령이 많은 일들을 다 하려 하다가는 하나도 제대로 못하고 5년 임기가 끝난다. 저출산에 관한 한 역대 정부들은 저출산 고령화 대책이라는 백화점식 메뉴만 나열해놓고 문제해결에 실패했다.

저출산은 결혼과 출산을 기피해서 나타난 현상이니, 왜 결혼을 안하고 아이를 안낳는지 그 뿌리를 찾아야 한다. 희망이 없기 때문이다. 집값이 폭등해 집을 살 수가 없는데, 안정된 일자리가 없는데 결혼과 출산을 어떻게 꿈꿀 수 있겠는가. 주택과 일자리 뿐 아니라 보육, 교육, 노후에 대해 불안하기만 하고 희망이 없기 때문이다. 삶에 대한 희망을 되찾아주지 않는 한 저출산은 영구히 해결할 수 없는 미제로 남는다.

다시 성장하는 경제, 세금알바가 아니라 민간일자리, 사랑하는 가족과 살 집, 안심하고 아이들을 맡길 어린이집과 학교, 불안하지 않은 노후, 이런 근본적인 불안을 해소하는 정책이 저출산 정책이다.

다음 정부는 저출산 해소를 최우선 국정과제로 삼고 5년의 골든타임을 여기에 바쳐야 한다. 거기에 경제성장, 일자리, 주택, 보육과 교육, 육아휴직 등 노동, 복지 등 중요한 국가정책들이 모두 있기 때문이다. 다음 정부도 저출산을 해결하지 못하면 대한민국의 미래는 절망적이다. 반드시 해결해야 할 우리 시대의 과제다. [2021년 2월 25일]

3·1절의 정신은
진정한 민주공화국입니다

오늘은 3·1절 102주년입니다. 우리 선조들이 일제의 식민지배에 항거하며 우리 민족의 굳센 독립의지를 전 세계에 알린 날입니다. 광복을 못보고 후쿠오카 형무소에서 생을 마감한 윤동주 시인은 조국에 대한 그리움을 그의 슬픈 시에 담았습니다. 3.1운동 그 날의 사진들 속에는 윤동주의 시가 그린 흰색 차림의 사람들이 있습니다.

"흰 수건이 검은 머리를 두르고
흰 고무신이 거친 발에 걸리우다.

흰 저고리 치마가 슬픈 몸집을 가리고

흰 띠가 가는 허리를 질끈 동이다."

(슬픈 족속 / 윤동주 / 1938.9)

3.1운동 직후인 1919년 4월 상해임시정부가 공포한 임시헌장 제1
조는 "대한민국은 민주공화제"임을 선포했습니다. 그 날 이후 대한민
국의 국체(國體)와 정체(政體)는 오늘까지 면면히 이어지고 있습니다.
선조의 피와 눈물로 세운 민주와 공화의 나라 대한민국이 세워졌습
니다.

그러나 아직도 우리는 진정한 민주공화국을 만들지 못하고 있습니
다. 인간의 존엄과 가치, 자유와 평등, 공정과 정의, 법치와 인권, 생
명과 안전... 민주공화국의 헌법가치들이 진정 살아 숨쉬는 나라, 스
스로를 지키는 힘과 지혜를 갖춘 나라를 만들 때, 우리는 비로소 극
일(克日)을 넘어 세계 속에 우뚝 솟는 대한민국을 만들 것입니다.

[2021년 3월 1일]

미얀마에서 민주주의가 실현되도록
적극 도와야 한다

지난 2월 1일 쿠데타로 권력을 찬탈한 미얀마 군부가 시민들의 민
주화 시위를 유혈진압하면서 미얀마 사태는 최악으로 치닫고 있다.

3월 26일까지 328명이 사망했다는 보도가 있었으나 희생자는 더 많다는 보도도 있다.

어제 3월 27일 '미얀마군의 날'에 시위대는 이 날을 '저항의 날'로 삼아 군부독재에 항거했으나 100여명이 총격에 희생되었다고 한다. 미얀마 민주항쟁의 본질은 우리나라의 1960년 4·19혁명, 1980년 5·18 광주민주화운동, 1987년 6월 민주항쟁과 조금도 다를 바 없다. 실제로 미얀마 국민들은 2019년의 홍콩 민주화 시위와 마찬가지로 과거 한국인들이 피로 지킨 민주화 역사를 자신들의 롤모델로 생각한다고 한다.

아시아에서 전쟁의 폐허 위에 민주주의와 경제발전을 동시에 이룩한 대한민국은 인간의 존엄과 가치, 시민의 기본권이 보장되는 민주주의가 미얀마에서 실현되는 날까지 미얀마 국민들을 적극적으로 도와야 한다. 오늘 이 순간에도 미얀마 사태는 악화일로에 있다.

국제대회에 출전한 미스 미얀마는 "많은 사람들이 군부의 총에 맞아 죽고 있다. 우리 국민을 도와달라. 제발 살려달라"고 호소했다.

우리는 이럴 때 민주국가의 모범을 보여야 한다. 인류의 보편적 가치가 존중되는 민주주의가 미얀마에서 실현되는 날까지 우리가 할 수 있는 적극적인 행동을 다해야 한다.

GDP가 세계 12위, 수출이 세계 6위라고 경제력만 내세울 일이 아니다. 세계를 선도하는 모범국가가 되려면 인류 보편의 가치에서 앞서가야 한다. [2021년 3월 28일]

에스코트 서비스나 하려고
공수처를 만들었나?

불법 출금 사건의 피의자인 이성윤 중앙지검장을 수사하는데 김진욱 공수처장이 자신의 제네시스 관용차를 제공했다.

공수처장은 이에 대해 "보안상의 이유로 관용차를 제공했다"고 한다. 둘 다 똑같다. 자신의 관용차를 보내 피의자를 극진히 모셔오는 공수처장이나, 피의자 주제에 공수처장의 차를 타고 수사받으러 오는 피의자나 도긴개긴이다.

이성윤 지검장같은 고위공직자의 비리를 성역없이 수사하라고 만든 조직이 공수처 아닌가.

그런데 범죄혐의자에게 공수처장 관용차로 에스코트 서비스나 하다니, 이럴려고 공수처를 만들었다는 말인가?

시작부터 이 모양이니 싹이 노랗다. 문재인 정권의 공수처는 처음부터 기대가 없었지만 너무 한심해서 할 말을 잃는다.

모든 국민은 법 앞에 평등하다는 헌법정신은 흔적도 없다.

다른 피의자들은 어떻게 오는지 지켜보겠다. [2021년 4월 2일]

"바보? 돌대가리?"
2030의 이유있는 반란

민주당 극렬 지지자들이 2030 젊은이들을 막말로 비하하고 있다.

"바보들은 취업 면접에서 떨어뜨려야 한다."

"유권자 비하가 아니라 돌대가리들 비판이다."

2030 젊은이들은 문재인 정권의 무능과 위선으로 가장 큰 피해와 고통을 당한 세대다. 소득주도성장이란 엉터리 정책은 좋은 일자리를 빼앗아 갔다. 그 대신 세금알바 일자리만 주어졌다. 엉터리 부동산대책은 내 집 마련의 꿈을 빼앗아 갔다. 영끌해도 집은 못사니 빚투로 주식과 비트코인으로 내몰렸다. 일자리와 집문제가 해결 안되니 결혼하고 아이 낳는 건 꿈도 못꾼다. 그런 젊은이들의 눈에 문재인 대통령과 정권실세들의 위선과 거짓은 역겹다. 지난 대선때 압도적으로 지지했건만, 호되게 뒤통수를 맞고 철저하게 사기 당한 기분이다. 조국, 윤미향부터 최근의 김상조, 박주민까지… 공정과 정의?

젊은이의 눈에는 이런 가증스러운 가식이 없었다.

그래서 청춘의 분노가 들끓는 거다. 그런데 편의점 아르바이트를 하는 청년의 면전에서 "무인 편의점"을, 취업을 걱정하는 통번역 대학원생에게는 "AI 통번역"을 말하는 민주당 후보의 공감능력은 대체 뭔가?

2030의 거센 반란이 시작되었다. 돌아선 민심에다 대고 욕하는 것만큼 어리석은 것은 없다. [2021년 4월 4일]

2030 청년들의
목소리

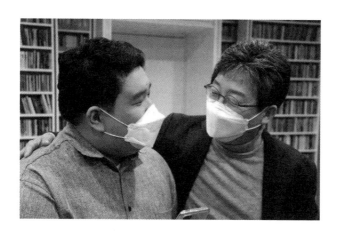

지난 선거에서 자발적으로 유세차에 올라 마이크를 잡았던 청년들을 어젯밤 만났습니다. 이 청년들과 정치인들이 함께 뮤직비디오를 만드는 현장이었습니다.

촬영하다 잠시 쉴 때면 틈틈이 청년들과 대화를 나눴는데 그들의 절망과 분노가 가슴 깊이 와닿았습니다. 취직 전망 때문에 컴퓨터공학과로 전과한 학생, 곧 입대를 앞둔 학생, 어렵게 일자리를 구한 청년, 졸업하고 일자리를 못 구해 괴로워하는 청년 등 사정은 각자 달랐지만, 이들의 아픔은 같았습니다.

4년 전 대선에서 문재인 후보를 찍고는 '속았다'며 분개하는 청년도 있었습니다. 우리 당이 서울과 부산의 재보선에서 젊은이의 표에서 앞선 것은 보수정당 역사상 처음 있는 일입니다. 감사함에 앞서 두려운 책임을 느끼고 새로운 각오를 해야 할 일입니다.

청년, 여성, 사회적 약자의 아픔에 공감하고 이들의 어려움을 해결해 주는 당이 되어야 합니다. 그러기 위해서 우리는 정치철학과 정책의 재무장을 반드시 해야 합니다.

무엇을 먼저 해야 할지 치열하게 고민합시다. 왜 정치를 하는지, 왜 반드시 정권을 창출해야 하는지도 자문해봐야 합니다. 먹고 사는 문제 해결이 최우선이어야 합니다. [2021년 4월 15일]

4·19 혁명 기념일에 문재인 정권은 反민주 폭정을 반성해야 합니다

4·19 혁명 61주년입니다. 우리 헌법 전문은 "불의에 항거한 4·19 민주이념"이라고 썼습니다. 즉, 민주공화국과 주권재민을 규정한 헌법 제1조가 4·19 혁명의 이념이라는 뜻입니다.

1960년 2.28 대구민주운동, 3·15 마산의거에 이어 4·19 혁명은 모두 반독재 민주주의라는 대의를 위해 시민과 학생들이 피를 흘렸던 희생의 역사입니다. 이 선배님들의 고귀한 희생 덕분에 오늘의 민주주의가 가능했음을 잊지 말아야 합니다.

4·19 혁명의 날에 문재인 정권은 지난 4년간 민주주의를 후퇴시킨 자신들의 폭정에 대해 진심으로 반성해야 합니다. 특히 민주화 운동을 자신의 전유물처럼 독점하며 민주주의를 팔아온 586 세력들은 민

주주의를 후퇴시킨 죄에 상응하는 벌을 받아야 합니다.

"문재인 정권은 밥그릇 공동체"라는 강준만 교수의 지적처럼 이 정권은 맹목적 당파성에 빠진 가짜 진보로서 민주주의가 아니라 배타적 부족주의에 불과했음이 만천하에 드러났습니다. 그들은 2016년 겨울 촛불시위에서 타오른 시민들의 염원을 저버린 것입니다.

4·19 혁명에서 스러져간 민주투사들께서 만들고 싶었던 진정한 민주공화국을 생각하며 오늘의 정치를 혁신하겠습니다. [2021년 4월 19일]

국민을 못살게 괴롭혔던
문재인 대통령의 지난 4년

문재인 대통령의 임기 4년이 지났고 1년이 남았다. 지난 4년간 문재인 대통령의 업적은 무엇인가?

이런 질문을 받을 때마다 나는 문대통령이 잘한 일을 찾아내기 위해 최대한 객관적으로 생각해보지만 번번히 실패한다. 소득주도성장이란 허구를 좇다가 경제를 망치고 일자리는 사라졌다. 25번의 부동산 대책으로 집값과 전월세는 대통령의 말대로 '미쳤다.'

소득세, 법인세, 재산세 등 세금은 죄다 올랐다. 소위 '진보'라더니 양극화와 불평등은 더 심해졌다. 세계 꼴찌 출산율은 포기했고, 자살율은 사상 최고다. 박근혜 정부는 미래를 위해 공무원연금개혁을 단행했고 미완의 개혁이지만 노동개혁을 시도했다. 그런데 문재인 정부는 미래를 준비하는 개혁을 한 게 있는가. 비핵화는 커녕 북의 핵미사일로 대한민국은 절멸(絶滅)의 위기에 처했다. 국군은 참모총장부터 군기가 빠져 나라를 지킬 정신전력조차 안보인다. 북한과 중국의 비위를 맞추느라 한미동맹은 연합훈련도 못한 채 뿌리부터 흔들리고 있다. 법원, 검찰, 경찰, 방송은 권력의 시녀로 전락했다. 이 정권이 4년간 열심히 한 것이라고는 적폐청산의 구호 아래 정치보복 뿐이었다. 그러면서 그들 스스로 괴물같은 '적폐'가 되었다. 남은 1년, 솔직히 기대는 없다. 그러나 최소한 해야 할 일들이 있다. 대통령이 수없이 약속한 대로 백신을 확보해서 11월까지는 집단면역을 해야 한다. 집단면역이 경제를 살리는 길이다. 그리고 수도권 주택공급을 추진해서 부동산 시장을 안정시켜야 한다. 실패한 대북정책에 매달리지 말고, 바이든 미국 대통령과의 정상회담에서 동맹의 신뢰부터 회복해야 한다. 정권연장을 위한 꼼수는 사양한다. 이 정부가 대한민국 역사에 어떻게 기록될 것인지, 독선과 오만을 버리고 역사 앞에 겸허한 자세로 남은 1년을 마무리해야 할 것이다. [2021년 5월 10일]

5·18 영령들의
명복을 빕니다

내일은 5·18 민주화운동 41주년입니다.

오늘 광주에 다녀왔습니다. 희생자들의 명복을 빕니다. 상처와 아

품 속에 살아오신 유가족 분들께 따뜻한 위로를 드립니다.

5·18의 정신은 민주와 공화입니다. 불의에 굴종하지 않고 국민이 주인이 되고 인간의 존엄을 지키는 정의로운 나라를 만드는 것이 5·18 영령들이 만들고자 했던 세상입니다.

그 숭고한 뜻은 6월 민주항쟁과 촛불시위로 면면히 이어져 왔습니다. 이 역사는 위정자들에게 국민이 부여한 권력을 오로지 나라의 발전과 국민을 위해 쓰라는 교훈을 남겼습니다.

따라서 민주와 공화의 헌법가치를 지키지 못한 문재인 정권은 5·18의 영령들 앞에 반성해야 합니다.

평생 민주화 운동을 했다는 사람들이 권력에 취해 민주주의를 크게 후퇴시킨 점에 대해 참회해야 합니다.

우리 역사의 소중한 교훈들은 그 누구의 전유물이 아니라 위대한 국민의 몫입니다. 41년전 자유와 정의를 외치던 그 함성이 들리는 듯합니다. 이제 진정한 민주공화국, 세계 속에 우뚝 서는 선진국을 만드는 것은 살아남은 우리들의 임무입니다. [2021년 5월 17일]

"돈 준다고 표 안준다"는
20대의 거침없는 하이킥

20대 청년들이 민주당 지도부에게 한 말들이 참 신선하다.

"청년들은 돈 주는 공약에 속아서 표를 주지 않는다."

"청년들은 정의와 공정을 중시한다."

민주당 대선후보들이 1억원, 3,000만원, 1,000만원을 주겠다고 퍼주기 공약을 남발하는 데 대해 청년들이 거침없는 하이킥을 날린 것이다. 청년들이 진정 원하는 것은 열심히 노력하면 일자리를 구할 수 있고, 위험한 코인투자를 안해도 성실하게 저축하면 내 집 마련의 꿈을 꿀 수 있는 세상이다.

조국의 딸이 아니더라도 누구에게나 입시와 취업에서 공정하고 평등한 기회가 보장되는 세상이다.

이 당연하고 당당한 청년들의 외침에 대해 우리 정치는 희망을 줄 수 있어야 한다.

세금으로 단기알바를 만들 게 아니라 경제를 성장시켜 좋은 일자리를 만들어야 한다. 공공부문 81만개 일자리가 아니라 디지털 혁신인재 100만명을 양성해야 경제가 성장한다.

역대 어느 정부도 제대로 못한 노동개혁, 규제개혁, 교육개혁, 복지개혁으로 성장과 복지가 함께 가는 지속가능한 발전을 이뤄내야 한다. 조국 딸, 인천공항공사 비정규직, 여자아이스하키 국가대표, LH직원 땅투기 등 불공정 불평등부터 당장 없애야 한다.

기회의 평등, 조건의 평등을 보장해서 누구든 동일한 출발선에 서서 경쟁하도록 만들어야 한다. 악성 포퓰리즘을 단호히 배격하는 청년들에게서 나는 새로운 희망을 본다.

저런 생각을 가진 청년들이라면 올바른 개혁으로 더 나은 세상을 열어가는 정치가 가능하리라는 희망을 발견한다. 청년들의 거침없는 하이킥이 이 나라를 살리는 에너지가 될 것이다. [2021년 5월 18일]

故 노무현 대통령
서거 12주기를 맞아

12년 전 비극적으로 생을 마감한 故 노무현 대통령의 명복을 빕니다. 대통령들의 역사에는 功과 過가 있습니다.

우리는 잘한 점은 이어받고 잘못은 교훈으로 삼아야 합니다. 고 노무현 대통령은 국가이익을 위해서라면 지지자들의 비판을 무릅쓰고 진영을 뛰어넘는 용기를 보여줬습니다.

한미 FTA, 이라크 파병, 제주해군기지가 그랬습니다.

부동산 정책 실패에 대해서는 잘못을 인정하고 국민들께 사죄했습니다. 정직한 대통령이었기에 가능했던 일들입니다. 노무현 대통령은 특권과 반칙 없는 세상을 꿈꿨습니다.

그 분이 살아계셨다면, 공정이 무너지고 거짓과 위선이 판을 치는 현 정권의 모습에 크게 실망했을 것입니다.

'노무현 정신'을 진정으로 생각한다면 문재인 대통령과 민주당 인사들은 자신들의 행적을 부끄러워 하고 반성해야 할 것입니다.

우리 정치가 노무현 정신을 올바르게 기억하길 바랍니다.

고 노무현 대통령을 추모하며 영면을 기원합니다. [2021년 5월 23일]

長幼有序? 남의 당 선거에
예의없게 참견하는 꼰대 어르신

정세균 전총리가 "우리 사회에는 장유유서의 문화가 있다"며 이준석 후보를 겨냥했다.

포털에서 장유유서의 뜻을 들춰보니, "어른과 어린아이 사이에는 사회적인 순서와 질서가 있다"는 것... 유교의 기본인 삼강오륜(三綱五倫) 중 하나란다. 이준석 후보를 '순서를 안지키는 아이'로 취급하다니... 케케묵은 꼰대의 냄새가 난다. 더불어 민주주의를 하겠다는 정당이 언제부터 나이를 따졌나? 저러니 2030 세대로부터 외면 당하는 거다. 다른 당이 당대표로 누구를 선출하든, 괜한 시비는 삼가고 하객을 보내서 축하해주는 게 '정치권의 삼강오륜'이다. 우리 당의 변화와 혁신이 놀랍고 부러우신가?

부러우면 지는 거다. 오해라고 얼버무리지 마시고 이준석 후보에게 쿨하게 사과하시기 바란다. [2021년 5월 25일]

'曺비어천가'를 부르는
한심한 민주당

　조국씨가 『조국의 시간』이란 책을 내자 민주당 인사들이 아부경쟁에 나섰다. "조국의 시간은 역사의 고갯길... 가슴이 아리다", "그가 뿌린 개혁의 씨앗을 키우는 책임이 우리에게 있다... 가슴 아프고 미안하다", "조국의 시간은 우리의 이정표... 조국의 시련은 촛불시민 개혁사" 등등... 말만 들으면 무슨 애국지사를 기리는 찬양시 같다.

　조국은 불공정과 불법, 거짓과 위선의 상징이다. 조국 사건은 사이비 진보들의 밑바닥을 보여줬고, 이 때문에 민심이 그들을 떠났다. 그들이 '조비어천가'를 목놓아 부를수록 민심은 더 싸늘해질 것이다.

　무서운 민심을 알면서도 친문 극렬지지자들 때문에 어쩔 수 없이 조비어천가를 부르는 거라면, 그런 사람들은 정치할 자격조차 없다. [2021년 5월 29일]

송영길 대표의 사과가 진심이길 바란다

조국사태에 대해 민주당 송영길 대표가 국민께 사과했다.

　송대표는 "수많은 청년들에게 좌절과 실망을 줬다. 통렬하게 반성해야 한다. 국민과 청년들의 상처받은 마음을 헤아리지 못한 점을 사

과드린다"고 했다. 나는 송영길 대표의 반성과 사과가 진심이길 바라
며, 그 진심을 받아들이고 싶다. 조국사태는 문재인 정권의 불공정과
불법, 거짓과 위선의 상징이다. 오늘 당대표의 사과를 계기로 문재인
정권과 민주당은 조국의 불법 거짓 위선, 박원순 오거돈 전 시장의
성추행과 2차 가해, 그리고 평등 공정 정의 법치를 유린한 자신들의
과오에 대해 진심으로 반성하고 국민께 사죄하길 바란다. 또 송대표
의 사과를 보면서 불과 며칠 전까지 曹비어천가를 부르던 정세균 전
총리나 이낙연 전대표는 부끄러워 해야 할 것이다. 그리고 친문의 눈
치나 살피면서 조국 사태에 대해 한마디도 안하고 있는 이재명 지사
도 부끄러움을 알아야 한다. [2021년 6월 2일]

대한민국의 출발은
위대했습니다.

이재명 지사가 경북 안동에서 "대한민국은 친일세력이 미 점령군과
합작해서 지배했다, 나라가 깨끗하게 출발하지 못했다"라고 했습니다.

대한민국의 출발을 부정하는 이지사의 역사 인식이 참으로 충격적
입니다. 독립운동을 한 이승만 대통령이 친일세력이 되고, 우리 국군
과 함께 피를 흘려 대한민국을 지킨 미국이 점령군이라면, 그 동안 대
한민국은 미국과 일본의 지배를 당해온 나라였다는 말입니까.

오늘의 대한민국이 있게 한 우리 선조들의 피와 땀은 어디로 갔습니

까. "미군은 점령군이고 소련군은 해방군"이라고 고등학생들에게 강의한 광복회장이나 이지사나 똑같은 사람들입니다. 이지사가 만약 대통령이 된다면 '점령군 주한미군'을 몰아낼 것인지 이지사의 답을 듣고 싶습니다. 대한민국의 출발이 깨끗하지 못했다는 비뚤어진 역사 인식을 가진 사람에게 나라를 맡겨서야 되겠습니까. [2021년 7월 2일]

또 국민 편가르기로
5년을 허송세월하자는 겁니까

"친일세력과 미 점령군이 지배하여 대한민국의 출발이 깨끗하지 못했다"는 이재명 지사의 발언을 보며, 이 지사가 대통령이 되면 또 친미-반미, 친일-반일의 편가르기로 소중한 5년을 허송세월하지 않을까 걱정이 앞섭니다. 이 지사가 세우겠다는 '새로운 나라'는 반미의 나라, 반일의 나라입니까. 미국은 1943년 11월 27일 카이로에서 '한국인의 노예상태에 대해 유념하면서 한국을 적절한 경로를 통하여 자유로운 독립국가가 되게 할 것을 결심한다'고 하였습니다. 이 원칙은 다시 1945년 7월 26일 포츠담 선언에서 확인되었고, 1945년 8월 15일 일본이 무조건 항복하자 미군은 한국에 있는 일본군의 무장해제를 위해 국내로 들어왔습니다. 이것이 우리 국민들이 알고 있는 우리의 역사입니다. 대한민국은 2차대전 이후 식민지배에서 독립한 국가 가운데 경제와 민주주의를 가장 성공적으로 발전시킨 나라입니다. 우리 국민들은 이런 대한민국 국민임을 자랑스럽게 생각합니다. 그런데 대통령이 되겠다는 이 지사가 대한민국의 출발이 깨끗하지 못했다고 말한 이유가 무엇인지 궁금합니다. 만약 이 지사가 반미, 반일 몰이로 표를 얻으려는 계산에서 그런 말을 한 거라면 국민이 용납하지 않을 것입니다. 이런 역사관, 국가관을 가진 사람이 대통령이 되면 미국, 일본을 배척하고 중국, 북한과 손잡고 국가안보를 지키겠다고 하지 않겠습니까. 중국이 사드보복을 하고 KADIZ를 침범하고 3不을 강요하고 우리를 조선시대의 조공국처럼 오만하게 대할 때, 이 지사는 중국에 대해 말 한마디 한 적 있습니까. 외교안보는 죽고 사는 문제입니다. 우리는 19세기말~20세기초 조선이 왜 망했는지 잊지 말아야 합니다. 강력한 자주국방 위에 한미동맹으로 나라를 지켜야 합니다. 이 지사는 외교안보에 대해 어떤 생각을 갖고 있는지 밝혀야 합니다. [2021년 7월 4일]

여성가족부를 폐지하겠습니다

여성가족부가 과연 따로 필요할까요?

인구의 절반이 여성이고, 정부의 모든 부처가 여성 이슈와 관계가 있습니다. 여성의 건강과 복지는 보건복지부가, 여성의 취업, 직장내 차별, 경력단절여성의 직업훈련과 재취업 문제는 고용노동부가, 창업이나 기업인에 대한 지원은 중소벤처기업부가, 성범죄와 가정폭력, 데이트폭력 등의 문제는 법무부와 검찰, 경찰이, 아동의 양육과 돌봄 문제는 보건복지부와 교육부가 담당하면 되고 담당해야 합니다. 상식적으로 누가 봐도 이 모든 사업들은 여가부 아닌 다른 부처가 해도 잘할 사업들입니다.

2021년 여가부의 예산은 1조 2,325억원입니다. 그 중 한부모가족 아동 양육 및 돌봄 사업이 60%나 차지하고, 청소년 사회안전망, 디지털 성범죄 대응이 30%이고, 경력단절여성 취업지원은 8%에 불과합니다. 여가부라는 별도의 부처를 만들고 장관, 차관, 국장들을 둘 이유가 없습니다. 여가부 장관은 정치인이나 대선캠프 인사에게 전리품으로 주는 자리에 불과합니다. 게다가 문재인 정부의 어느 여가부 장관은 박원순, 오거돈 전 시장의 권력형 성범죄에 대해 "국민들이 성인지를 집단 학습하는 기회"라고 말함으로써 인권에 대한 기본도 안되어 있고, 여가부 장관이 여성의 권익보호도 못하고 있음을 보여줬습니다.

저는 2017년 대선 때도 여가부 확대를 주장한 문재인 후보를 상대로 여가부 폐지를 주장했습니다. 지난 4년을 되돌아 보십시오. 과연 누구의 주장이 옳았습니까. 제가 대통령이 되면 여성가족부를 폐지하겠습니다. 타 부처 사업과 중복되는 예산은 의무복무를 마친 청년들을 위한 한국형 G.I.Bill 도입에 쓰겠습니다. 대통령 직속으로 양성평등위원회를 설치하고 기재부, 보건복지부, 고용노동부, 교육부, 법무부, 행정안전부, 중소벤처기업부, 국방부 등 각 부처들이 양성평등 정책을 제대로 추진하도록 종합 조율하겠습니다. 대통령이 직접 양성평등위원장을 맡아 남성과 여성 어느 쪽도 부당하게 차별 받지 않는 진정한 양성평등의 시대를 열겠습니다. [2021년 7월 6일]

여가부 폐지, 거듭 약속합니다

🅕

여가부를 폐지하고 대통령이 직접 위원장을 맡는 양성평등위원회를 만들겠다는 저의 공약에 많은 분들이 관심을 보여주셨습니다. 우선 여가부 폐지에 공감하고 지지해주신 많은 국민들께 감사드립니다. 그리고 제 공약을 비판하신 분들의 관심에도 감사드립니다. 몇 가지 비판에 대한 저의 생각을 말씀드리겠습니다.

1. '젠더갈등을 부추기는 분열의 정치'라는 비판 :
여성이든 남성이든 부당하게 차별받는다고 느낄 때 젠더갈등이 격화됩니다. 평등과 공정이 보장되면 젠더갈등의 소지가 줄어듭니다. 인구의 절반이 여성이고, 모든 국가정책은 여성과 관련됩니다. 남성도 마찬가지입니다.

양성간 평등과 공정은 우리나라 경제, 사회의 모든 영역에서 실현해야 할 가치입니다. 이 많은 일들을 여가부 혼자 무슨 수로 감당할 수 있겠습니까? 애당초 불가능한 일입니다.

제 공약대로 대통령이 전 부처 양성평등의 컨트롤타워가 되어서 지휘하고 조율하고 책임지는 것이 여가부가 하는 것보다 훨씬 더 잘 할 수 있습니다.

여가부야말로 그동안 젠더갈등 해소를 위해 무엇을 했는지 반성하기 바랍니다. 그리고 집권 내내 국민 편가르기를 해온 민주당이 분열의 정치를 거론할 자격은 없다고 봅니다.

2. "특정 성별 혐오에 편승한 포퓰리즘"이라는 비판 :

민주당이 저의 여가부 폐지 공약에 대해 "특정 성별 혐오에 편승한 포퓰리즘"이라고 합니다. 저는 2017년 대선 때부터 일관되게 여가부 폐지를 주장해 왔습니다. 올 여름에 갑자기 세운 정책이 아닙니다. 지난 대선 당시 문재인 후보는 여가부 확대를 주장한 반면, 저는 폐지를 주장했습니다.

여가부 확대가 포퓰리즘입니까? 아니면 여가부 폐지가 포퓰리즘입니까? 문재인 후보의 여가부 확대 공약이야말로 선거에서 여성단체들 표를 받기 위한 포퓰리즘입니다.

여성단체들의 표만 얻고는 양성평등은 커녕 젠더갈등만 부추겼으니 '먹튀 포퓰리즘'입니다. 집권 내내 포퓰리즘 정책만 해온 민주당이 포퓰리즘이라고 비판하니 놀라운 일입니다. 그리고 민주당이 말하는 "특정 성별을 혐오"하는 주체는 대체 누구입니까? 무슨 근거로 이렇게 말하는지 밝혀주기 바랍니다.

3. '여가부가 없으면 성폭력, 가정폭력 피해자들은 도움 받을 곳이 없다'는 비판 :

"여가부가 없으면 성폭력, 가정폭력 피해자들은 어디서 보호를 받나"라고 여가부는 말합니다. 이 말을 듣고 정말 최소한의 양심도 없는 뻔뻔한 사람들이라는 분노가 치밀어 오릅니다. 박원순, 오거돈 전 시장의 권력형 성범죄에 대해 여가부는 뭘 했습니까? 여가부는 입장문에서 '피해자'가 아닌 '고소인' '피해 고소인'이라고 하지 않았습니까? 여가부 스스로 명백한 2차 가해를 한 것입니다. 여가부 장관은 성범죄가 맞느냐는 질문에 "수사 중인 사건"이라며 끝까지 입을 닫았을 뿐 아니라 성범죄로 인한 보궐선거는 "국민 전체가 성인지에 대한 집단학습을 하는 기회"라는 막말까지 했습니다.

피해 여성의 인권은 안중에도 없고 2차 가해를 일삼던 여가부였습니다. '여가부 확대'를 공약했던 문 대통령도 권력형 성범죄에 침묵했고, 민주당은 피해자를 향해 '피해 호소인'이라는 희대의 신조어로 부르고 서울 전역에 성범죄자를 추모하는 검은 현수막을 내거는 등 2차 가해를 하지 않았습니까?

여가부 장관을 지낸 모 의원과 여성단체대표를 지낸 모 의원이 이에 앞장섰습니다. 여성인권 보호는 커녕, 反여성 여가부, 反여성 민주당 아닙니까?

백번을 양보해서 여가부가 성폭력 피해자를 보호하고 싶어도 여가부에게는 그럴 수단이 없습니다.

얼마전 공군에서 일어난 상관의 성폭행, 2차 가해와 피해자의 비극적 참사... 여성을 상대로 한 이 흉악한 범죄를 뿌리뽑고 엄벌하기 위해 여가부가 무엇을 할 수 있나요?

이 범죄는 우리 군을 뿌리째 개혁해야 해결되지, 여가부가 있다고 해결되지 않습니다. 성폭력과 가정폭력 범죄도 경찰과 검찰을 개혁해서 똑바로 해야지, 여가부가 무엇을 할 수 있습니까?

이상과 같은 이유로 저는 민주당 등의 비판에 결코 동의하지 않습니다. 거친 비판을 하는 어느 누구도 '그럼 여성가족부는 왜 꼭 필요한가?'에 대해 설득력 있는 논리를 제시하지 않습니다. 지금 여가부가 하고 있는 일들은 상당수가 다른 부처와 중복됩니다. 가족정책 등을 원래 소관부처였던 보건복지부에 돌려주고, 중첩된 사업은 정리

하는 등 양성평등, 여성, 가족, 청소년과 관련된 업무를 보건복지부, 고용노동부, 교육부, 법무부, 경찰청 등이 각각 맡고 대통령이 컨트롤타워가 돼서 양성평등 등을 책임지는 새로운 시스템이 왜 안된다는 건지에 대한 설명도 없습니다. 여가부는 되고 왜 대통령직속 양성평등위원회는 안되는 것인가요?

아마 이들은 '돈을 받아 시민단체들에 돈을 뿌리는' 여가부, 보조금 유용 의혹을 받은 정의연 윤미향 사건, 윤지오 사건 같은 어처구니 없는 일들에 대한 개혁을 망각한 것 아닌지요?

다시 한번 강조합니다.

제가 대통령이 되면 여가부를 폐지하고 대통령이 직접 나서서 어느 성별도 차별 받지 않는 진정한 양성평등을 반드시 실현하겠습니다. [2021년 7월 8일]

KBS 수신료 인상에 반대합니다. 분리징수해서 국민에게 시청 선택권을 드려야 합니다

KBS가 무려 52%의 수신료 인상을 추진하고 있습니다. 코로나 사태가 장기화되면서 온 국민이 고통받고 있는 와중에, 공영방송으로서 국민의 신뢰를 잃은 KBS가 내세운 대담한 수신료 인상 폭에 말문이 막힙니다. KBS의 지난해 수신료 수입은 6,790억원입니다. KBS 시청을 거부해도, TV를 가진 모든 국민들로부터 매월 2,500원씩 꼬박꼬박 강제징수하고 있기 때문입니다. 한 여론 조사에 따르면 국민의 76%가 수신료 인상에 반대하고 찬성은 13%에 불과했습니다. 그럼에도 불구하고 KBS는 지난 5월 자체적으로 구성한 공론화위원회에서 국민의 79.9%가 수신료 인상에 찬성한다고 밝혔습니다.

언론보도에 따르면 이 위원회를 이틀간 운영하는데 책정된 예산은 4억 3,000만원 이라고 합니다. 여기에는 국민참여단 1인당 30만원의 수당도 포함되어 있는데, KBS는 이를 토대로 국민의 의견을 반영했다고 주장하고 있습니다. 그동안 방만경영으로 국민적 지탄을 받아온 KBS다운 예산낭비입니다.

억대 연봉 논란이 일었을 때 KBS 직원으로 추정되는 이는 "너네가 아무리 뭐라해도 정년이 보장되고 평균연봉 1억이니 능력되시면 사우님 되세요"라며 조롱하기도 했습니다. 공정성을 잃고 정권의 나팔수로 전락한 편파적인 방송을 보고 싶지 않다며 국민들이 온라인 상에서 '수신료 안 내는 방법'을 공유하고 있는 현실에는 눈을 감은 채,

KBS가 수신료 인상을 밀어붙이는 데에는 이 정권이 끝나기 전에 인상하지 않으면 안된다는 절박함이 있는 것으로 보입니다.

KBS수신료는 전기요금과 분리해서 공영방송 시청에 대한 국민의 선택권을 보장해야 합니다. 그리고 수신료 인상은 KBS가 진정한 공영방송이 되기 전에는 국회가 통과시켜선 안될 일입니다.

[2021년 7월 8일]

독도 문제도 해결이 안 되었는데
대통령은 대체 일본에 왜 간다는 겁니까?

문재인 대통령이 도쿄 올림픽 때 일본을 방문해서 15~20분 정도 한일정상회담을 스가 총리와 할 것이라고 일본 언론이 보도했습니다. 사실이 아니길 바랍니다.

지난 평창 올림픽 때 일본과 IOC의 요구로 우리 정부는 대회 한반도 기에서 독도를 지웠습니다. 그러나 이번 도쿄 올림픽에서 일본은 우리의 요구에도 불구하고 독도를 일본 영토로 표시하고 있습니다. 평창 올림픽 때 우리의 호의를 무시하고 독도 영유권에 대한 야욕을 드러낸 것입니다. 이런 상황에서 도쿄 올림픽을 보이콧하자는 목소리도 있었지만 선수단은 파견하기로 했습니다. 그럼에도 불구하고 독도 문제가 해결되지 않았는데, 대통령까지 도쿄 올림픽에 참가할 이유는 뭡니까? 독도 문제가 해결되기 전에는 대한민국 대통령이 도쿄 올림픽에 참석하는 일은 일어나지 않길 바랍니다. [2021년 7월 11일]

시대의 문제를 해결하는
유능한 대통령이 되겠습니다

오늘 선관위에 제20대 대통령 선거 예비후보자 등록을 했습니다.

이번 대선은 대한민국이 성공의 길로 나아가느냐, 선진국의 문턱에서 주저앉고 말 것이냐를 결정하는 선거입니다.

누가 미워서 누구를 찍는 선거는 이제 끝내야 합니다. 더 나은 미래를 선택하는 선거가 되어야 합니다. 나라의 기둥인 경제와 안보를 튼튼히 지키고, 국민의 생명과 재산을 보호하고, 공정한 성장으로 희망의 내일을 여는 유능한 리더십이 절실하게 필요한 대한민국입니다. 반드시 야권 단일후보가 되어 국민의 선택을 받아 정권을 교체하

고 시대의 문제를 해결하는 유능한 대통령이 되겠습니다.

저의 국정철학과 정책을 국민 여러분께 계속 보고드리겠습니다.

국민 여러분의 성원과 지지를 부탁드립니다. [2021년 7월 12일]

반복되는 산재… 노동자의 생명을 앗아가는 동시작업을 금지하겠습니다

충남 공주의 시멘트 공장에서 노동자 한 분이 또 안타까운 사고로 돌아가셨습니다. 이번에도 원청공장에서 일하던 협력업체의 노동자였습니다. 보도에 의하면, 리프트 설비에 끼어서 사고를 당한 거라고 합니다. 똑같은 사고가 자꾸만 반복되고 있습니다. 동시작업이 근본적인 문제입니다. 현장에서 동시에 작업이 이루어지니까 위험한 상황이 계속 일어나는 것입니다. 최근의 평택항 고 이선호씨 사고도 콘

테이너 작업에 날개를 접는 일이 동시에 일어나서, 또 2018년 고 김용균씨 사고도 화력발전소에서의 '낙탄제거 작업'이 '콘베이어벨트 작동'과 동시에 일어나서 생긴 사고입니다.

2013년 모 제철회사에서 아르곤가스 누출로 인해 5분이 인명사고를 당했던 것도, 건설 현장의 용접발화 화재사고도 대부분 동시작업으로 일어난 사고들입니다. 그래서 저는 지난 대선때 "산업현장에서 '동시작업을 금지'시켜 고질적인 산재 사고를 없애겠다"는 약속을 하고, 대선 후 '(원청의 책임하에) 동시작업을 금지'시키는 내용으로 산업안전보건법 개정안을 입법발의 했습니다. 그 후 21대 국회에 들어와서야, "작업 혼재로 인하여 화재·폭발 등 대통령령으로 정하는 위험이 발생할 우려가 있는 경우 작업시기·내용 등의 조정"을 원청업체에게 의무화하는 법개정이 최근에 이루어졌으나 아직 시행이 안되고 있습니다. 고인의 명복을 빌며, 유가족 분들께 깊은 위로의 말씀을 드립니다. 위험한 동시작업을 금지시켜 산업현장의 인명사고를 예방하는 나라를 꼭 만들겠습니다. [2021년 7월 12일]

"추경, 날치기하라"...
국정의 기본과 품격부터 갖추십시오

이재명 지사가 추경을 "과감하게 날치기해야 한다"고 했습니다.

"날치기 하라"는 표현도 충격적이고, 의회민주주의를 묵살하고 국민을 우습게 보는 것이 참으로 실망스럽습니다. 민주당의 대선후보가 되기도 전부터 저런 식이면 대선후보가 되고 대통령이 되면 자신의 뜻대로 안 될 때 뭐라고 할지, 어떻게 국정을 이끌어갈지 걱정입니다.

"날치기 해라"... 이런 막말을 하는 후보, 품격과 품위라고는 찾아 볼 수가 없네요. 대한민국의 품격을 생각하면서 투표하면 좋겠습니다. [2021년 7월 15일]

제헌절을 맞아 :
진정한 민주공화국을 향한 여정

대한민국 헌법의 정수(精髓)는 무엇일까요?

저는 '민주공화국'이라고 생각합니다. 1919년 상해임시정부가 제정한 대한민국 임시헌장의 제1조는 "대한민국은 민주공화제로 함"이었습니다. 이는 1948년 제헌헌법의 제1조 제1항 "대한민국은 민주공화국이다"로 승계되었습니다.

나라를 빼앗긴 우리 선조들께서 102년 전에 이국 땅에서 광복이 되면 새로 건설할 나라의 국체(國體)를 전제군주국도, 사회주의도, 공산주의도, 인민민주주의도 아닌 민주공화제로 천명했다는 것은 참으로 가슴 떨리는 역사의 감동입니다. 민주공화국이란 대한민국이 민주주의와 공화주의 이념 위에 건설된 나라라는 뜻입니다.

그런데 우리는 오늘날 민주와 공화의 헌법가치를 제대로 실현하고 있습니까? 정의와 공정, 자유와 평등, 인권과 법치, 생명과 안전, 그리고 공공선을 추구하는 시민의 덕성이 살아 숨쉬는 진정한 민주공화국은 아직도 요원합니다. 그 가장 큰 책임은 정치에 있습니다.

보수와 진보 어느 쪽도 헌법가치를 진정으로 이해하고 실천하지 못했던 것을 우리는 반성해야 합니다. 이번 대선은 낡은 시대를 끝내고 민주와 공화의 헌법정신 위에 나라를 새로 세우는 선거가 되어야 합니다. 대한민국은 민주공화국입니다. [2021년 7월 16일]

헌법 파괴행위에 대한 심판

민주주의에서 여론을 조작하는 것은 선거의 공정성을 해치고 헌법을 정면으로 위배하는 행위입니다. 김경수 전 지사에 대한 법원의 판결은 헌법파괴에 대한 징벌로서 사필귀정이라고 생각합니다.

이 사건은 댓글조작으로 당선된 문재인 정권의 정통성에 심각한

© 한국일보

의문을 제기합니다. 문재인 대통령은 최측근의 헌법파괴 행위에 대해 국민에게 사과해야 합니다. [2021년 7월 21일]

가난하다고 '부정식품'을
먹게 할 수는 없습니다

"부정식품이라 그러면은... 아니 없는 사람은 그 아래 거라도 선택할 수 있게, 더 싸게 먹을 수 있게 해줘야 된다 이거야. 이거 먹는다고 당장 어떻게 되는 것도 아니고..."

윤석열 전총장의 언론 인터뷰 중 '부정식품' 발언은 충격입니다.

주 120시간 노동, 민란 발언에 이어 '부정식품' 발언을 접하고 윤 전총장의 평소의 철학이 무엇인지 의문이 듭니다.

가난한 사람은 부정식품이라도 사먹을 수 있도록 부정식품 규제를 안해야 한다? 이런 식의 사고라면 건강, 안전, 생명, 환경에 관한 규제들은 모두 없어져야 한다는 것인지 묻고 싶습니다.

이런 사고는 "모든 국민은 인간으로서의 존엄과 가치를 가지며 행복을 추구할 권리를 가진다"는 헌법 10조와 "모든 국민은 인간다운 생활을 할 권리를 가진다"는 헌법 34조와 위배되는 위험한 생각입니다.

새로운 보수는 자유 뿐만 아니라 정의, 공정, 평등, 생명, 안전, 환경이라는 헌법가치들을 균형있게 추구해야 합니다. 성장 뿐만이 아니라 복지와 분배도 추구해야 합니다. 선택할 수 없는 사람들에게 선택할 자유를 주는 게 무슨 의미가 있습니까. 밀턴 프리드만의 주장이 늘 옳은 것은 아닙니다.

프리드만은 자유시장경제를 옹호한 자유지상주의자였지만, 그 또한 부(負)의 소득세나 저소득층 가정의 자녀를 위한 사교육비 쿠폰 같은 복지정책을 주장하기도 했습니다. 경제학자들은 늘 오른손을 쓰기도 하고 왼손을 쓰기도 하니, 그들의 말은 가려서 들어야 합니다.

[2021년 8월 2일]

희망을 되찾겠습니다

오늘 희망캠프 1차 인선을 국민들께 보고했습니다.

이제 시작입니다. 담대한 희망을 향해 거침없이, 용감하게 나아가겠습니다. 오로지 국민과 나라의 밝은 미래만 생각하겠습니다.

저는 어제부터 부산, 경남, 울산에서 시도민들께 인사드리는 일정 때문에 함께 하지 못했지만, 희망캠프 대변인단이 잘 보고드린 걸로 압니다. 희망캠프를 함께 해주신 한분 한분께 깊이 감사드립니다.

우리는 나라의 앞날을 걱정하고 국민의 삶을 걱정하고 시대의 문제를 해결하는 뜻으로 뭉친 원팀입니다. 우리가 왜 정치를 하는지 정치의 본질을 잊지 않겠습니다. 반드시 국민의힘 후보가 되어서 정권을 교체하고 대한민국의 재도약을 실현하는 성공한 정부를 만들겠습니다. '수석쓴소리꾼' 역할을 기꺼이 맡아준 김예지 의원, 미래전략을 맡아준 김세연 전의원, 대변인을 맡아준 류혜주, 최웅주, 이기인, 이효원 동지 등 모든 분들께 감사드립니다.

김예지 의원과 늘 함께 하는 안내견 '조이'는 차별을 없애고 길을 밝혀주는 아이입니다. 조이도 캠프 식구가 되어 기쁜 마음입니다.

모두가 힘을 합쳐 국민 여러분의 희망을 꼭 되찾아 드리겠습니다. [2021년 8월 9일]

위안부 할머님들의
명예를 지켜드리겠습니다

오늘은 '위안부 기림의 날'입니다.

"일본의 사죄를 받으면 족하니 나를 사용하라"던 고 김학순 할머님의 증언이 귓가에 쟁쟁히 들리는 듯합니다.

김학순 할머님의 용기어린 결단은 240명의 피해여성들의 동참으로 이어졌고 이는 일제의 여성 학대와 만행을 세상에 알리는 계기가 되었습니다.

그로부터 30년이 지난 오늘, 안타깝게도 위안부 문제는 현재진행형입니다. 240명의 위안부 피해자들은 대부분은 고인이 되시고 이제 열네 분만 생존해 계십니다.

가해자인 일본은 여전히 위안부 문제에 미온적이고 문재인 정부 역시 그날의 생채기만 더 악화시켰을 뿐 아무런 해결책을 내놓지 못하고 있습니다.

피해 할머님들을 위한 지원금을 유용하고 정치적 입신양명의 기회로 이용한 사람은 버젓이 고개를 들고 국회의원 노릇을 하고 있습니다.

할머님들의 영령 앞에 정치인의 한 사람으로서 무한한 책임감을 느끼고 송구하다는 말씀을 드립니다.

제가 대통령이 되면 피해 할머님들 모두가 수용할 수 있는 수준의 일본의 진심어린 사과를 받도록 하겠습니다.

현재 중단되다시피 한 위안부기록물 역시 세계기록유산으로 등재될 수 있도록 하겠습니다.

돌아가신 할머님들의 명복을 빌며 부디 평안히 영면하시길 빕니다.

살아계신 할머님들의 건강을 빕니다.

위안부 피해자 할머님들의 명예회복을 위해 전력을 다하겠습니다.

[2021년 8월 14일]

광복의 정신은
민주공화국입니다

광복절 제76주년입니다.

우리가 일제의 폭압을 이겨내고 광복(光復), 즉 '빛을 되찾은' 의의는 이 땅에 온전히 우리의 힘으로 진정한 민주공화국을 세우는 것입니다. 1919년 상해임시정부의 임시헌장 제1조는 대한민국을 민주공화제로 규정했고, 민주공화의 정신은 제헌헌법에서 그대로 구현되었습니다. 일제시대에 우리는 영토와 주권은 물론 말과 글, 민족의 역사와 문화를 부정당하는 수모를 겪었습니다.

그러나 자신보다 나라를, 목숨보다 독립을 소중히 했던 순국선열들이 계셨기에 우리는 끝내 독립을 쟁취했습니다.

24세 청년 윤봉길 의사는 "너희도 만일 피가 흐르고 뼈가 있다면 조선을 위하여 용감한 투사가 되어라"는 유언을 남기고 독립을 위해 산화했습니다. 18세 소녀 유관순 열사는 "나라를 위해 바칠 목숨이 오직 하나 밖에 없다는 것이 나의 유일한 슬픔"이라며 결연히 일제에 맞섰습니다. 헤아릴 수 없이 많은 순국선열들께서 광복을 위해 기꺼이 자신을 희생했습니다. 순국선열들께서 꿈꾼 대한민국은 인간의 존엄과 가치, 자유와 평등, 정의와 공정이 살아 숨쉬는 민주공화의 나라였습니다.

하지만 광복 76주년을 맞이하는 오늘 대한민국의 현실은 선열들께 고개를 들 수 없는 상황입니다.

민주공화국의 헌법가치가 훼손되고 있습니다. 북한 김여정의 말 한마디에 국가안보는 무장해제가 되고, '중국은 높은 산봉우리, 한국은 작은 나라'라는 사대주의를 버리지 못하고 있습니다.

산업화와 민주화를 동시에 이루었지만, 지금 경제는 추락하고 계층갈등, 세대갈등, 빈부격차는 더 심화되고 있습니다.

선조들의 희생으로 이룩한 자랑스런 대한민국이 더 이상 추락하지 않도록 새로운 대한민국을 만들어 가겠습니다.

진정한 '자주독립국가' '민주공화국'으로서 국격을 회복하고 잘사는 나라, 강한 나라를 반드시 만들겠습니다. [2021년 8월 15일]

탈레반의 인권 탄압을
규탄합니다

탈레반이 점령한 아프간에서 인권 탄압이 점점 심각해지고 있습니다. 특히 젊은 여성이 부르카를 입지 않았다는 이유만으로 총살을 당하고, 집집마다 찾아다니며 조직원들과 결혼시킬 여성 명단을 작성하고 있다고 합니다. 과격한 이슬람 원리주의에 빠져 인류 보편의 가치인 인권을 서슴없이 짓밟고 있습니다. 대통령마저 떠난 아프간에서 최연소 여성 시장 자리파 가파리는 "나는 죽음을 기다리고 있다"며 조국에 남았습니다. 정부와 국회에 요청합니다. 아프간에서 자행되고 있는 여성 탄압, 생명 경시가 계속되지 않도록 국제적 연대에 적극 나서 주십시오. 자유와 인권이라는 전 인류의 보편가치를 지키기 위해 나서야 합니다. [2021년 8월 19일]

세월호 7시간과 떡볶이 먹방

세월호 7시간 동안 뭐 했느냐고 박근혜 전 대통령을 직무유기와 업무상 과실치사로 고발한 사람이 이재명 지사였습니다.

그런데 이천화재 때 정작 본인은 떡볶이 먹방 유튜브를 찍으면서 파안대소했습니다. 직무유기와 업무상 과실치사도 내로남불입니까?

화재 보고를 받고도 먹방 홍보에 몰두했다니... 홍보쇼만 열심히 하는 대통령은 이미 실컷 봤습니다.

이지사는 "도지사가 현장에 꼭 있어야 하나"라고 합니다.

그러나 최소한 먹방 유튜브 촬영과 화재현장 중 어디에 있어야 하는지는 초등학생도 알 수 있지 않을까요. [2021년 8월 20일]

만시지탄이나
진실이 승리합니다

조국 전 장관 딸의 부산대 의전원 입학이 취소된 것은 만시지탄이지만, 진실은 결국 승리한다는 것을 보여줍니다. 부산대는 그동안 자체 조사만으로도 증거를 확보할 수 있었음에도 불구하고 결정을 미루다 오늘에야 뒤늦게 입학허가 취소 결정을 내렸습니다. 고려대는 무얼 하고 있는지 부끄럽습니다. 입학허가를 잘못 해준 대학들이 법원의 항소심 판결까지 시간을 끄는 행태를 이해할 수 없습니다. 고려대도 신속히 입학허가 취소 결정을 내려야 할 것입니다. 문재인 정부의 불법과 비리들이 양파를 벗기듯이 하나씩 그 진실이 드러나고 있습니다.

울산시장 부정선거 사건, 옵티머스·라임 금융사기 사건, 월성 1호기 경제성 조작 사건 등도 언젠가는 반드시 진실이 밝혀지고 법의 심판을 받게 될 것입니다. 언론재갈법으로 불법과 비리를 아무리 덮으려 해도 헛된 일이라는 것을 문재인 정권과 민주당은 알아야 합니다.

[2021년 8월 24일]

언론재갈법 날치기는
역사의 죄로 기록될 것입니다

민주당이 새벽 국회 법사위에서 언론재갈법을 날치기했습니다.

언론의 자유, 표현의 자유, 양심의 자유는 가장 소중한 헌법가치입니다. 민주당은 지금 민주주의를 말살하고 헌법을 유린하고 있습니다.

인권변호사, 민주화 운동을 했다는 문재인 대통령은 비겁하게 한마디 말도 없습니다. 뒤에서 오히려 조종하고 있을 겁니다.

그러나 문 대통령과 민주당은 역사의 죄인이 될 것입니다. 그들이 날치기 하는 언론재갈법은 결국 폐기될 것입니다.

진실과 정의는 승리할 것입니다. 저는 언론인들과 함께 끝까지 투쟁하겠습니다. 유승민이 대통령이 되면 언론재갈법은 반드시 폐기하고, 오늘의 무도한 폭거에 대해 책임을 묻겠습니다. [2021년 8월 25일]

K-미라클이 구하지 못한 아프간인들

문재인 정부는 '구출쇼'를 할 때가 아닙니다.

정권 끝까지 '쇼'만 할 겁니까?

한국을 도운 아프간인 76명과 그 가족들까지 총 390명이 우리 땅을 밟으며 청와대는 'K-미라클'이라 홍보했습니다.

그런데 막상 아프가니스탄 카불에 우리와 함께 일했던 60여 명의 아프간인들이 남겨졌다는 소식입니다.

이번에 입국한 아프간인들은 '바그람'에서 우리 정부가 '직접 고용'한 분들과 그 가족들이지만 '카불' 현지에 남겨진 이들은 한국 정부에 '간접 고용'되어 일한 분들이라고 합니다.

마치 원청업체 소속과 하청업체 소속 노동자들을 차별하는 것과 무엇이 다릅니까? 미국, 캐나다, 유럽연합 등은 모든 간접 고용 인원들도 구조 대상으로 보고 구출 작전을 수행했습니다.

탈레반은 외국 정부 관련 일을 했던 사람들을 모두 뒤져서 잡겠다고 선언한 상황입니다. 이를 감안하면 카불에 남은 현지인 특별공로자들 역시 우리가 탈출시켰어야 했습니다. 심지어 이들은 인근 파키스탄으로 자력으로 탈출할 기회가 있었으나 한국 대사관에서 한 '기다리라'는 말을 믿고 기다리는 사이에 공관은 철수했고, 지금은 공항 폭파와 국경 봉쇄로 고립된 채 탈레반에 의해 생명의 위협을 받고 있다고 합니다.

그럼에도 불구하고 우리 정부는 입국하는 아프간인들 환영행사를 'K-미라클'이라고 칭송하며, 탈출 못한 이들의 애원을 외면한 채 파키스탄에 대기 중이던 또 한 대의 수송기를 철수시켜버렸습니다.

문재인 대통령에 요청합니다.

소중한 생명이 달린 일입니다.

'구출쇼'는 나중에 해도 됩니다.

아프가니스탄 현지의 태극기 펄럭이는 건물에서 대한민국과 함께 일한 모든 분들이 안전하게 탈출할 수 있는 방법을 지금이라도 강구하십시오. 똑같이 한국국제협력단(KOICA)의 예산으로 인건비를 지급 받았으나, 설립 초기라 직고용되었던 바그람 센터의 특별공로자는 근로계약서를 가지고 있다고 구출해오고, 설립된 지 오래 되어 현지 위탁 형태로 운영되느라 KOICA와 직접 맺은 근로계약서가 없는 특별공로자들은 '기다리라'고 해놓고는 사지에 내버려두는 것이 진정 문명국가에서 할 수 있는 일입니까?

그 분들은 생지옥과도 같은 공포를 느끼고 있습니다. 우리 정부에 살려달라고 절규하는 저들의 목소리를 외면해서는 안됩니다. 영화

'모가디슈'에서의 형제애, 인류애를 현실에서 다시 한 번 경험할 수 있기를 바랍니다.

현지에서 대한민국의 위상을 높이는 데 함께 노력해온 아프간인들의 안전한 탈출을 간절히 기원합니다. [2021년 8월 29일]

제사에서도 딸과 아들이 똑같아야 양성평등입니다

고려시대에도 아들이 없으면 딸이 제사를 지내고, 유산도 동등하게 나눴다고 합니다.

조선초기 법전인 '경국대전'에는 장자, 성별 구분 없이 재산을 나누도록 했습니다. 윤회봉사(輪回奉祀)라 하여 아들과 딸이 돌아가며 제사를 모시기도 했다고 합니다. 남성만 상주나 제주가 되는 관습은 잘못된 것입니다.

여성도 동등한 권리와 의무를 가질 수 있어야 합니다. 남녀가 동등하게 부모님을 모시고 기릴 수 있도록 하는 것이 진정한 양성평등입니다. 당연시해왔던 구습과 불평등, 국민의 눈높이에서 개선해 나가겠습니다. 유승민이 약속하는 양성평등은 남성과 여성 누구도 성별 때문에 부당하게 차별받지 않는 세상을 지향합니다.

대통령이 직접 양성평등위원장이 되고 부처마다 양성평등국을 설치해서 진정한 양성평등의 시대를 열겠습니다. [2021년 9월 7일]

육아휴직을 이유로 부당인사?
인구위기 시대의 역적 같은 일

언론을 통해 남양유업 홍원식 회장의 녹취록이 공개되었습니다.

"눈에 보이지 않는 아주 강한 압박을 해서 지금 못 견디게 해."

제 귀를 의심했습니다.

이 녹취록이 사실이라면 도저히 그냥 넘어갈 수 없는 일입니다.

인구위기가 국가적 문제임을 온 국민이 알고 있고, 정부와 정치인들이 일·가정 양립 방안을 고심하는 이 엄중한 시기에 아직도 회장이란 사람이 회사 팀장을 향해 저런 부당인사를 지시했다는 것에 경악하지 않을 수 없습니다.

지금 이 순간에도 육아와 직장을 두고 고민하는 수많은 엄마 아빠들의 한숨소리가 들리는 것 같아 마음이 아픕니다. 유승민은 대통령이 되어 민간기업 회사원까지도 지금 공무원과 교사가 하듯이 엄마 아빠 모두 육아휴직을 3년간 쓸 수 있는 제도를 만들겠다고 약속했습니다.

출산과 육아를 이유로 어떤 차별도, 어떤 불이익도 발생하지 않도록 제도를 만들고 기업문화를 바꾸겠습니다.

'불이익'에 대한 판단은 노동청이 철저히 피해자의 입장에 서서 조사하고 변호할 수 있도록 하겠습니다. 불이익을 내린 담당자는 물론이고 사업체의 대표에게 엄중한 책임을 묻도록 하겠습니다.

입법은 물론 대통령이 되면 즉시 행정명령을 통해 가장 강력한 처벌규정을 만들어 다시는 이런일이 대한민국에서 발생하지 않도록 조치를 취하겠습니다.

이런 사건이 단 한 건이라도 발생하면 어느 엄마 아빠가 아이를 낳으려 하겠습니까?

고용노동부는 이번 남양유업 사태를 일벌백계로 삼아야 할 것입니다. 남양유업에 대한 전면적인 특별근로감독을 강력히 요청합니다.

국회도 나서야 합니다. 이번 환노위 국정감사에서 홍회장을 증인으로 소환해야합니다.

정부와 국회가 즉각적으로 나서서 남양유업의 부당대우 뿐만 아니라 출산휴가, 육아휴직 쓰는 노동자에 대한 부당한 대우가 없는지 철저히 점검할 것을 다시 한번 강력히 요청합니다.

[2021년 9월 7일]

여성가족부는
폐지해야 합니다.

청와대가 국민들의 '여가부 폐지' 청원에 대해 반대의사를 밝히며 "포용적 사회환경을 만드는 것이 여가부의 역할"이라는 민망한 답변을 내놓았습니다.

여성가족부가 그동안 '포용적 사회환경'을 만드는 데 제대로 된 역할을 한 게 있었습니까?

남성과 여성을 갈라치기 하고, 이념과 정치에 편승해서 피해자를 두 번 죽이는 행위들을 대놓고 했던 장본인이 여성가족부였습니다.

여가부의 헛발질, 편향적인 정책은 여성 인권은커녕 여성혐오를 부추겼습니다. 젠더갈등은 한 번도 경험해보지 못한 극한의 양상으로 치닫게 만들었습니다. 이게 무슨 '포용적 사회'입니까?

더욱이 군내 성폭력 및 2차 가해 은폐, 성남시 미혼여성 명단 작성에서 보듯 여가부는 정부 내에서조차 그 영향력을 이미 상실했습니다. 진정한 양성평등을 위해서는 유승민이 공약한 대로 대통령이 양성평등위원장이 되고 주요 부처에 양성평등국을 신설하여 일을 제대로 하는 것이 훨씬 더 합리적이고 효율적입니다.

부처로서의 위상은커녕 아무런 역할도, 존재감도 없는 여가부는 존치할 가치가 없습니다. 지금의 여가부는 정치인이나 캠프인사에게 장관 자리나 주고 생색내기 위한 부처에 불과합니다.

진정한 양성평등을 위해 여가부는 해체하고 대통령이 양성평등을 책임지는 것이 옳은 선택입니다. [2021년 9월 8일]

산업부 차관이 대선 공약을 발굴?
꼬리자르기 말고 조사해야

산업부 차관이 대선 공약을 발굴하라는 지시를 내렸다는 보도가 나오기 무섭게 文대통령이 매우 부적절하다며 질책을 했다고 합니다. 청와대 핵심 요직을 거쳐 성공가도를 달리는 그가 청와대와 아무런 교감 없이 그런 간 큰 지시를 했을까요?

불통 대통령이 이런 일은 왜 이렇게 빨리 반응하는지 그게 더 의아합니다. 꼬리자르기가 아니라면 문재인 대통령은 차관을 질책할 게 아니라 실제로 그런 지시가 있었는지 청와대 조사부터 하십시오.

대통령 지시가 아니라면 장관이든 청와대든 왜 그런 일이 발생했는지를 밝히는 게 국민에 대한 도리입니다.

청와대가 항상 해왔던 것처럼 차관 핸드폰과 이메일만 살펴봐도 금방 의문은 해소가 될 겁니다. 산업부 공무원들이 민주당 대선후보를 위해 공약을 만들었다면 이는 명백한 법 위반입니다.

울산시장 부정선거 때 청와대가 나서서 민주당 후보 공약을 만들어준 것과 똑같습니다. 산업부는 월성 1호기 경제성 조작에 이어 아직도 정신을 못차렸군요. [2021년 9월 8일]

유승민
페이스북

5

나라를 지킨다는 것

누구도 우리의 주권을 넘볼수 없는, 안보가 튼튼한 나라를 만들어
내는 정치를 하겠습니다.

천안함 46+1 용사들을
추모합니다

10년전 오늘 백령도 앞 바다를 지키던 천안함은 북한 잠수정의 어뢰 공격으로 폭침 당했습니다. 선미 쪽에 있던 46명의 수병들은 두 동강 난 천안함과 함께 바다 속에서 산화했고, 사랑하는 후배들을 구하려고 쉼없이 바다에 뛰어든 고 한주호 준위도 순직했습니다.

10년이란 세월이 흐른 오늘, 저는 이 영웅들을 추모하기 위해 평택 2함대로 가면서, 이 영웅들의 희생이 헛되지 않도록 우리는 이 나라를 지키고 있는지 스스로에게 물어봅니다.

오늘 아침 기사에서 10년전 초등학교 4학년이었던 권현우 군이 천안함 인양 때 썼던 그림일기와 권군이 해군사관학교 생도가 되었다는 소식을 봤습니다. 우리 모두가 권현우 생도와 같은 마음이라면 대한민국은 아직 희망이 있다는 믿음이 생겨납니다.

10년전 폭침 당한 천안함에는 선수 쪽에 있던 58명의 생존자가 있습니다. 죽은 자와 산 자 모두 이 나라를 목숨으로 지킨 영웅들입니다. 그러나 이들을 국가유공자로 지정하고 의료지원과 취업지원을 하는 일에 그동안 정부는 너무나 인색했습니다. 국가유공자 신청 및 지정을 도와드리고자 제가 지난 해에 발의했던 국가유공자법 개정안은 아직 정무위에서 심의조차 되지 않고 있습니다.

전준영씨 등 생존자들이 겪어야 했던 고통을 생생하게 담은 책, 『살아남은 자의 눈물』이 곧 발간된다고 합니다.

미국은 진주만을 기억하기 위해 일본의 기습공격으로 침몰한 바다속의 아리조나함 위에 추모기념관을 세웠습니다.

우리가 천안함을 기억하지 못하면 46+1 용사가 목숨을 바쳐 지키고자 했던 우리의 조국을 지킬 수 없습니다. 코로나 사태로 모든 게 너무나 힘든 이 때, 천안함 용사들의 희생을 기억하면서 국민의 생명과 안전을 지키는 국가의 기본을 상기합니다.

46+1 용사의 명복을 빕니다. [2020년 3월 26일]

이게 평화냐?

북한이 남북연락사무소를 폭파했다. 이로써 2018년 4월 27일의 판문점선언, 그리고 그 해 9월의 9.19군사합의는 휴지조각이 되었다. 앞으로 북은 더 위험한 도발을 계속할 것이다. 개성공단과 금강산시설의 파괴, 비무장지대 군대 투입은 물론이고, 핵과 미사일 도발, 천안함 폭침이나 연평도 포격 같이 육·해·공을 가리지 않고 도발할 것이다.

어제 폭파의 주범인 김여정은 오늘 문재인 대통령에게 "맹물 먹고 속이 얹힌 소리 같은 철면피하고 뻔뻔스러운... 자기변명과 책임회피, 뿌리깊은 사대주의로 점철된... 이토록 비굴하고 굴종적인 상대와 더 이상 북남관계를 론할 수 없다"고 했다. 이게 지난 3년 동안 문재인 대통령과 민주당이 한없이 '비굴하고 굴종적인' 저자세의 대북유화책을 쓴 결말이다.

대한민국 대통령이 북으로부터 "푼수 없는 추태"라는 모욕을 들어가며 비핵화를 포기하고 북한을 사실상 핵보유국으로 만들어줬던 바로 그 대북정책의 결말이 어제의 폭파였다. 그럼에도 불구하고 나는 문재인 대통령과 민주당 사람들이 정신을 차릴 거라는 순진한 기대는 조금도 하지 않는다. 그들은 지금도 판문점선언 국회비준이니 종전선언 결의안이니 전단금지법 같은 환각에 빠져 "대포로 폭파 안한 게 어디냐"라고 하지 않는가.

이제는 우리 국민이 정신을 차리고 현실을 직시해야 한다. 북은 이미 완성된 핵미사일을 절대 포기하지 않을 것이고 더 험한 협박과 도발로 나올 거라는 우리 안보의 현실을 똑바로 알아야 한다. 북한 땅에 우리 국민의 돈으로 연락사무소를 짓고 개성공단을 짓고 금강산 호텔을 짓는다는 게 얼마나 어리석고 황당한 짓인지를 깨달아야 한다. 북의 '최고존엄'에게 끝없이 아부하고 눈치를 살피는 비굴함과 굴종으로는 결코 진정한 평화를 얻을 수 없다는 진실, 진짜 평화는 우리 스스로의 힘으로만 이룰 수 있다는 진실을 깨달아야 한다.

며칠 후면 6·25 한국전쟁 발발 70주년, 6·29 제2 연평해전 18주년이다. 안보는 죽고 사는 문제다. 국민의 생명, 국가의 명운이 걸린 문제 아닌가. 문재인 정권의 가짜 안보, 가짜 평화가 그 밑바닥을 드러낸 지금, 대한민국 국민들은 이 진실의 시간에 스스로의 힘으로 가짜 세력들을 척결하고 나라를 지킬 각오를 다져야 한다. 강력한 대북제재 도발에 대한 확실한 응징만이 평화를 지킬 수 있다. 우리가 이 원칙을 지킬 때 진정한 평화를 향한 대화와 협상의 문이 열릴 것이다.

[2020년 6월 17일]

70년 전의 전쟁

6·25 한국전쟁이 발발한 지 70년이 되었다.

70년 동안 우리는 종전이 아니라 휴전 상태에서 오늘의 자랑스러운 대한민국을 건설했다. 만약 6·25 전쟁에서 패배했다면 지금 우리는 어떤 세상에서 살고 있을까?

김일성의 손자가 군림하는 전제군주국에서 패전국 국민으로서 상상할 수 없는 고초를 겪고 있을 것이다. 그래서 우리는 전쟁에서 나라를 지킨다는 것의 신성함을 잊어서는 안된다. 우리가 누리는 자유와 번영이 70년 전 전쟁에서 흘린 피의 대가임을 깨달아야 한다. 6·25 참전 국군용사들의 위국헌신에 깊이 감사드린다. 낯선 이국 땅에서 이름도 모르는 이들을 위해 피를 흘린 16개 참전국 용사들의 희생에 깊이 감사드린다. 이 전쟁이 끝난 직후 혈맹으로 맺은 한미동맹은 70년 동안 대한민국의 안보를 지켜왔다. 전쟁 후 70년이 지난 오늘 북한은 핵무기로 우리를 위협하고 있다. 북핵 폐기 없이는 진정한 평화는 있을 수 없다. 그런데 우리 대통령과 집권세력은 북핵은 남한을 겨냥한 게 아니라는 착각에 빠져 북핵 폐기라는 국가안보의 최우선 목표를 포기하고 '우리 민족끼리'를 외치며 북한에 굴종하고 있다. 우리 대통령은 북핵은 방치한 채 종전선언, 대북제재 완화를 말하고, 동맹을 돈으로만 계산하는 미국 대통령은 한미연합훈련 중단, 주한미군 철수를 얘기하면서 한미동맹은 뿌리채 흔들리고 있다.

매년 6월 25일 오전 10시가 되면 잠실 실내체육관에서 우리는 6·25를 기억해왔다. "전우의 시체를 넘고 넘어 앞으로 앞으로... 화랑담배 연기 속에 사라진 전우야"(전우야 잘자라)를 시린 가슴으로 부르고, "아아 잊으랴 어찌 우리 이 날을 조국을 원수들이 짓밟아 오던 날을..."(6·25의 노래)를 끓는 피로 부르던 정부공식행사가 올해에는 저녁 8시에 성남 서울공항에서 코로나를 핑계로 약식으로 치른다는 소식이다. 매년 그 행사에 참석하던 나로서는 내일 하루가 70년 전의 전쟁을 기억하는 긴 날이 될 거 같다.

6·25 전쟁이 '북한의 책임'이라고 답한 20대가 44%에 불과하다는 충격적인 기사를 접했다. 역사를 기억하지 않는 나라는 나라가 아니다. 6·25 전쟁 70주년을 맞이하는 내일, 우리 모두는 그 전쟁을 기억하고, 나의, 우리 모두의, 우리 후손들이 살아갈 나라를 지키는 길을 함께 생각해야 한다. [2020년 6월 24일]

진실을 밝히고 책임을 묻는 일,
꼭 해내겠습니다

2년전 오늘, 마린온 헬기 참사에서 산화한 고 박재우 해병의 고모 박영미씨는 『여름은 가도 나는 너를 잊지 못한다』라는 시집을 최근에 냈습니다.

시집에 실린 '여름은 가도'는 남겨진 사람들의 슬픔을, '운동화 인사'는 조카의 운동화를 안고 한없이 울면서 잘 가라고 인사를, 그리고 '산에 사는 아이'는 현충원에 묻힌 아이를 생각하며 쓴 시입니다. 오늘 추모식에서 고 노동환 중령의 아버지 노승헌씨는 "아무도 책임지지 않고 아무도 처벌받지 않았다. 이게 대한민국인가? 이런 사고로 군인의 가족이 유족으로 바뀌는 일은 없어야 한다"고 했습니다. 마린온 헬기사고의 유가족들이 진심으로 원하는 건 추모식이라는 행사가 아니라, 진실을 규명하고 책임을 지고 다시는 이런 어처구니 없는 비극이 일어나지 않도록 하는 것입니다.

그런데 검찰수사는 2년간 아무 것도 진척된 게 없습니다. 사건 당시 마린온 제작업체인 KAI의 사장은 얼마 후 청와대 민정수석이 되었고, 검찰은 꿀먹은 벙어리가 되었습니다. 다섯 해병의 목숨을 앗아간 참사에 책임지는 사람은 한 명도 없습니다.

고 김정일 대령, 고 노동환 중령, 고 김진화 상사, 고 김세영 중사, 고 박재우 병장의 명복을 빕니다. 그리고 전신에 화상과 골절상을 입은 김용순 상사의 쾌유를 기원합니다. 시간이 걸리더라도 진실을 밝히고 책임을 묻는 일, 꼭 해내겠습니다. [2020년 7월 17일]

문재인 대통령은
국군통수권자의 자격이 없다

실종된 우리 공무원을 북한 군이 총살하고 시신을 불태운 사건은 북한이 얼마나 극악무도한 집단인지를 행동으로 보여줬다. 우리 국민이 총살 당하고 시신이 훼손된 시각에 우리 군이 지켜보기만 했다는 사실은 군의 존재 이유를 의심케 한다. 국민의 생명을 보호하지 못하는 군은 존재할 이유가 없다. 관련된 지휘관은 전원 일벌백계로 다스려야 한다. 우리 군이 이렇게 된 것은 국군통수권자인 대통령이 군통수의 자격을 상실했기 때문이다.

서해에서 북한이 우리 국민의 생명을 유린한 직후 대통령은 유엔 연설에서 종전선언을 말했고, 대면보고를 받은 직후에도 군 진급 신고식에서는 평화를 얘기했다. 북한이 우리 국민의 생명을 짓밟아도 문 대통령의 머리 속에는 종전선언과 평화라는 말 뿐이다. "국가를 보위"하고 국민의 생명을 지키는 헌법의 의무를 다하지 못하는 대통령은 국군통수권자의 자격이 없다. 청와대가 이 사건의 첩보를 입수한 지 43시간 만에 대통령의 유감표명과 '용납될 수 없다'는 말이 나온 건 뒤늦게 국민의 눈치를 보고 립서비스를 한 것에 불과하다.

지금은 문 대통령이 한가하게 종전선언이나 평화 타령을 할 때가 아니다. 대통령은 이번 참사에 대해 북한을 응징하는 결단을 내려야 한다. 북한 눈치를 살피고 아부하느라 자기 국민을 보호하지도 못한다면 국가는 왜 존재하는가? 대통령은 왜 존재하는가? [2020년 9월 24일]

원희룡 제주지사께서 손글씨 릴레이로
저를 지목하셨습니다.

국민의 생명을 구하지 않고
진실을 덮은 자들의 죄는
훗날 반드시 역사의 법정에서
벌을 받게 될 것입니다.
2020. 10. 8. 유승민.

오늘도 문재인 대통령은 코리아 소사이어티 연설에서 종전선언을 말했습니다.

비핵화는 실종된 지 오래이고, 우리 국민이 총살 당하고 불태워져도 대통령의 머리 속에는 종전선언과 가짜평화밖에 없습니다.

이 나라가 이대로 가도록 내버려둬서는 안됩니다.

정권을 교체해서 역사의 법정에서 이들의 죄를 반드시 물어야 합니다. [2020년 10월 8일]

한미동맹,
새롭게 함께 갑시다!

조 바이든 후보의 미국 제46대 대통령 당선을 진심으로 축하합니다. 그리고 민주공화정의 승리 역사를 새로 쓴 미국 시민들의 위대한 선택에 경의와 축하를 보냅니다. 미국이 진영논리, 편가르기로 인해 이념, 계층, 인종으로 극심한 분열과 혼돈을 겪고 글로벌 리더십이 도전받는 이 때, 바이든 당선자에게 주어진 역사적 소임은 무겁고 중요합니다. 저는 바이든 당선자가 포용과 관용의 정신으로 미국을 하나로 치유하고 통합하며, 전쟁 질병 종교 이념 경제의 충돌로 불안정한 세계를 인류의 기본적 가치를 바탕으로 공존 평화 번영의 길로 이끌어갈 리더십을 기대합니다.

지난 4년간 한미동맹은 시험대에 서있었습니다. 트럼프 정부는 동맹을 돈으로 계산해서 한미연합훈련은 취소되고 방위비분담금 협상은 교착상태에 빠졌습니다. 핵과 미사일로 무장한 북한 김정은을 상대로 비핵화 쇼만 했을 뿐 북한 비핵화는 더 요원해졌습니다. 이제 바이든이 이끌어나갈 미국은 북한의 비핵화에 대해 확고한 원칙을 지키고 일관된 정책을 펴야 할 것이며, 한미동맹이 돈보다 훨씬 더 중요한 가치와 전략을 공유하는 굳건한 동맹으로 거듭나도록 노력하길 기대합니다.

한국과 미국은 한반도 평화와 번영을 위해 협력할 길을 새로 열어야 합니다. 문재인 대통령도 북한 비핵화, 한미동맹, 한중관계를 원점에서 재검토해야 합니다. 김정은에게 끌려다니면서 북한의 핵미사일 무장을 위한 시간만 벌어주고 한미동맹을 약화시키는 가짜평화 쇼는 더 이상 통하지 않습니다. 북한 비핵화와 한반도의 진정한 평화와 번영을 위한 길을 새로 찾기를 요구합니다.

이번 미국의 대선은 우리 정치에도 중요한 교훈을 남겼습니다. 민주적으로 선출된 대통령이 독재, 분열, 증오의 정치를 했을 때, 미국 국민들은 민주적 선거로 정권에게 퇴출명령을 내리고 그 비정상을 정상으로 바로잡았습니다.

우리 국민들도 해낼 수 있습니다. 독선, 무능, 위선, 불법, 분열의 정권을 끝내고, 통합과 포용의 새로운 민주공화정을 열기 위한 선택의 시간이 다가오고 있습니다. [2020년 11월 8일]

오늘은 연평도 포격
10주기입니다

대전현충원의 고 서정우 하사, 고 문광욱 일병의 묘 앞에서 10주기 추모식을 가졌습니다. 10년전 오늘, 북한은 아무 이유도 없이 대한민국 영토 연평도를 공격했습니다. 해병 연평부대의 두 용사가 전사하고, 많은 해병용사들이 부상을 입었습니다. 북한의 포탄에 시민 두 분도 목숨을 잃었습니다. 오늘 고 서정우 하사의 어머니는 눈물로 "사랑하는 우리 아들들 정우, 광욱에게"로 시작하는 추모편지를 읽으셨습니다.

"너희 친구들은 결혼해서 아빠가 됐고, 광욱이 조카는 초등학생이 됐다. 너희는 여전히 스물두 살, 스무 살로 부모 맘 속에 기억되는, 억울하고 아픈 10년이었다"고 하며 "미안하고 미안하다"는 말을 되뇌일 때 저도 눈물이 났습니다.

서정우 용사의 어머니가 국가에게 바라는 소원은 단 한가지 뿐입니다. "북한에 당당하게 사과를 요구해달라. 국가가 해줄 최소한의 의무를 해줘야 억울하게 희생된 영혼이 진정으로 위로 받을 것" 이것 뿐입니다.

바로 그 연평도 앞바다에서 두 달 전 북한은 우리 국민을 총살하고 시신을 불태우는 만행을 저질렀습니다. 10년 전의 북한과 지금의 북한은 조금도 변한 게 없습니다. 변한 건 우리 대한민국입니다. 김정은 앞에만 서면 한없이 작아지는 문재인 대통령, 국방부, 민주당... 변한 건 이들입니다. 문재인 대통령에게 묻습니다. "북한에게 당당하게 사과를 요구해달라"는 고 서정우 하사 어머니의 외침에 국군통수권자로서 답해야 하지 않겠습니까?

10년 전 북한의 포탄에 산화한 두 해병용사의 죽음이 헛되지 않게 하는 건 살아남은 우리들의 몫입니다.

고 서정우 하사, 고 문광욱 일병, 두 영웅의 명복을 빕니다.

[2020년 11월 23일]

새로운 외교안보 전략을 수립하라

북한의 노동당 제8차 당대회에서 김정은은 과거와 조금도 다를 바 없는 대미·대남 전략을 발표했다. 김정은은 미국에 대해 "대외정치활동의 초점을 최대 주적인 미국을 제압하고 굴복시키는 데 맞춰야 한다... 미국에서 누가 집권하든 미국이라는 실체와 대조선 정책의 본심은 절대로 변하지 않는다"고 말했다. 스스로 "책임적인 핵보유국"임을 자처한 김정은은 SLBM, 핵추진잠수함 등 새로운 무기 개발을 과시했다. 김정은의 장황한 신무기 자랑을 보면 김정은은 전략·전술무기 백화점을 차린 것 같다. 1인당 국민총소득(GNI)이 고작 141만 원인 체제가 그런 무기백화점을 차린다니 북한 동포들의 신음소리가 귀에 들리는 것 같다. 김정은은 남북관계에 대하여 "판문점 선언 발표 이전 시기로 되돌아갔다… 지금 현시점에서 남조선 당국에 이전처럼 일방적으로 선의를 보여줄 필요가 없다"며 우리에게 남북합의 이행을 요구했다. 코로나, 수해, 국제사회의 대북제재라는 삼중고에도 불구하고 김정은의 발언을 보면 북한은 조금도 변한게 없다.

지난 3년반 동안 변한 건 대한민국이다. 김정은 앞에만 서면 한없이 작아지는 문재인 대통령과 민주당, 그리고 국방부, 통일부 등 우리 정부만 변했다. 우리 국민의 세금으로 건설된 남북공동연락소의 일방적 폭파, 해수부 공무원을 해상에서 총살하고 시신을 불태운 일 등 북한의 충격적인 만행에 대해 대통령과 정부가 침묵하는 동안 우리 국민의 자존심은 철저히 짓밟혔다. '우주의 기운' 운운하며 굳이 싫다는 북한에게 구애하듯이 20억원 상당의 의료물품 대북 반출을 승인하고, 우리 국민들은 구경도 못한 코로나 백신을 북한과 나누고 싶다는 통일부 장관의 발언에 국민은 기가 막힐 뿐이다.

심지어 김여정의 말 한마디에 북한이 원하는 대북전단금지법까지 만들어 바쳤는데, 우리에게 남북합의를 이행하라는 김정은의 생떼는 도대체 무엇인가. 지난 3년반 동안 문재인 대통령은 북한으로부터 갖은 수모를 당하면서도 북한의 비핵화와 진정한 평화를 이루겠다고 공언했다. 그러나 북한은 조금도 변한 게 없다. 북한 비핵화는 단어조차 실종된 상태이고, 북한의 도발과 억지는 갈수록 심해지고 있다. 무슨 비핵화를 하고 무슨 평화를 이루었다는 말인가.

문재인 대통령에게 요구한다. 우리 국민의 생명과 안전을 위험에 빠트리는 도박은 이제 멈추어 달라. 북한 비핵화, 한미동맹, 한중관계를 원점에서 재검토하고 새로운 외교안보 전략을 수립하라. 바이든 대통령 취임과 함께, 굳건한 한미동맹 위에 북한의 핵미사일 위협과 군사적 도발을 확실하게 억제할 수 있는 외교안보전략을 세우라. 중단된 한미연합군사훈련부터 당장 재개하라. 대통령과 정부는 지금이라도 북한의 실체적 위협을 직시하고, 가짜 평화가 아니라 국가 안보와 국민 생명을 최우선으로 하는 원칙있는 대북정책을 펼쳐주길 바란다. 대통령의 가장 중요한 책무는 '국민의 안전보장'임을 잊지 말아야 한다. [2021년 1월 9일]

동맹이라도 같은 동맹이 아니다: 한미동맹과 미일동맹의 차이

미국 바이든 행정부 출범후 첫 한미 2+2회담의 공동성명이 나왔다. 오늘 2+2회담의 공동성명은 오래 전부터 봐왔던 추상적이고 원론적인 성명과 별 차이가 없었다. 그러나 이틀전 미일 2+2회담의 공동성명과 비교하면 큰 차이가 있다. 미일은 "북한의 완전한 비핵화를 위해 최선을 다한다"고 했다. 그런데 한미는 "북한 핵·탄도미사일 문제가 동맹의 우선 관심사임을 강조하고 이 문제에 대처하고 해결한다는 공동의 의지를 재확인했다"고 한다. 한국과 일본이 뒤바뀐 것 아닌가?

북핵문제의 당사자인 한국은 '북한의 비핵화'라는 용어조차 못쓰고 있는데, 일본은 "북한의 완전한 비핵화"를 말하고 있지 않은가?

또 한미는 '중국'을 단 한번도 언급하지 않았는데, 미일은 '중국'을 수차례 직접 거론하면서 중국을 미일 공동의 위협으로 규정하고, 중국 해경법, 센카쿠 제도 방위, 대만해협, 필리핀-중국 마찰, 홍콩과 신장 위구르의 인권유린까지 거론하고 있다. 그러나 블링컨 미 국무장관은 공동기자회견의 모두 발언에서 "북한 비핵화"를 말하고, "북한 주민의 삶을 향상시키는 것... 북한 주민들은 압제적인 정권 아래서 광범위하고 체계적인 인권유린을 당하고 있다"고 말하며, 중국의 공격적이고 권위적인 행동과 반민주주의적 행동을 분명히 지적했다.

이러한 점들을 종합해 볼 때 한국과 미국은 최소한 (1) 북한의 완전한 비핵화, (2) 북한 주민의 인권문제, (3) 대중국 관계 설정 등에 있어서 현격한 차이를 보였으며, 그 차이 때문에 한미는 두루뭉술한 공동성명을 발표한 것이라고 판단된다.

불과 이틀의 간격을 두고 발표된 한미와 미일 공동성명이 이렇게 큰 차이를 보이는 것은 한미동맹과 미일동맹 간에는 실질적 결속력과 상호방위태세에 결정적인 차이가 존재한다는 뜻이다. 즉, 동맹이라도 같은 동맹이 아니라는 뜻이다.

미국과 중국의 패권경쟁이 노골적으로 전개되는 상황에서 우리의 외교안보전략의 선택은 대한민국이 죽고 사는 문제다. 코로나 위기, 민생과 경제의 위기, 부동산 대란, LH 투기사건, 재보궐선거 등으로 우리가 대내적인 문제들에 온통 관심이 쏠려 있는 와중에 대한민국을 둘러싼 국제질서는 무서운 속도로 급변하고 있다. 대한민국이 스스로의 힘으로 나라를 지킬 수 있는지, 한국전쟁 이후 70년 지속된 한미동맹을 우리의 안보와 국익을 위해 어떻게 할지, 나라와 국민의 존망을 결정할 이 선택은 우리의 몫이고 책임이다. [2021년 3월 18일]

전사한 영웅들 추모도 못하게 막는
문재인 정권

3월 26일은 제6회 서해수호의 날인 동시에 천안함 폭침 11주기 날입니다. 서해수호의 날은 천안함 폭침, 제2연평해전, 연평도 포격에서 북의 도발에 맞서 대한민국을 지키다 전사한 용사들을 추모하는 날입니다.

저는 초선의원이 된 2004년부터 지금까지 이 날들을 잊지 않고 추모식에 참석해왔습니다. 특히 국회 국방위원으로 8년을 복무하며 우리 군에 대한 감사와 사랑을 가슴에 간직한 저로서는 용사들의 기일(忌日)에 그들의 넋을 기리는 일이 신성한 의식이었습니다.

그런데 올해 서해수호의 날 행사에 저는 참석할 수 없다는 통보를 받았습니다. 2함대사령관이 주관하는 천안함46용사 추모식에도 저는 참석할 수 없다고 합니다. 그 이유는, 재보궐선거를 앞두고 군이 정치적 중립을 지키기 위해 저같은 정치인은 참석하지 못하도록 국방부가 지침을 하달했기 때문이라고 합니다. 저는 육군 병장 출신이라 소위 높은 분들이 부대를 방문하면 병사들이 어떤 고생을 하는지 잘 압니다. 그래서 국방위원 8년 동안 사진이나 찍는 군부대 방문은 저 스스로 엄격히 자제했습니다. 그러나 천안함 폭침, 제2연평해전, 연평도 포격에서 산화한 용사들을 추모하는 일 만큼은 꼭 가고 싶어서 늘 갔습니다. 군의 정치적 중립이 참석거부의 이유라니, 참으로 좀스럽고 궁색한 핑계입니다. 국방부장관이 권력의 눈치나 보고 비위나 맞추려니 이런 한심한 발상을 하는 겁니다. 전사한 영웅들을 추모하는 일은 여와 야, 보수와 진보를 막론하고 정치인이든 일반시민이든 참석할 수 있도록 문을 활짝 열어야 하지 않겠습니까?

문재인 대통령은 천안함 폭침 후 5년 동안이나 북한의 어뢰공격으로 인한 폭침임을 말하지 않았습니다.

지난해 서해수호의 날, 대통령의 기념사에는 '북한의 도발, 북한의 소행'은 커녕 '북한'이라는 단어도 한마디 없었습니다. 천안함 폭침, 제2연평해전, 연평도 포격, 6·25 등 호국보훈행사에 가보면 민주당 의원들은 누구 눈치를 보는지 늘 참석이 저조합니다. 북한의 눈치나 보고 비위나 맞추려는 집권세력이 서해수호 용사들에 대한 추모까지 막고 있다니...

저는 분노를 느낍니다. 저는 혼자서라도 3월 26일 대전현충원 용사들의 묘소에 가서 영웅들의 넋을 위로하고 오겠습니다.

[2021년 3월 22일]

대통령께서 "북한의 소행"이라는
한마디만 분명히 하시라

몸과 마음을 깨끗이 하고 대전현충원으로 출발합니다. 흰 셔츠에 검은색 타이를 매면서 슬프기도 했지만, 영웅들의 숨소리를 들으러 간다는 마음에 그들이 누워있는 묘소 앞에 빨리 가고 싶은 마음입니다. 늘 생각합니다. 2002년 6월 29일 온 나라가 월드컵 열기로 들떠 있을 때 참수리 357호 각자의 위치에서 북한군의 포탄에 스러져간 6용사는 숨을 거두는 순간 무슨 생각을 했을까.

2010년 3월 26일 백령도 앞바다에서 북한 잠수정의 어뢰공격으로 두동강 난 천안함의 함미에서 차오르는 바닷물에 숨을 거두는 순간 46용사는 무슨 생각을 했을까. 2010년 11월 23일 연평도에 퍼부은 북한군의 포탄에 산화한 2용사는 죽음의 고통 속에서 무슨 생각을 했을까. 서해의 영웅들이 전사하면서 사랑하는 엄마 아빠, 아내와 자식, 형제와 누이, 그리고 살아남은 우리들에게 하고 싶던 말들과 그들의 생각들을 우리는 소중하게 기억해야 합니다.

고 민평기 상사의 어머니 윤청자 여사께서는 지난해 서해수호의날 기념식에서 분향하는 문재인 대통령에게 다가가 "이게 북한 소행인가, 누구 소행인가 말씀 좀 해주세요. 그런디요. 여적지 북한 지시라고 진실로 해본 적이 없다. 이 늙은이 한 좀 풀어주세요"라고 물으셨습니다. 문재인 대통령의 답은 "정부의 입장은 같습니다" 이것 뿐이었습니다. 그 날 대통령의 기념사에는 '북한의 소행'이라는 말도, 심지어 '북한'이라는 단어조차 없었습니다.

몇년전 공주 시골마을에 사시는 윤청자 어머니를 찾아뵈었습니다. 고 민상사의 아버님은 병환으로 누워계셨는데 결국 아들의 곁으로 떠나셨습니다.

문재인 대통령에게 부탁합니다. "늙은이의 한"을 풀어드리기 위해서라도 오늘 기념사에서 '분명한 북한의 소행'이라고 한마디만 해주시라고... [2021년 3월 26일]

백두공주의 대한민국 모독,
당하고만 있을 것인가

김여정이 문재인 대통령에 대해 또 막말을 퍼부었다. 그동안 "삶은 소대가리, 태생적 바보, 떼떼"라고 막말을 퍼붓더니, 오늘은 "미국산 앵무새, 철면피, 뻔뻔스러움의 극치"라고 한다.

문재인 대통령은 지난 4년간 대한민국 국민에게는 지나친 고자세를, 북한의 김씨 남매에게는 지나친 저자세를 취해왔다. 김여정이 하명하면 민주당은 대북전단금지법도 만들고, 국정원 대공업무도 없애고, 개성공단 사무소를 폭파시키고 우리 국민을 총살하고 불태워도 찍소리 한번 못했다. 북이 원하면 한미연합훈련도 제대로 된 훈련 없이 컴퓨터 게임만 하고 치웠다. 문재인 정권은 북에게 굽실거리는 이 모든 것이 북한 비핵화와 평화를 위해서라는 핑계를 대왔다.

그러나 그 평화는 지금 어디에 있는가. 북한이 언제든 마음만 먹으면 핵미사일로 우리 생명을 앗아갈 수 있는 지금의 안보가 어떻게 진정한 평화라는 말인가. 스스로를 지킬 힘과 결기가 없는 나라는 나라도 아니다. 문재인 대통령의 대북 '달빛정책'은 실패로 끝났다.

남은 임기 동안이라도 굴욕을 끝내고 철저한 한미공조 위에 원칙 있는 대북정책을 펴기 바란다. [2021년 3월 30일]

나라를 지킨 영웅들의 명복을 빕니다

　대한민국은 선열들의 피로 지킨 나라입니다. 일제로부터, 북한의 침략으로부터 대한민국을 구해내신 열사들이 계셨기에 오늘의 우리나라가 존재합니다. 순국선열의 고귀한 희생에 더없는 존경과 애도의 마음을 바칩니다. 영웅들의 애국정신과 희생의 용기를 결코 잊지 않겠습니다. 이번 현충일에는 6·25 참전 소년병들의 희생을 특별히 기억하고 추모합니다. 17세 이하의 어린 소년들이 자기 키만한 소총을 들고 낙동강 방어선 등 수많은 전선에서 목숨을 걸고 싸웠습니다. 매년 6월이면 낙동강승전기념관에서 위령제를 해왔으나, 소년병전우회마저 유지되지 못해 지난해부터는 위령제도 못하는 안타까운 형편입니다. 그 어린 나이에 하나뿐인 목숨을 바쳐 조국을 구하고 산화했건만, 우리는 소년병 할아버지들을 위해 아무 것도 해드린 게 없습

니다. 슬프게도 살아계신 소년병 할아버지들의 수는 매년 줄어들고 있습니다. 제가 19, 20대 국회에서 끝내 통과시키지 못한 소년병특별법을 21대 국회가 꼭 제정해주길 부탁드립니다. 선열들께서 지켜오신 대한민국이 오늘날 수많은 도전을 받고 있습니다. 이 도전에 맞서 민주공화국 대한민국을 온전히 지켜내고 세계 일등국가의 희망을 만드는 것은 후손인 우리들의 무거운 책임입니다. 역사 앞에 무거운 각오를 다짐하며, 삼가 순국선열과 호국영령의 명복을 빕니다.

[2021년 6월 6일]

마린온 헬기 추락사고는
반드시 재수사해야 한다

마린온 해병대 헬기 추락사고로 다섯 분의 해병들이 산화한 지 3년이 되었다. 지난 3년 동안 수사에 최소한의 성의도 보이지 않던 검찰이 지난주에 피의자 전원에 대해 '증거 불충분으로 무혐의, 불기소 처분'을 내렸다. 이 사건은 명백한 기체 결함으로 헬기가 추락한 사고다. 따라서 헬기를 제작한 KAI(한국항공우주산업)나 부품을 공급한 외국업체에 분명한 책임이 있을 것이며, 이 책임 소재를 밝히고 법에 따라 처벌하는 것이 검찰의 임무였다. 그러나 검찰은 "아무도 책임이 없다"는 황당한 결론을 내렸다. 당시 KAI 대표이사였던 김조원씨는 사고 직후 검찰을 관장하는 청와대 민정수석으로 자리를 옮

겼다. 당시에도 피의자가 민정수석이 되었으니 검찰이 제대로 수사하겠느냐는 상식적인 의문이 제기되었고, 역시 검찰은 3년간 시간만 보내다가 황당한 결론을 내린 것이다. 엊그제 현충일에 유가족들은 재조사 및 관련자 처벌을 요청하는 청원을 청와대에 제출했다. 청원서에는 "자식 잃은 부모가 그 자식의 죽음이 도대체 무엇이 잘못되어서, 누구의 잘못으로 이런 현실을 마주하게 되었는지 알고 싶고, 또한 자식의 죽음의 원인을 철저히 조사하여 다시는 이 땅에 저와 같은 부모가 생겨나지 않게 하는 게 제 아들의 죽음을 헛되지 않는 유일한 길이라고 생각합니다"라는 비탄의 절규가 있다.

마린온 헬기 추락사고는 원점에서 재수사하여 반드시 원인을 규명하고 책임자를 처벌해야만 한다. 그것만이 정의이고 순국장병의 영혼을 예우하는 길이다. 이번 정부가 안하겠다면, 다음 정부가 반드시 진실을 밝히고 정의를 바로 세워야 한다. [2021년 6월 8일]

G7은 '한반도 비핵화'가 아니라
'북한 비핵화'를 촉구했습니다

어제 발표된 G7 정상들의 공동성명은 "한반도의 완전한 비핵화"를 말하면서도, 북의 핵무기 등 대량살상무기(WMD)와 탄도미사일 프로그램에 대해 UN안보리 결의에 따라 "검증 가능하고 돌이킬 수 없는 폐기"를 촉구했습니다. 종전의 CVID 중 'C'는 한반도 비핵화를 말했지만, 'VID'는 북의 핵미사일 등 북한의 WMD에 대해 분명히 정조준한 것입니다. 폐기해야 할 핵무기, 생화학무기 등 대량살상무기는 남한이 아니라 북한에만 있으니 G7의 이러한 요구는 당연한 것입니다.

그동안 문재인 정부는 '북한 비핵화' 대신에 북한과 중국이 원하는 대로 '한반도 비핵화'란 말을 고집해왔고 지난 한미정상회담에도 그렇게 썼습니다. 그러나 G7 정상들은 이를 다시 뒤집고, '북한 비핵화'를 분명히 한 것입니다.

문재인 정부는 북한과 중국에 끌려다니며 '한반도 비핵화'라는 틀린 말에 더 이상 집착하지 말아야 합니다. 문제의 본질은 '북핵'임을 직시하고 국제사회와 함께 본질적 문제 해결에 나설 것을 촉구합니다.

[2021년 6월 14일]

"매우 정직하고 열정적이고 강한 결단력"?
김정은을 향한 문대통령의 애처로운 구애

문재인 대통령이 미국 주간지 타임지 인터뷰에서 김정은을 "매우 정직하고 열정적이며 강한 결단력을 가진 사람"이라고 치켜세웠습니다. 북한이 문대통령을 '삶은 소대가리' '특등 머저리' '미국산 앵무새'라고 조롱했는데, 김정은에 대한 문대통령의 일편단심은 참 애처롭기 짝이 없습니다.

김정은의 정직, 열정, 결단력이란 대체 누구를 위한 것입니까? 북한 인민을 위한 것입니까? 대한민국 국민을 위한 것입니까? 아니면 북의 핵 미사일을 말하는 것입니까?

정직이란 단어의 의미가 도대체 무엇입니까? 문대통령은 정직의 의미를 어떻게 생각하길래 김정은이 매우 정직하다고 합니까?

숱한 굴욕에도 불구하고 김정은에게 하트를 날리는 대통령의 모습은 대한민국 국민으로서 울화통이 터지는 일이 아닐 수 없습니다.

지난 4년간의 화려한 쇼가 끝난 지금, 북한 핵 미사일은 실재의 위협이 되었고, 개성 연락사무소는 폭파되었으며, 우리 국민은 사살되고 불태워졌습니다.

6·25 한국전쟁 71주년을 하루 앞둔 오늘 우리 대통령의 김정은 찬양가를 접하니 순국선열의 영령을 대할 낯이 없습니다. 대한민국 대통령으로서 나라와 국민의 자존심마저 짓밟지 않기를 바랍니다.

[2021년 6월 24일]

대한민국을 온전히 지켜주신
영웅들의 넋을 기립니다

71년전 오늘 새벽, 남침 준비를 마친 북한군은 기습적으로 38선을 넘어 전쟁을 일으켰습니다. 바로 그 이틀 전 비상경계령을 해제하고 1/3 이상의 병력이 외출한 우리 국군은 속수무책으로 낙동강까지 밀려 내려갔습니다. 정부를 수립한 지 2년도 안된 신생국 대한민국은 사라질 위기에 처했습니다. 낙동강 방어선에서 국군은 유엔군과 함께 반격을 시작했습니다. 이렇게 3년 1개월을 끈 처절한 전쟁은 국군과 유엔군 175,801명, 민간인 244,663명의 목숨을 앗아갔고, 수많은 군인과 민간인이 부상을 입고, 국토는 잿더미가 되었습니다. 우리는 그 폐허 위에 새로운 정신과 가치로 오늘의 위대한 대한민국을 건설했습니다. 매년 참석해오던 6·25전쟁 기념식에 오늘은 못갑니다. 그러나 제 귀에는 매년 이 날 참전노병들과 부르던 노래 가사가 맴돕니다.

"전우의 시체를 넘고 넘어 앞으로 앞으로 낙동강아 잘 있거라 우리는 전진한다... 꽃잎처럼 사라져간 전우야 잘자라... 화랑담배 연기속에 사라진 전우야... 아 아 잊으랴 어찌 우리 이 날을 조국을 원수들이 짓밟아 오던 날을..."

어제 저는 아침 일찍 용산 전쟁기념관에 갔습니다. 전사자들의 이름이 새겨진 돌벽 복도에서 6·25를 기억하고 전쟁영웅들을 추모했습니다. 그 곳에서 저는 전사한 아들의 이름을 만져보려고 오신 중년의 아버지를 만났습니다. 2010년 11월 23일 북한의 연평도 포격에 전사한 故 문광욱 해병의 아버지였습니다. 천안함 폭침과 연평도 포격의 주범인 북의 김영철이 남으로 내려오던 2018년 2월 25일, 저는 대전현충원에 갔습니다. 故 서정우 하사, 故 문광욱 일병의 묘 앞에는 서하사의 어머님이 계셨습니다. 대전에서, 용산에서 문일병 아비지와 서하사 어머니를 우연히 뵙게 된 것은 어찌된 일입니까. 이 두 분은 나라에 바친 아들에게 조금이라도 가까이 있으려고 거기 계셨던 것입니다. 전쟁을 잊은 나라, 영웅들의 희생을 잊은 나라는 조국이 아닙니다. 세계 최강 미국에게 제가 제일 부러운 것은 미국의 경제력도 군사력도 아닌, 전쟁영웅들을 존중하는 그들의 정신입니다. 영화 '챈스 일병의 귀환'에서 미국인들이 보여준 전사자에 대한 사랑과 존중은 정말 부러웠습니다. 6·25전쟁이 발발한 오늘, 대한민국의 정신과 영혼이 세계 어느 나라보다 더 건강하게 살아 있기를 간절히 바랍니다. [2021년 6월 25일]

제2연평해전에서 산화한
영웅들을 추모합니다

벌써 19년이 되었습니다. 그 해 태어난 아이가 성인이 되었고 군인이 되기도 했습니다. 이런 생각을 하며 제2연평해전 영웅들을 만나러 평택2함대에 갑니다. 2002년 오늘 월드컵 3-4위전이 있던 날, 연평도 서쪽 바다 NLL을 침범한 북한 경비정의 기습공격을 받은 참수리 357 고속정에서 고 윤영하 소령, 고 한상국 상사, 고 조천형 중사, 고 황도현 중사, 고 서후원 중사, 고 박동혁 병장은 목숨을 바쳐 NLL을 사수했습니다. 살아남은 전우들의 증언에 따르면 이 해군 영웅들은 생명이 다할 때까지 자신의 위치에서 적에 맞서 싸우다 장렬하게 산화했습니다. 여섯 용사 한 분 한 분이 북한군의 흉탄에 어떻게 스러졌는지 그 해전의 기록을 보면 대한민국을 피로 지켜준 서해의 수호신들에게 절로 머리를 숙이게 됩니다. 그러나 제2연평해전은 한동안 잊혀진 해전이었습니다. 서해교전이란 이름과 우발적 충돌이란 억울한 얘기도 있었습니다. 월드컵의 열기 속에서 국군통수권자와 국무총리, 국방장관은 전사한 영웅들의 영결식에도 오지 않았습니다. 한맺힌 유족들은 이민을 가기도 하고, 국민성금으로 '제2연평해전' 영화를 만들기도 했습니다. 살아 있었다면 여섯 분의 영웅들은 지금 우리들과 똑같은 일상을 살아가는 40대의 가장이 되어 있었을 겁니다.

전쟁을 잊은 나라, 영웅들의 희생을 잊은 나라는 조국이 아닙니다.

나라를 지키다 목숨을 바치고 부상 당한 분들을 끝까지 기억하고 예우하는 대한민국을 반드시 만들겠습니다. 여섯 영웅들의 명복을 빕니다. 유가족분들께 따뜻한 위로를 드립니다. 이희완 중령 등 생존 전우들도 힘내시기 바랍니다. [2021년 6월 29일]

의무복무에 헌신한 청년들을 위해
한국형 G.I. Bill로 보상하겠습니다

국방의 의무를 다하기 위해 의무복무한 젊은이들은 나라를 지키기 위해 불가피한 희생을 한 겁니다. 의무복무를 다한 젊은이들은 나라의 미래를 만들어갈 소중한 인재들입니다. 국가안보를 위해 희생한 젊은이들에게 적절한 보상을 드리는 것은 이들에 대한 당연한 예우입니다. 우리 헌법 제39조 2항은 "누구든지 병역의무의 이행으로 인하여 불이익한 처우를 받지 아니한다"고 했습니다. 그러나 현실은 의무복무를 다한 젊은이들이 취업, 교육, 직업훈련 등에서 불리함을 느끼고 있습니다. 제대군인지원법은 주로 5~10년의 중기복무나 10년 이상의 장기복무에 대한 지원이 주된 내용이고 의무복무자에 대한 혜택은 거의 없습니다. 의무복무를 마친 병사들에게 국가가 제대로 지원해드리기 위해, 그들이 사회에 진출할 때 출발선에서 뒤처지지 않도록 하기 위해 저는 한국형 G.I. Bill을 약속드립니다. 한국형 G.I. Bill은 주택, 교육과 직업훈련, 연금, 경력인정을 포함합니다. 저는 2017년 대선에서도 한국형 G.I. Bill을 약속했는데, 이번에는 주택, 교육, 연금, 경력인정에 있어서 더 강화된 지원을 약속합니다.

1. 주택 지원 :

   * 민간주택 청약에 5점의 가점 부여 (현재 자녀 한 명이 5점)

   * 공공임대주택 분양에 가점 부여

   * 주택 자금(구입, 전월세) 1억원 한도 무이자 융자

   * 기숙사, 하숙/자취, 고시원 등 주거비용 지원

2. 교육/직업훈련 지원 :

   * 대학 학자금 무이자 융자 (취업시 저리융자로 전환)

   * 대학 장학금 지급시 우대 권장

   * 대학 진학을 하지 않을 경우에는 학자금 지원 혜택과 동등한 수준의 직업훈련 지원

3. 국민연금 지원 :

   * 의무복무 기간 만큼 국민연금 크레딧 부여 (정부재정에서 국민연금에 납입)

4. 복무기간 경력인정 의무화 :

 * 호봉과 임금 산정시 복무기간 포함을 의무화 (현재는 권장 사항.
   이를 기업규모별로 단계적 확대)

  한국형 G.I. Bill 도입으로 국방의 의무를 다한 젊은이들이 소중한
배움, 능력개발의 기회를 갖고 사회에 잘 적응하도록 돕는 것은 국가
의 의무입니다. [2021년 7월 5일]

6·25전쟁영웅 故 백선엽 장군
1주기를 추모하며

  오늘은 6·25 전쟁영웅 故 백선엽 장군의 1주기가 되는 날입니다.
백선엽 장군은 6·25 당시 백척간두의 위기에 빠진 대한민국을 구해
내신 분입니다. "내가 앞장설 테니 내가 물러나면 나를 쏴라," 최후
의 보루였던 낙동강 다부동 전투에서 백선엽 장군은 이런 임전무퇴
의 용기로 나라를 지켰습니다. 그런데 정부 여당은 이러한 백선엽 장
군의 공적을 폄훼하고 그의 무덤을 파헤치려는 이른바 '파묘법'을 들
고 나왔습니다. 최근 인천의 '인천시민애집'에서는 인천상륙작전을
두고 "무차별한 폭격으로 민간인들이 몰살되었다"는 그림을 전시했
다고 합니다. 구국의 전쟁영웅을 홀대하고 한미동맹을 무너뜨리려는
세력들을 좌시할 수 없습니다. 반드시 정권교체를 이루어 참전용사

들의 명예를 지키고 굳건한 한미동맹을 지키겠습니다.

故 백선엽 장군을 추모하며, 유가족 분들에게 위로의 말씀을 전합니다. [2021년 7월 9일]

'핵공유'는
저의 오랜 신념입니다

홍준표 전 대표께서 'NATO식 핵공유 추진'을 말했습니다. 환영합니다. 저는 이미 지난 2017년 대선 때 '핵공유'를 추진하겠다고 공약했습니다.

유승민 "美 핵전력 공동자산으로...사드 추가배치"(종합)

기사입력 2017.04.05 15:00   최종수정 2018.04.05 15:50

劉, '게임체인지 선도하는 최강군' 안보공약 발표
"취임 즉시 한미 정상회담...사드 1~2포대 추가"
국방비 GDP 2.4% →3.5%...대통령 직속기구 설치
무기도입비리척결특별법 제정...직업軍 정년 연장

유승민 바른정당 대선후보/ 사진=아시아경제 DB

[아시아경제 이민찬 기자, 전경진 기자] 유승민 바른정당 대선후보(사진)는 5일 "대통령 취임 즉시 한·미 정상회담을 통해 현재 미국이 단독 운용하는 핵전력을 한·미 공동 자산으로 운용할 수 있는 시스템 구축을 추진하겠다"고 밝혔다. 또 사드(고고도미사일방어체계·THAAD)를 추가 배치한다는 계획이다.

유 후보는 이날 서울 여의도 바른정당 중앙당사에서 이 같은 내용을 담은 안보공약 '게임 체인지(Game Change)를 선도하는 강군'을 발표했다. 그는 "지난 24년간 북핵 위기 해결에 실패했음을 인정하고 원점에서 새로운 해결책 모색이 필요하다"면서 "현재 가장 큰 위협인 북핵 대응체제를 조기에 구축하겠다"고 강조했다.

미국의 핵전력을 한미의 공동자산으로 만드는 핵공유협정(Nuclear Sharing Agreement)을 한미가 체결한다면, 이는 북핵에 대한 가장 확실한 억제력이 될 것입니다. 그런 뜻에서 한미 핵공유는 '게임체인저(game changer)'가 될 것이라고 저는 주장했습니다. 특히 과거와 달리 새롭고 유연한 방식으로 전술핵 재배치(비전략핵무기 전진배치)를 포함하는 한미 핵공유를 추진하면 북핵 억제력을 충분히 강화할 수 있습니다. 한미 핵공유는 중국으로 하여금 북한 비핵화에 진지하게 나서게 만드는 효과도 있습니다. 제가 대통령이 되면 미국 정부를 설득해서 한미 핵공유 협정을 반드시 체결하겠습니다. 이로써 제2의 한미동맹 시대를 열게 될 것입니다. [2021년 7월 10일]

군 기강 해이,
국군통수권자가 책임질 일입니다

청해부대 장병들이 작전 중에 대거 코로나 확진자가 되면서 국방부와 방역당국의 미흡한 대처가 드러나고 있습니다.

단 한 명도 백신을 맞지 않았고, 의심 증상엔 감기약 처방이 전부였습니다. 나라를 위해 파병된 군인들을 이렇게 홀대하는 나라가 과연 정상인지 묻지 않을 수 없습니다. 더구나 파병 군인들을 귀국시키는 엄중한 시기에 작전명을 노출시키는 어이없는 실수를 저질렀습니다.

하루가 멀다 하고 터지는 군의 성폭행 문제부터 방역 실패까지, 우리 군의 기강해이가 너무나 심각합니다. 북한의 눈치를 보느라 우리 군을 무장해제시키고, 우리 국민이 북한군에 의해 사살 당하고 불태워져도 해결하지 못하는 정부의 무능한 행태를 볼 때 이보다 더한 일들이 계속 터져 나올까 걱정입니다. 결국 군 기강 해이의 책임은 통수권자인 대통령에게 있습니다.

이 책임을 "모두가 책임이 있다"는 식으로 어물쩍 넘어갈 수는 없는 사안입니다. 국군통수권자로서 무한 책임을 져야 하고 반드시 응당한 대가를 치르도록 해야 군 기강이 바로 섭니다.

대통령이 직접 나서서 사과하고 군 기강 확립 방안을 국민께 설명드릴 것을 요구합니다. [2021년 7월 20일]

故 정경옥님의
명복을 빕니다

천안함 용사인 故 정종율 상사의 부인께서 암투병 중 돌아가셨습니다. 천안함 폭침 때 여섯 살이었던 아들은 지금 고등학교 1학년인데 어머니마저 잃었다는 슬픈 사연입니다.

고인은 하나 뿐인 아들을 최원일 천안함장에게 부탁하고 외롭게 돌아가셨다고 합니다. 부모를 여의고 홀로 남겨진 이 아들은 우리 모두가 돌봐야 할 우리의 아이입니다. 우리 공동체가 따뜻하고 강함을, 이 아이가 외롭지 않음을 많은 분들이 증명해주시길 바랍니다.

고인의 명복을 빕니다.

부디 하늘나라에서는 사랑하는 남편과 해후하시길 바랍니다.

"난 아직도 당신이 잠깐 출동 나갔다고 생각하며 살아..." 고인이 남편을 그리워하며 쓴 편지입니다.

홀로 남겨진 고인의 아들과 유가족에게 깊은 위로의 말씀을 드립니다. 그리고 최원일 함장님과 천안함 용사들에게 용기를 드리고 싶습니다. [2021년 7월 22일]

통신선이 복원됐으니
북과 제대로 대화하길 바랍니다

남북간 통신선 복원이 어제 종일 헤드라인을 장식했습니다.

전화선 하나 연결된 것을 두고 너무 호들갑을 떠는 거 아닌지 걱정될 정도입니다. 문재인 정부는 북한 비핵화가 금방이라도 될 것처럼 떠들더니, 비핵화는 커녕 북한의 핵과 미사일 전력은 지난 4년 동안 훨씬 더 강력해졌습니다.

남북공동연락사무소는 폭파되고, 우리 국민은 사살되고 불태워졌습니다. 북한은 우리 대통령과 야당에 대해 처음 들어보는 해괴한 막말을 퍼부었습니다. 그럼에도 문 대통령과 이 정부는 북한 앞에만 서면 어쩔 줄 몰라하고 북한의 비위 맞추기에 급급했습니다. 문재인 정부 들어와서 남북관계가 개선된 증거는 하나도 없습니다.

통신선이 재개된 것은 환영합니다.

이제 통신선이 재개됐으니 북한을 상대로 실질적 관계개선과 긴장완화를 위한 대화를 제대로 해야 합니다. 임기말에 또 홍보용 쇼만 한다면 국민 누구도 속지 않을 것입니다. 곧 물러날 정권이니 다음 정부가 계승할 수 있는 대화를 할 것을 요구합니다. [2021년 7월 28일]

북한이 우리 대선에
개입하도록 해서는 안됩니다

청와대는 부인했지만, 정부가 남북정상회담을 추진하고 있다는 외신 보도가 있었습니다. 긴장을 실질적으로 완화하고 문제를 해결하기 위해 남북간의 대화를 피할 이유는 없습니다.

그러나 문재인 정부의 그동안의 행적에 비추어 기대보다는 걱정이 앞섭니다. 국내외의 많은 전문가들은 지금 북한이 경제적으로 파국 직전의 상황에 있다고 평가합니다. 우리 정보당국의 평가도 크게 다르지 않을 것입니다.

위기에 몰린 북한이 '약한 고리'인 문재인 정부를 상대로 돌파구를 찾아 나선 것으로 보입니다. 무엇보다 식량과 코로나 대응이 시급해진 것입니다. 만년 동지국가 쿠바의 상황이 그들의 등골을 오싹하게 했을 것입니다.

내년 대선에서 대한민국에 그들이 다루기 편한 정권이 들어서도록 하기 위해서는 지금이 움직일 때라고 판단했을 가능성이 있습니다.

우리 국민들과 전 세계가 원하는 것은 북한의 비핵화와 북한 주민들의 인권 개선입니다. 이것이야말로 북한문제의 모든 것입니다.

그러나 소리만 요란했던 싱가포르, 하노이 북미정상회담, 세 차례의 남북정상회담 모두 북한 비핵화와 북한 인권 개선에 아무런 진전도 이루어내지 못했습니다.

임기를 9개월 앞둔 문재인 정부가 남북정상회담을 생각한다면, 국민들께 회담의 목표가 무엇인지 분명히 밝혀야 합니다.

우리 국민들은 북한의 노림수를 잘 압니다.

만약 정부가 북한이 노리는 식량과 지원만 주면서 문제의 본질은 덮어두고 현란한 정치 쇼로 내년 대선에 영향을 주려 한다면 국민의 준엄한 심판을 받을 것입니다.

남북정상회담은 필요하면 언제든 할 수 있습니다. 그러나 대통령이 김정은을 만난다면 뭔가 문제를 해결하고 뭔가 나아지는 게 있어야 하지 않겠습니까? [2021년 7월 29일]

핵심전력 국방예산을 빼내서
재난지원금으로 쓰는 '막가파' 정부

정부가 2차 추경에서 국방비 5,629억원을 빼내 재난지원금으로 돌렸습니다. 이 예산은 F35 스텔스 전투기, GPS 유도폭탄, 패트리어트 성능개량, 해상초계기 등 북한의 핵미사일, 잠수함 위협에 대응하기 위한 킬체인과 한국형 미사일방어의 핵심사업들입니다.

지난해 2차 추경에서도 1조 4,758억원, 3차 추경에서도 2,987억원의 국방예산이 삭감되었는데, 이 또한 정찰위성, 해상작전헬기, 이지스구축함 등 핵심전력 예산이었습니다.

빼먹을 예산이 따로 있지, 어떻게 재난지원금 때문에 나라를 지키기 위한 국방예산을 삭감할 수 있다는 말입니까?

더구나 예산이 삭감된 사업들은 하나같이 북의 핵미사일 도발에 대응하기 위한, 매우 시급하고 절실한 사업들입니다.

저는 88%의 가구에게 재난지원금을 지급하는 것은 나쁜 포퓰리즘이라고 분명히 반대해왔습니다.

무원칙하게 돈을 뿌리는 나쁜 포퓰리즘을 위해 국방예산을 삭감한 문재인 정부의 잘못은 역사에 反국가적 행위로 기록될 것입니다.

핵심 국방예산이 이런 식으로 삭감되는데도 한마디 말도 못하고 협조한 한심한 국방장관은 그 자리에 있을 최소한의 자격도 없습니다. [2021년 7월 31일]

한미연합훈련 연기?
대체 그 이유가 무엇입니까?

민주당 등 여권 국회의원 74명이 한미연합군사훈련 연기를 요구했습니다.

김여정의 한마디에 대한민국 국회의원들이 벌떼처럼 달려들어 훈련 연기를 요구한 겁니다. 이들은 자신들이 왜 훈련 연기를 요구하는지 그 이유를 알고나 그러는 걸까요? 국군통수권자이자 총사령관인 문재인 대통령은 한미연합훈련에 대해 "여러가지를 고려해 신중하게 협의하라"고 했습니다.

김여정의 하명에 따라 떼로 몰려 다니는 국회의원들이나, 훈련 여부를 '알아서 정하라'는 식으로 떠넘기는 국군통수권자나 도긴개긴입니다.

'삶은 소대가리, 특등 머저리'라는 막말을 들으면서도 북을 향한 이들의 일편단심은 차마 눈 뜨고 볼 수가 없습니다.

나라가 이 모양이니 방역의 모범이 되어야 할 군에서 200여명이 술판을 벌이고, 핸드볼 국가대표 선수가 소독약도 없는 군훈련소에서 치료도 못받고 선수생명이 끝나는 일이 일어납니다.

군기는 엉망이고 국가안보는 무너진 참담한 상황입니다. 한미연합군사훈련을 연기하자는 이유가 대체 무엇입니까?

훈련을 연기하면 대체 무엇을 얻게 되는지, 왜 연기를 주장하는지요? 임기말 일회성 쇼에 불과한 남북정상회담으로 대선판을 흔들어

볼 얄팍한 계산이라면, 더 이상 속을 국민은 아무도 없습니다.

진짜 평화를 원한다면, 북한의 도발 야욕을 꺾고 전쟁을 막는 한미 연합훈련은 제대로 해야 합니다. [2021년 8월 6일]

결국 컴퓨터게임으로 전락해버린
문재인 정권의 한미동맹

한미연합군사훈련은 결국 훈련을 며칠 앞두고 '축소'로 결론이 났습니다. 그런데 이런 의문이 듭니다.

이 정권 들어서 매년 이런저런 핑계로 훈련이 연기되거나 축소되었는데, 아직도 더 축소할 게 남았다는 게 신기하지 않습니까?

문재인 정권에게 한미연합훈련은 늘 찬밥 신세였습니다.

북한의 심기를 건드리면 안되니까요. 그러니 매년 별별 핑계를 다 찾아서 훈련을 연기하거나 축소했습니다.

그런데 다섯 차례의 남북, 한미 정상회담이 아무 성과도 없이 끝났고, 또 미국의 새 대통령과 한미정상회담을 한 이후에는 올해 훈련만큼은 제대로 하리라는 기대가 잠시나마 있었습니다.

이 기대도 김여정의 한 방에 날라갔습니다. 결국 5년째 문재인 정권이 일관되게 해온 것은 천덕꾸러기가 된 한미연합훈련을 가급적 안하고 그저 군인들이 책상에 앉아 컴퓨터게임이나 하는 것입니다.

올해의 핑계는 코로나였을 뿐 김정은이 싫어하는 한미연합훈련은 안하는 게 이 정권의 변함 없는 생각이었습니다.

문재인 정권은 한미동맹을 허물고 한미연합방위력을 약화시키고 국가안보를 해친 정권으로 역사에 기록될 것입니다.

제가 대통령이 되면 'Fight Tonight' 자세로 싸우면 반드시 승리하는 국군과 한미동맹을 만들겠습니다. [2021년 8월 7일]

간첩단이 충북에만 있을까요?

간첩활동으로 구속된 '자주통일 충북동지회'가 북으로부터 받은 지령들을 보면, 북한이 간첩들을 조종해서 대한민국의 국가안보와 국내 정치에 얼마나 깊숙이 개입하고 있는지 충격을 금할 수 없습니다.

충북 간첩단에 대한 구속영장청구서에 드러난 북한의 지령들은 보수야당 참패를 위한 선거개입, 조국사태와 검찰개혁, 유튜브 여론전, F35A 도입 반대운동, 대기업 노조 개입, 민중당 침투, 간호사회 침투 등 실로 다양하며, 이들이 "생명이 다할 때까지 원수님과 함께", "원수님의 충직한 전사로 살자"라고 쓴 혈서맹세는 마치 수십년 전의 간첩사건을 보는 듯한 착각에 빠지게 합니다.

그러나 이는 엄연한 오늘의 현실입니다.

더구나 문재인 정권 들어서 남북정상회담과 판문점선언 등 남과 북의 정상이 손을 마주잡던 그 시간에 뒤에서는 저런 일들이 벌어졌다는 것이 바로 북한의 진짜 모습을 깨닫게 합니다.

한미연합훈련 연기를 주장한 74명의 여권 국회의원들, 그리고 걸 핏하면 국가보안법 폐지를 외쳐온 민주당 정치인들은 문재인 정부의 국정원이 밝힌 간첩단 사건을 접하고 어떤 생각을 합니까?

그리고, 과연 간첩단은 충북에만 있었을까요?

충북 간첩단은 빙산의 일각에 불과할 겁니다.

지금 이 순간에도 북한의 지령에 따라 적화통일을 위해, 원수님을 위해 움직이는 간첩들이 대한민국 도처에서 암약하고 있을 겁니다.

저런 북한을 상대로 대한민국을 지키는 일은 정말 철두철미해야 합니다. "요즘 세상에 무슨 간첩이…"라고 방심하면 언제 나라가 통째로 넘어갈지 모를 일입니다.

문재인 정권에게 경고합니다.

간첩이 실재함이 입증되었음에도 이를 '철지난 색깔론'으로 치부한다면 그것이야말로 이적행위입니다. [2021년 8월 9일]

북한의 협박에
단호하게 대응해야 합니다

북한의 김여정과 김영철이 연일 한미연합훈련을 비난하고 "엄청난 안보위기를 느끼게 해줄 것"이라고 협박하고 있습니다.

북한 눈치를 보느라 훈련 같지도 않은 훈련을 하는데, 그것마저도 비난하고 협박하는 것은 아예 한미동맹 해체와 주한미군 철수를 노골적으로 요구하는 수순입니다.

김정은의 명을 받아 김여정과 김영철이 저러는 것은 어떤 식으로든 도발을 감행할 가능성이 높은 상황입니다.

문재인 대통령과 우리 군에게 요구합니다.

북한의 그 어떠한 도발에도 즉각 단호하게 대응하고 철저히 응징할 수 있도록 만반의 대비태세를 갖추어야 합니다. 만약 북한의 협박에 또 다시 굴종한다면 대통령과 군은 국가를 보위해야 하는 헌법의 책무를 저버리는 것입니다. 북이 안보위기 운운하며 협박을 하고 있는 마당에 민주당은 '종전선언촉구결의안'을 국회에서 통과시키겠다고 합니다. 참으로 정신 나간 사람들입니다.

제발 정신 차리기 바랍니다. [2021년 8월 12일]

왜 성추행 당한 피해자가
죽음으로 내몰려야 합니까?

어제 오후 우리 군에서 있어서는 안될 일이 또 일어났습니다.

부대 상급자로부터 성추행을 당한 해군 중사가 극단적 선택을 한 것입니다.

언론보도에 따르면 중사는 피해 당일 성추행 사실을 상사에게 알렸지만 부대 지휘관에게 공식 보고된 것은 석 달 가까이 지나서야 이뤄졌다고 합니다. 성추행 피해를 알렸지만 오히려 회유와 압박을 당한 끝에 죽음으로 내몰린 지난 5월 공군 성폭력 피해 부사관 사망 사건에 대해 국방부 장관은 "군내 성폭력 사건 대응실태와 시스템을 재점검하여 근본적인 개선책을 마련하겠다"고 대국민 사과를 했습니다.

문재인 대통령도 "병영문화의 폐습에 대해 송구하다"며 고개를 숙였습니다. 그런데 똑같은 사건이 해군에서 발생한 것입니다.

국방부 장관, 국군 통수권자인 대통령의 명조차 통하지 않고 있다는 겁니까? 언제까지 군내 성폭력, 성추행이 계속돼야 합니까?

그리고 왜 피해자가 극단적인 선택으로 내몰려야 합니까?

이 문제는 군을 완전히 개혁하지 않으면 결코 해결될 수 없습니다.

성폭력, 성추행 사건을 추상같이 처리해서 영을 세워야만 재발을 막을 수 있습니다.

제가 대통령이 되면 이 문제를 반드시 뿌리 뽑겠습니다.

피해자의 명복을 빌며, 부디 영면하시길 기도합니다. 유가족 분들께 깊은 위로의 말씀을 드리며, 진실 규명과 엄정한 처벌이 반드시 이뤄지도록 하겠다는 약속을 드립니다. [2021년 8월 13일]

동독은 서독에
흡수통일되었습니다

문재인 대통령은 어제 광복절 경축사에서 '독일 통일 모델'을 말했습니다. 동독과 서독이 신의와 선의를 주고 받으며 신뢰를 쌓았고 보편주의, 다원주의, 공존공영을 추구하는 독일모델을 만들었다고 말했습니다.

문 대통령은 마치 동·서독이 합의에 의해 통일된 것처럼 말합니다.

그러나 역사적 진실은 다릅니다.

동독은 페레스트로이카로 상징되는 동유럽 개혁 개방의 물결을 완강히 거부하고 공산독재를 고집하다가 동독 주민들의 대탈주로 국가붕괴 상황을 맞아 서독에 흡수통일되었습니다.

동독 주민들은 서독의 자유민주주의와 번영에서 희망을 보고 목숨을 걸고 탈출한 것입니다. 공산주의 동독은 스스로 몰락했고, 통일의 본질은 흡수통일이었습니다. 이것이 진짜 독일 모델입니다.

우리의 생존과 번영을 위협하고 항구적인 평화를 가로 막는 것은 북한의 핵무기이며, 주민들의 인권을 유린하는 북한 정권입니다.

역사의 진실을 외면하고 왜곡해서는 진정한 평화도, 통일도 없습니다. [2021년 8월 16일]

나라를 지킬 의지도,
능력도 없으면...

탈레반이 아프가니스탄 수도 카불을 점령하고 전쟁승리를 선언했습니다.

아프가니스탄 대통령은 도주했습니다.

미국이 "국익을 위해 미군을 철수한다"며 20년동안 주둔했던 아프가니스탄을 떠난지 불과 몇 달 만의 일입니다. 스스로를 지킬 능력도, 의지도 없으면 나라의 운명이 어떻게 되는지 똑똑히 보여줍니다.

문재인 대통령은 어제 자주국방의 성과를 자랑했습니다.

그러나 정작 누가 대한민국의 안보를 위협하는지는 말하지 않았습니다. 나라를 지키려면 위협을 정확히 식별해야 하고 주적관이 뚜렷해야 합니다. 국군통수권자가 북한 핵무기의 위협을 말하지 않으면 어떻게 나라를 지킵니까.

아프가니스탄 정부군이 무기가 부족해서 탈레반에게 항복한 게 아닙니다. 2021년 8월 16일

적폐청산은 이 잡듯이 하더니, 간첩수사는 검사 1명 파견도 못한다는 검찰

'자주통일 충북동지회' 간첩단 사건을 수사하게 된 청주지검이 수사력 보강을 위해 대검에 검사 한 명의 파견을 요청했는데, 대검이 "서울에 여력이 없어 불가능하다"고 거부했다고 합니다.

도대체 간첩단 사건 수사보다 더 중요한 '서울의 일'이란 게 무엇이길래, 단 한 명의 검사조차 파견 못한다는 말입니까?

문재인 정권이 지난 정부의 적폐청산 수사를 했을 때에는 검찰이 총동원되고 검사들이 수십명씩 파견되어 이 잡듯이 수사하지 않았습

니까?

그 때 검찰이 기소했던 많은 사건들이 재판 결과 잇따라 무죄가 선고되었지만, 당시 수사받던 분들 중에는 극심한 모멸감을 이겨내지 못하고 극단적 선택을 하신 분들도 있습니다.

이렇게 심하게 적폐 수사했던 검찰이 대한민국을 전복하려는 간첩단 수사를 하는 데에는 단 한 명의 검사를 파견하지 못한다?

국민들에게 이 말을 믿으라는 겁니까?

충북간첩단 사건...

이 사건은 박지원 원장의 국정원이 수사했던 사건입니다.

이 사건을 문재인 정권의 검찰이 어떻게 수사하는지 저는 국민과 함께 똑바로 지켜보겠습니다. [2021년 8월 17일]

김해나 학생,
해군장교 과정 합격을 축하드립니다

천안함 영웅 故 김태석 원사의 딸, 김해나 학생이 해군장교 과정에 합격했다는 반가운 소식입니다.

기쁜 마음으로 축하드립니다.

초등학교 2학년 때 아빠를 잃고 지난 11년의 세월 동안 해군 입대를 꿈꿔온 해나 학생의 마음을 생각하니 대견스럽고 뭉클합니다.

해나 양의 합격소식은 누구보다도 천안함 46+1 용사들과 생존장병들과 그 가족분들, 그리고 우리 해군에게 가장 기쁜 소식이 될 것입니다. 해군 장교가 되는 길이 쉽진 않겠지만 해나 학생이 잘 이겨내고 꼭 늠름한 해군소위로 임관하는 그 날을 기쁜 마음으로 상상해 봅니다. [2021년 8월 20일]

실패한 문재인 정부의 대북·외교 정책을
답습하겠다는 이재명 후보

이재명 지사가 발표한 대북·외교정책은 문재인 정부의 실패한 정책에 '실용'이라는 덧칠만 했을 뿐, 본질은 문정권의 정책을 그대로 답습한 것이고 새로운 내용은 별로 없습니다.

아마도 문 대통령이 이상하리만큼 집착하는 대북정책을 계승하는 모습을 보여 친문들에게 잘 보이려는 정치적 계산 때문인 듯합니다. '한반도 운전자론'이 그럴 듯한 수사로만 끝났음은 모두가 잘 아는 사실입니다.

북한도 한국이 그럴 능력이 없다고 여러 차례 비웃었습니다.

오히려 미국 등 국제사회와의 공조를 강화해야 하는 것인데 한국 정부 주도성을 강화하겠다는 것은 '우리 민족끼리' 담론의 재탕일 뿐입니다. 이지사가 말하는 자주독립도 누구로부터의 자주독립을 말하는 것인지 궁금합니다. 그리고 세계 최악의 인권유린 국가인 북한의 인권에 대해서는 한마디도 없습니다. 북한과 4차 산업혁명, 기후위기 극복과 같은 시대적 과제를 남북경협에 반영하여 신성장동력을 창출하겠다니 황당할 뿐입니다.

특히 과거 네 차례의 정상회담 합의서가 우리 국회의 비준동의를 얻지 못했기 때문에 휴지조각이 되었다는 주장에는 말문이 막힙니다. 북한의 김일성, 김정일, 김정은 3대가 수도 없이 비핵화 약속을 깨고 군사적 도발을 했기 때문에 정상회담 합의서가 휴지조각이 된 것은 누구나 다 아는 역사적 팩트인데 어찌 이지사만 그렇게 왜곡을 합니까?

국회 비준동의가 그렇게 중요하다면 180석 가진 여권이 임대차 3법, 대북전단법, 언론재갈법 하듯이 비준동의하면 되지 않습니까?

'조건부 제재완화(소위 스냅백)'도 현실을 모르는 이야기입니다.

그동안 북한이 보여준 행태로 볼 때 일단 제재를 완화하면 되돌리기란 거의 불가능할 것입니다. 제재완화를 말하면서 '북한의 완전한 비핵화'라는 말을 쓰지 못하는 것도 문재인 정권과 똑 같습니다.

북한 핵무장을 인정하자는 것인지 묻지 않을 수 없습니다.

외교안보정책, 대북정책은 대한민국의 운명을 좌우할 정책인데, 왜 실패한 정책을 계승하겠다는 것인지 국민들은 이해할 수 없을 것입니다. [2021년 8월 22일]

군대 집단면역?
군인이 실험 대상입니까

다음 주부터 일부 부대를 대상으로 '마스크 벗기'를 시작한다고 합니다. 훈련할 때는 물론, 실내에서도 마스크를 안 쓰고 부대 회식에선 인원 제한이 없어진다고 합니다. 군 장병들을 대상으로 집단 면역 실험을 하겠다는 건데 더 놀라운 건 이게 문재인 대통령의 지시라는 점입니다. 청와대는 "접종 완료율 효과를 확인하라는 의미"라며 사실임을 확인했습니다.

군 장병들이 왜 코로나 집단면역 실험 대상이 되어야 합니까. 이건 아닙니다. 최전방에서 주적인 북한과 대치하고 있는, 가장 굳건하게 이 나라를 지키는 버팀목인 장병들을 대상으로 왜 집단 면역 실험을 합니까? 나라를 지키라고 보낸 귀한 우리 아들들을 데리고 실험을 하다니요. 어이가 없습니다. 문 대통령은 도대체 무슨 생각을 하고 있는 겁니까.

　국가와 국민을 지키는 군인에게는 자투리가 아니라 가장 좋은 것을, 가장 먼저 줘야 합니다. 제대로 된 합당한 대우와 보상이 있어야 합니다. 그런데 현실은 기가 막힙니다.

　조류독감이 돌면 일주일 내내 닭이 부대 급식으로 나오고, 구제역이 돌면 돼지고기 먹이고, 이제는 하다하다 코로나 집단면역 실험 대상이 되어야 합니까. 그것까지 국방의 의무인 건 결코 아닙니다.

　국가의 부름에 응답해 젊음을 희생하고 있는 군인들입니다. 군대 간 게 죄입니까. 군대 보낸 부모님은 무슨 잘못을 한 겁니까. 군인을 더 이상 욕되게 하지 마십시오. 참지 않겠습니다. [2021년 8월 27일]

이재명 후보는 북한의 핵위협과
적화통일에 찬성하십니까?

　나토식 핵공유, 전술핵 재배치, 사드 배치 등은 저의 일관된 안보 공약입니다. 그런데 오늘 이재명 후보는 이를 두고 위험한 포퓰리즘, 실현 불가능, 전쟁세력이라고 비난합니다.

　상대방을 비난하기 전에 이후보의 대안은 무엇입니까?

　북한의 핵미사일 위협이 현실이 되어버린 이 절멸(絶滅)의 위기 상황에서 이재명 후보는 핵억지력 없이 무슨 수로 북한 핵미사일을 없애겠다는 것인지 밝혀야 합니다.

설마...

"북한은 남한을 향해서는 같은 민족끼리 절대로 핵무기를 사용하지 않을 것이다"라고 믿고 계시는지요? 아니면 "말만 잘하면 북한이 핵미사일을 스스로 없앨거다"라고 순진하게 생각하시는지요?

설마...

핵공격을 앞세운 북한의 적화통일 전략에 본인도 모르게 말려들고 있는 것은 아니겠지요? 미국이 반대해서 실현 불가능하다고 하는데, 언제부터 미국을 그렇게 생각했나요?

아프가니스탄 상황을 보고 느낀 게 없나요?

포퓰리즘이라고요?

이후보의 대표공약인 '기본 시리즈 포퓰리즘'부터 돌아보시기 바랍니다. 누가 누구한테 포퓰리즘을 말하는지 기가 막힙니다.

[2021년 8월 28일]

대통령은 알고 있었습니까?

문재인 대통령은 북한 원자로 재가동 사실을 언제 알았습니까?

국제원자력기구(IAEA)가 7월초부터 북한이 영변 원자로를 재가동한 징후가 포착됐다고 발표했습니다.

북한의 평화파괴 행위는 새삼스럽지도 않습니다만 이로써 영변 핵시설 조건부 폐기를 약속한 2018년 9월 남북 평양공동선언은 폐기

되었습니다.

그런데 구체적인 정황이 제시됐음에도 문재인 정부는 "긴밀한 한·미 공조 하에 북한 핵·미사일 활동을 지속 감시 중"이라는 자다가 봉창 두드리는 답변을 내놓았습니다.

한미 공조하에 북한의 핵개발 상황을 감시하는데 문대통령이 이를 몰랐다고 할 수 있겠습니까?

심각한 것은 7월초에 이미 원자로 재가동 징후가 포착됐음에도 문재인 정부는 7월 말 '남북통신선 복원'을 대대적으로 홍보하고 남북 정상회담 운운하며 평화쇼에 심취해 있었다는 사실입니다.

여기에 한 술 더 떠 민주당은 수십 명의 의원들이 한미연합훈련 연기를 주장하고, 통일부는 민간단체 대북 물자 반출을 승인하는가 하면 모든 지방자치단체가 9월부터 마음껏 대북지원 사업을 하도록 했습니다. 만약 문재인 정부가 北 원자로 재가동 징후를 알고도 통신선 복원, 남북지원쇼로 국민의 눈과 귀를 가렸다면 이는 대한민국 국민의 생명과 안전을 포기한 헌법 파괴행위와 다름없습니다.

대체 문재인 정부는 누구의 이익을 대변하는 것입니까?

대한민국 국민들을 사지에 몰아 넣고도 북한의 이익을 대변하는 것이 '문재인식 안보'입니까?

문재인 대통령에게 묻습니다.

북한의 원자로 재가동 관련 내용을 보고 받았습니까?

당장 국민 앞에 밝히십시오.

알고도 숨겼다면 철저한 대국민 기만이요, 몰랐다면 지독한 무능입니다. [2021년 8월 30일]

전투훈련하는데 달랑 "밥과 김치만"..
軍 부실급식 또 터졌다

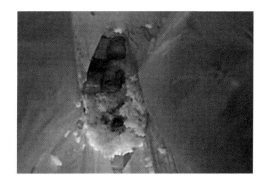

전투훈련에 참가했던 육군 병사가 공개한 사진입니다. 이 병사에 따르면, 예정된 식단 대신 밥과 김치만 배식받은 횟수가 5번이나 됐고, 다른 끼니도 부실했다고 합니다. 국방부는 KCTC 훈련 중이라 그렇다는 핑계를 대지만, 부실급식이 문제된 게 한두번입니까.

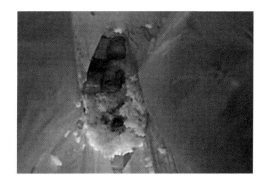

왜 잊을만하면 군의 부실 식단 문제가 반복되는 걸까요?

국가와 국민을 지키는 군인에게는 자투리가 아니라 가장 좋은 것을, 가장 먼저 줘야 합니다. 제대로 된 합당한 대우와 보상이 있어야 합니다. 그런데 현실은 이렇게 기가 막힙니다.

유승민은 군의 급식 문제를 최우선적으로 해결하겠습니다.

1인 1일 식비가 1만원이라 해도, 군에서 급식 수송하는 차량에 붙는 취사병, 간부 등 인건비를 다 합치면 그보다 훨씬 더 예산이 듭니다. 급식 관련 인력을 전투병력으로 돌리고 최전방 GP나 GOP 최전방, 섬이나 산골 등 격오지가 아닌 부대는 민간에 개방해서 아웃소싱해 병사들 식사는 확실하게 해결하겠습니다.

민간에 아웃소싱하면 1식에 5~7천원 예산을 들여서 훨씬 좋은 식사를 할 수 있게 됩니다. 미군의 경우, 최전방을 제외한 대부분의 부대는 식사를 민간에 개방해서 양질의 식사를 합니다.

국가의 부름에 응답한 우리의 소중한 아들들에게 더 이상 부실 급식을 줄 수는 없습니다. 반드시 민간에 아웃소싱하고 1식 단가를 올려서 우리 군인들이 제대로 먹도록 하겠습니다. [2021년 9월 6일]

넷플릭스 D.P. 때문에 모병제를 한다구요?

홍준표 후보께서 넷플릭스 드라마 D.P.를 보시고 본인의 방위 복무 시절을 회상하며 징병제를 모병제로 바꾸자고 주장하십니다.

저도 D.P.를 보고 우리 군이 말도 안되는 부조리와 폭력에서 하루빨리 벗어나야 한다고 생각했습니다.

더구나 최근의 군내 성폭행 사건들은 도저히 같은 전우라고 부를 수 없는 범죄 행위였습니다.

그러나 징병제를 모병제로 바꾸는 것은 완전히 별개의 문제입니다. 모병제를 한다고 해서 군대내 부조리와 폭행을 그대로 둘 수는 없지 않습니까?

문재인 대통령이 판도라 영화 한 편을 보고 탈원전을 주장하더니, 홍준표 후보께서는 드라마 D.P.를 보고 모병제를 주장합니다.

그건 아니라고 봅니다.

군대를 바꿔야지요.

군대를 개혁해야지요.

군대는 그대로 두고 모병제로 바꾸면 군대에 가는 이들은 어떻게 되어도 좋다는 겁니까?

그리고 우리나라는 아직 모병제를 못할 이유가 더 많습니다.

무엇보다 모병제는 정의와 공정이 아닙니다. [2021년 9월 6일]

文정부 대중국 굴욕외교의
끝은 어디인가?

영상물등급위원회가 6·25전쟁 당시 중공군의 침략을 미화한 중국 영화 '1953 금성 대전투'에 대해 관람 등급을 부여했다고 합니다.

충격이 아닐 수 없습니다.

문재인 정부의 대중국 굴욕외교의 끝은 대체 어디입니까?

"한국은 작은 나라, 중국은 높은 산봉우리"라고 하던 文대통령의 굴욕적인 발언은 아직도 국민들 속을 부글부글 끓게 하고 있습니다.

그런데 이것도 모자라 대한민국을 침략한 중공찬양 영화를 우리

안방에서 보라는 것입니까? 이런 영화에 관람등급을 내 준 영등위는 대한민국의 국가기관입니까 아니면 중국 홍보기관입니까?

사드배치 이후 중국은 지금까지 한한령을 유지하면서 한국의 드라마나 영화를 배척하고 있습니다.

화장품, 유통, 관광산업은 직격탄을 맞았습니다.

문화 상호주의는 어디로 갔습니까?

중국 정부에 굴욕적인 태도로 일관하는 게 문재인식 '상호주의'입니까? 대한민국은 문재인 정부가 생각하는 것 보다 훨씬 '큰 나라'입니다.

더이상 나라와 국민을 부끄럽게 하지 마십시오. [2021년 9월 7일]

지난 6월 있었던 해군 일병의 극단적 선택이 뒤늦게 알려졌습니다.

저도 현역병으로 군에 갔다오고 아들도 현역병으로 군에 보냈던 사람으로서 이런 보도를 접할 때마다 분노와 절망을 참을 수가 없습니다. 해군의 특성상 군함이라는 폐쇄된 공간 속에서 일어나는 구타, 폭언, 집단따돌림은 한 젊은이의 인격을 말살하고 극도의 절망으로 몰아갑니다.

특히 피해를 당한 일병이 함장에게 신고하면서 비밀유지를 당부했음에도 불구하고 함장은 격리조치도 취하지 않고 그 후에도 계속되는 괴롭힘이 있었으나 선임병들과 마주 앉게 했다는 언론보도가 사실이라면, 이는 지휘관으로서 이런 사건을 처리하는 최소한의 기본조차 안되어 있음을 보여줍니다.

국방부와 해군은 이 사건의 진상을 모두 철저히 조사하고 책임자들은 지위고하를 막론하고 엄벌에 처할 것을 강력히 요구합니다.

이런 사건들이 자꾸만 발생하는데 어느 부모가 국가를 믿고 소중한 아들 딸을 군에 보내겠습니까?

대통령과 국방부장관에게 요구합니다.

연이어 발생하는 군 성폭행, 가혹행위 사건들은 우리 군을 어떻게 개혁해야 하는지 분명히 보여주고 있습니다.

적과의 전투에는 용감하지만 전우끼리 서로를 인격체로 존중하고 이를 위반할 경우 초기단계에 철저히 대응하는 매뉴얼을 만들고 가해자에게 가혹한 징벌이 반드시 뒤따른다는 것을 시스템으로 만들어야 합니다. [2021년 9월 8일]

강하다
유승민

유승민의 페이스북

초판1쇄 2021년 9월 14일

엮은이 포럼 오늘

펴낸곳 도서출판 나루
주소 포항시 북구 우창동로80 112-202
출판등록 2015년 12월 4일
등록번호 제504-2015-000014호

ISBN 979-11-974538-2-3 03300